RACIOCÍNIO LÓGICO

para concursos

CB131050

Samuel Liló Abdalla

RACIOCÍNIO LÓGICO

para concursos

2ª edição
2018
2ª tiragem
2019

saraiva jur

ISBN 978-85-53600-45-8

DADOS INTERNACIONAIS DE CATALOGAÇÃO NA PUBLICAÇÃO (CIP)
ANGÉLICA ILACQUA CRB-8/7057

Abdalla, Samuel Liló

Raciocínio lógico para concursos / Samuel Liló Abdalla. – 2. ed. – São Paulo : Saraiva Educação, 2018.

1. Lógica - Concursos públicos 2. Lógica simbólica e matemática - Problemas, exercícios etc. 3. Raciocínio I. Título

18-0758 CDU 511.076

Índice para catálogo sistemático:

1. Raciocínio lógico : Concursos públicos 511.076

SOMOS EDUCAÇÃO | saraiva jur

Av. das Nações Unidas, 7.221, 1º andar, Setor B
Pinheiros – São Paulo – SP – CEP 05425-902

SAC
0800-0117875
De 2ª a 6ª, das 8h às 18h
www.editorasaraiva.com.br/contato

Diretoria executiva Flávia Alves Bravin
Diretoria editorial Renata Pascual Müller
Gerência editorial Roberto Navarro

Consultoria acadêmica Murilo Angeli Dias dos Santos

Edição Patricia Quero

Produção editorial Ana Cristina Garcia (coord.)
Carolina Massanhi

Arte e digital Mônica Landi (coord.)
Claudirene de Moura Santos Silva
Fernanda Matajs
Guilherme H. M. Salvador
Tiago Dela Rosa
Verônica Pivisan Reis

Planejamento e processos Clarissa Boraschi Maria (coord.)
Juliana Bojczuk Fermino
Kelli Priscila Pinto
Marília Cordeiro

Fernando Penteado
Mônica Gonçalves Dias
Tatiana dos Santos Romão

Novos projetos Fernando Alves

Diagramação NSM Soluções Gráficas Ltda.

Revisão Lílian Moreira

Capa IDÉE arte e comunicação

Produção gráfica Marli Rampim
Sergio Luiz Pereira Lopes

Impressão e acabamento Gráfica Paym

Data de fechamento da edição: 19-6-2018

Dúvidas? Acesse www.editorasaraiva.com.br/direito

CL 605100 CAE 627858

Dedico em primeiro lugar a Deus,
pela criação do mundo.

A meus idolatrados pais,
Elias Abdalla Sobrinho (em memória),
forte como diamante, meu eterno herói,
e Maria Liló Abdalla, a mais bela flor
do meu jardim, acolhedora como o universo.

Sobre o autor

Samuel Liló Abdalla cursou engenharia eletrônica na UNESP e fez pós-graduação em engenharia da computação no ITA e matemática na UNICAMP. É professor de matemática, raciocínio lógico, tecnologia da informação, estatística e matemática financeira nos ensinos médio e superior, além de professor do Complexo Educacional Damásio de Jesus, da Federal Concursos – São Paulo e da Unicursos – Campinas. Foi bolsista pesquisador nas áreas de matemática e inteligência artificial. É autor de artigos e publicações nas áreas de matemática e inteligência artificial, bem como colaborador da *Revista Mathematical Excalibur* e da *Revista Eureka*.

Prefácio

Para o pai da lógica, Aristóteles, a lógica é um instrumento de análise, uma introdução para as ciências e para o conhecimento e baseia-se no silogismo (conexão de ideias), o raciocínio formalmente estruturado que supõe certas premissas colocadas previamente para que haja uma conclusão necessária. O silogismo pode ser *dedutivo*, parte do universal para o particular; ou *indutivo*, ao contrário, parte do particular para o universal. Dessa forma, se forem verdadeiras as premissas, a conclusão, logicamente, também o será. O propósito desta obra é proporcionar de forma segura e gradativa o aprendizado da matéria de raciocínio lógico.

Com o crescimento exponencial da ciência e da tecnologia, o panorama atual de aprendizagem enfatiza a capacidade de aprender a assimilar conhecimentos de forma espontânea e natural, propaga-se também a construção de autodidatas. Nesse contexto a lógica tem papel essencial, já que é uma linguagem estruturada para concatenar proposições com o intuito de atingir necessariamente conclusões válidas.

Atualmente existem várias ramificações da lógica aristotélica, tais como: Lógica modal, Lógica epistêmica, Lógica deôntica, Lógica paraconsistente, Lógica paracompleta e Lógica difusa. Todas estão fortemente vinculadas aos avanços atuais das mais diversas ciências, tais como matemática, física, astronomia, eletrônica, mecânica quântica, biologia, administração, química, computação, entre outras.

Euclides, em sua obra *Os elementos*, considerada uma obra-prima da aplicação da lógica à matemática, construiu significativa influencia em muitas áreas da ciência. Cientistas como Copérnico, Kepler, Galileu Galilei e Newton foram todos influenciados por *Os elementos* e aplicaram sua metodologia a seus trabalhos. Matemáticos e filósofos como Bertrand Russell e Spinoza tentaram criar seus próprios "elementos" fundamentais de suas respectivas disciplinas, adotando as estruturas dedutivas compostas de premissas e conclusões introduzidas pela obra de Euclides.

O sucesso de *Os elementos* é devido fundamentalmente à apresentação lógica da maior parte do conhecimento matemático disponível naquele momento. O desenvolvimento sistemático do seu assunto, de um pequeno corpo de afirmações sem comprovações a profundos e consistentes resultados e a abordagem adotada resultaram no seu uso como livro didático por milênios.

Deve-se destacar que George Boole (1815-1864), em seu livro *A análise matemática da lógica*, estruturou os princípios matemáticos da lógica formal, que, em sua homenagem, foi denominada álgebra booleana. No século XX, Claude Shannon aplicou pela primeira vez a álgebra booleana em interruptores, dando origem aos atuais computadores.

O propósito desta obra é desenvolver ferramentas para que o leitor se prepare para exames de concursos diversos, não obstante, gerando mecanismos próprios para entendimento do conteúdo de forma que ele venha a aplicá-las na compreensão de outros assuntos teóricos.

Hoje, a maioria dos concursos apresenta questões de Raciocínio Lógico, entre eles Auditor-Fiscal e Técnico da Receita Federal, Fiscal do Trabalho, Analista e Técnico de Finanças e Controle, Tribunal de Contas da União (TCU), Gestão Governamental (MPOG), Analista de Planejamento e Orçamento (MPOG), Assistente de Chancelaria (MRE), Analista e Técnico do MPU, Banco do Brasil, IBGE, Caixa Econômica Federal, Polícia Federal (Delegado, Perito, Escrivão) etc.

A linguagem utilizada é direta e objetiva, as regras são colocadas de forma simples e aplicadas com exemplos tradicionais existentes em provas de seleção.

Meu desafio com este livro é proporcionar ao aluno material essencial para diversos concursos e melhorar habilidades básicas como interpretação e compreensão dos fundamentos da lógica, os quais são largamente aplicados em nosso cotidiano, seja em observações simples da natureza, seja no uso da linguagem na comunicação humana.

Samuel Liló Abdalla

Sumário

1 Lógica proposicional, tabelas-verdade, compreensão de estruturas lógicas, diagramas lógicos

❑ INTRODUÇÃO

O que é lógica?

Qualquer resposta que se dê a essa pergunta corre o risco de deixar de fora algum aspecto importante da lógica, pois, normalmente, associa-se lógica apenas à Matemática, esquecendo-se de que ela se aplica a todos os ramos do conhecimento humano.

Objetivos da lógica

- a criação de uma linguagem formal, que evite as ambiguidades existentes na linguagem natural;
- a criação de instrumentos de cálculos lógicos que se contrapõem a uma argumentação intuitiva e informal;
- a formalização, dedução e análise da validade de argumentos.

A lógica começa com Aristóteles (século IV a.C.) com seus estudos sobre silogismos, na busca de um instrumento para a compreensão de um mundo real e verdadeiro (lógica concreta) e é aprimorada por Leibniz (século XVI), que teve as primeiras visões do que seria uma lógica simbólica formal (lógica abstrata). Já no século XX, destacam-se, principalmente, Frege, Peano, Whitehead, Russell e Morgan.

A linguagem natural nem sempre é clara e precisa, sendo muito comum a ocorrência de ambiguidades que geram dúvidas sobre o significado do que se está falando.

Por isso, um dos objetivos da lógica é estabelecer uma linguagem formal, na qual se pode expressar com clareza, precisão e emitir juízo de verdadeiro ou falso para determinadas frases. Isso, muitas vezes, vai de encontro ao uso comum da linguagem.

❑ CONCEITOS BÁSICOS

Proposição

É um conceito primitivo (aceito sem definição), mas, para facilitar sua compreensão, podemos estabelecer suas características: é uma frase afirmativa (com sujeito e predicado), à qual pode ser atribuída, sem ambiguidade, um dos **valores lógicos** (**falso(F) ou verdadeiro(V)**).

Exemplos: são proposições:

a) O *software* é pirata.
b) Hoje não choveu.
c) $2 + 4 = 6$
d) $5 > 9$

Não são proposições:

a) 3 + 5 (não tem predicado)

b) Para que serve esse aplicativo? (é uma frase interrogativa)

Uma **proposição simples** é a que não contém nenhuma outra proposição como parte integrante de si mesma. Indicaremos tais proposições por letras minúsculas de nosso alfabeto.

Exemplos:

p: O programa antivírus protege a máquina.

q: O índice da bolsa de valores subiu.

Uma **proposição composta** é formada por duas ou mais proposições relacionadas por conectivos lógicos e são representadas por letras maiúsculas do alfabeto.

Exemplos:

P: $1 + 2 = 3$ e $2 \neq 1$

Q: Se o produto é bom, então a empresa dá lucro.

Conectivos lógicos

Conectivos ou operadores lógicos são palavras que se usam para formar novas proposições a partir de outras proposições. Os conectivos lógicos e seus símbolos são:

- **não (~)**
- **e (∧)**
- **ou (∨)**
- **se..., então... (→)**
- **... se, e somente se... (↔)**

Valor lógico

O valor lógico de uma proposição é a verdade (V) se a proposição for verdadeira e é a falsidade (F) se a proposição for falsa. Indicamos o valor lógico de uma proposição p por V (p).

Exemplos:

a) p: O computador tem sentimentos. V (p) = F

b) q: O *Windows* tem muitos recursos. V (q) = V

c) r: O México fica na América Central. V (r) = F

❑ PRINCÍPIOS FUNDAMENTAIS

Princípio da não contradição

Uma proposição não pode ser simultaneamente verdadeira e falsa.

Princípio do terceiro excluído

Toda proposição ou é só verdadeira ou é só falsa, nunca ocorrendo um terceiro caso.

Logo,

Toda proposição admite um e um só dos valores V ou F.

Tabela-verdade (número de linhas)

É uma maneira prática de dispor organizadamente os valores lógicos envolvidos em uma proposição composta.

Para uma proposição simples **p**, temos:

p
V
F

Para uma proposição composta por duas **proposições simples** p e q, temos:

p	q
V	V
V	F
F	V
F	F

Para três proposições p, q e r, temos a seguinte tabela-verdade:

p	q	r
V	V	V
V	V	F
V	F	V
V	F	F
F	V	V
F	V	F
F	F	V
F	F	F

Observando as tabelas acima, podemos concluir que:

→ A tabela de 1 única proposição tem 2 linhas.
→ A tabela de 2 proposições tem 4 linhas.
→ A tabela de 3 proposições tem 8 linhas.

Não é difícil concluir que uma tabela-verdade para n proposições terá 2^n linhas.

Exemplo:

(BANCO DO BRASIL — 2007/2008) Julgue o item a seguir:

I. Há duas proposições no seguinte conjunto de sentenças:

— O BB foi criado em 1980.
— Faça seu trabalho corretamente.
— Manuela tem mais de 40 anos de idade.

Resposta: ***Certo.*** **Proposições "O BB foi criado em 1980" e "Manuela tem mais de 40 anos de idade".**

Faça seu trabalho corretamente. (Frase imperativa)

Operações lógicas sobre proposições

Operação negação (~)

Diga NÃO às drogas.
Página NÃO encontrada.
O endereço digitado NÃO se encontra nos servidores.
Ele NÃO desiste fácil. Quando ouve um NÃO, aí sim ele parte para o ataque.
NÃO se troca sangue por petróleo. (Comitê Contra a Guerra)
NÃO há saldo disponível para essa operação.
Entrada proibida para pessoas NÃO autorizadas.

Se **p** é uma proposição, a **negação** da proposição **p** é denotada por **~p** (lê-se não p).
Se uma proposição é verdadeira, sua negação é falsa, e vice-versa.

Exemplo:

Seja a proposição:
p: Carlos é carioca.

Sua negação é:
~p: Carlos não é carioca.

Podemos construir a tabela-verdade:

p	~p
V	F
F	V

Outros exemplos:
q: O Sol é um planeta.
sua negação é:
~q: O Sol não é um planeta.
ou
~q: É falso que o Sol é um planeta.

Obs.: Negar uma proposição *p* não é apenas afirmar algo diferente do que *p* afirma, ou algo com valor lógico diferente.

Operação conjunção (∧)

*"PT SE ALIA AO PL **E** LANÇA COMO VICE UM SENADOR BILIONÁRIO."*
Veja, 26/06/2002.

*"DÓLAR BATE RECORDE **E** BOLSA DESPENCA."*
O Globo, 23/07/2002.

*"F-1 **E** TÊNIS AO VIVO NO SEU MICRO."*
UOL, 29/08/2002.

*"PETROLEIRO AFUNDA **E** ÓLEO AMEAÇA ESPANHA."*
Folha de S.Paulo, 20/11/2002.

Duas proposições **p** e **q** podem ser combinadas pelo conectivo **e (∧)** para formar uma proposição composta denominada **conjunção** das proposições originais.

Notação: p ∧ q (lê-se: p e q).

Exemplos:

a) Dadas as proposições:
p: Clóvis estuda Matemática.
q: Clóvis joga xadrez.
A conjunção é: p ∧ q: Clóvis estuda Matemática **e** joga xadrez.

b) Dadas as proposições:
p: $2 > 1$
q: $2 \neq 3$
A conjunção é: p ∧ q: $2 > 1$ **e** $2 \neq 3$

O símbolo ∧ pode ser usado, também, para definir a interseção de dois conjuntos:
$A \cap B = \{x \mid x \in A \wedge x \in B\}$

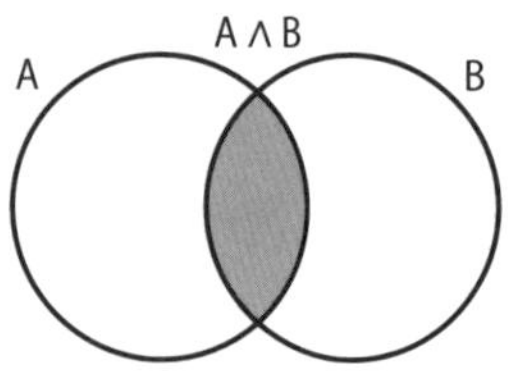

A conjunção de duas proposições é verdadeira se, e somente se, cada componente for verdadeiro. A tabela-verdade da operação conjunção é:

p	q	$p \wedge q$
V	V	V
V	F	F
F	V	F
F	F	F

Operação disjunção ($\vee$)

Ou você está conosco **ou** está contra nós!

Che Guevara: Socialismo **ou** Barbárie.[1]

A prova se baseia em exercícios do tipo certo **ou** errado.

Vida mais **ou** menos...[2]

Eu já não sei se isso é bom **ou** ruim.

O uso dessa apostila não pressupõe garantia implícita **ou** outra qualquer.

Duas proposições **p** e **q** podem ser combinadas pelo conectivo **ou** (com sentido de e/ou) para formar uma proposição composta denominada **disjunção** das proposições originais.

Notação: $p \vee q$ (lê-se: p ou q)

Obs.: Na linguagem natural, o conectivo **ou** pode traduzir tanto a ideia de hipóteses mutuamente exclusivas (**ou** ocorre isto **ou** ocorre aquilo) quanto a de que pelo menos uma das hipóteses ocorre.

Exemplos:

a) Sejam as proposições:

p: Silmara é bonita. q: Silmara é inteligente.

$p \vee q$: Silmara é bonita ou Silmara é inteligente. (nada impede que ela seja bonita e inteligente)

Neste exemplo, a disjunção é inclusiva, e, para ser verdadeira, basta que uma das proposições seja verdadeira. A disjunção será falsa se, e somente se, todas as componentes forem falsas.

b) Considere as proposições:

p: Pedro é paulista. q: Pedro é gaúcho.

$p \vee q$: Pedro é paulista ou Pedro é gaúcho. (ele será ou gaúcho ou paulista, não podendo ser os dois).

Nesse exemplo, a disjunção é exclusiva e, para ser verdadeira, é preciso que uma, e somente uma das proposições originais, seja verdadeira. Esta disjunção será falsa se, e somente se, todas as proposições originais forem falsas.

O símbolo $\vee$ pode ser usado, também, para definir a união de dois conjuntos:

$A \cup B = \{x \,/\, x \in A \vee x \in B\}$

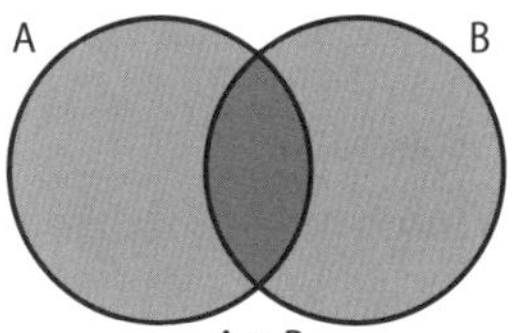

$A \vee B$

A tabela-verdade da operação disjunção é:

p	q	$p \vee q$
V	V	V
V	F	V
F	V	V
F	F	F

[1] "Socialismo ou Barbárie" é uma citação de Rosa Luxemburgo.

[2] Blog de Daniel Rezende.

Exemplo:

(**ESAF — 2009**) Entre as opções abaixo, a única com valor lógico verdadeiro é:

a) Se Roma é a capital da Itália, Londres é a capital da França.

b) Se Londres é a capital da Inglaterra, Paris não é a capital da França.

c) Roma é a capital da Itália e Londres é a capital da França ou Paris é a capital da França.

d) Roma é a capital da Itália e Londres é a capital da França ou Paris é a capital da Inglaterra.

e) Roma é a capital da Itália e Londres não é a capital da Inglaterra.

Operação condicional (→)

*"**Se** Capitu não traiu Bentinho, **então** Machado de Assis é José de Alencar."*

Dalton Trevisan, sobre polêmica acerca de *"Dom Casmurro"*.[3]

*"**Se** o bar é bom, **(então)** o chope é Brahma".*[4]

Duas proposições **p** e **q** podem ser combinadas pelo conectivo lógico **"se..., então..."** para formar uma nova proposição denominada **condicional**.

Notação: p → q (lê-se: se p, então q)

Exemplos:

a) Dadas as proposições:

p: 1 litro = 1 dm^3 q: 1 mλ = 1 cm^3

A condicional é p → q: Se 1 litro = 1 dm^3, então 1 mλ = 1 cm^3.

b) Dadas as proposições:

p: Chove. q: Faz frio.

A condicional é p → q: Se chove, então faz frio.

c) Dadas as proposições:

p: fazer sol. q: eu irei à praia.

Podemos compor: p → q: Se fizer sol, então eu irei à praia.

Podem ocorrer as seguintes situações:

a) Fez sol e eu fui à praia. (eu disse a verdade)

b) Fez sol e eu não fui à praia. (eu menti)

c) Não fez sol e eu não fui à praia. (eu disse a verdade)

d) Não fez sol e eu fui à praia. (eu disse a verdade, pois eu não disse o que faria se não fizesse sol, assim eu poderia ir ou não à praia)

Nesse exemplo, verificamos que *fazer sol* é condição suficiente para eu ir à praia, mas não é condição necessária. Ou seja, dado que o *se... então* é verdadeiro, a verdade da primeira proposição é condição suficiente para ocorrer a segunda, mas não é condição necessária.

Concluímos então que **a condicional p → q só é falsa quando a primeira proposição (*p*) é verdadeira e a segunda (*q*) é falsa.**

A tabela-verdade da operação condicional é:

p	q	p → q
V	V	V
V	F	F
F	V	V
F	F	V

[3] Maurício Stycer (1996), apud Sergio Navega. *Pensamento crítico e argumentação sólida*. São Paulo: Intelliwise Books, 2005.

[4] Slogan de campanha da AmBev, criado pela agência DM9.

Obs.: Dizemos que "p implica q" (p → q), se, e somente se, na tabela de p e q não ocorre V F, ou seja, quando a proposição p → q for sempre verdadeira. Esse conceito será abordado mais adiante.

Operação bicondicional (↔)

*"Execute a rotina B **se, e somente se,** o conjunto de comandos A for executado".*[5]

Duas proposições **p** e **q** podem ser combinadas pelo conectivo lógico **"... se, e somente se..."** para formar uma nova proposição denominada **bicondicional**.

Notação: p ↔ q (lê-se: p se, e somente se, q)

Exemplo:

a) Dadas as proposições:

p: A princesa beija o sapo.

q: O sapo se transforma em príncipe.

A bicondicional é:

p ↔ q: A princesa beija o sapo se, e somente se, o sapo se transforma em príncipe.

A tabela-verdade da operação bicondicional é:

p	q	p ↔ q
V	V	V
V	F	F
F	V	F
F	F	V

A proposição bicondicional p ↔ q só é verdadeira quando as proposições p e q tiverem o mesmo valor lógico.

Devemos lembrar ainda que p ↔ q é logicamente equivalente a (p → q) ∧ (q → p).

Assim, dizer: "Hoje é sábado se, e somente se, amanhã é domingo." é o mesmo que dizer:

"Se hoje é sábado, então amanhã é domingo e se amanhã é domingo, então hoje é sábado."

Outro exemplo: "O triângulo x é equilátero se, e somente se, o triângulo x é equiângulo" é logicamente equivalente a:

"Se o triângulo x é equilátero, então ele é equiângulo e, se o triângulo x é equiângulo, então ele é equilátero."

RESUMO:

- Negar uma proposição é inverter o seu valor lógico, assim se *p* é uma proposição verdadeira, sua negação será falsa e vice-versa.
- A conjunção (p ∧ q) só é verdadeira se ambas as proposições (p e q) forem verdadeiras.
- A disjunção (p ∨ q) só é falsa se ambas as proposições (p e q) forem falsas.
- A condicional (p → q) só é falsa se a primeira proposição (p) for verdadeira e a segunda (q) for falsa.
- Dado que a condicional p → q é verdadeira, a verdade em *p* é condição suficiente para se saber que *q* é verdadeira, mas não é condição necessária.
- A bicondicional (p ↔ q) só é verdadeira se as duas proposições (p e q) tiverem o mesmo valor lógico (as duas verdadeiras ou as duas falsas).

❑ EQUIVALÊNCIAS LÓGICAS

Dadas as **proposições compostas** P e Q, diz-se que ocorre uma equivalência lógica entre P e Q quando suas tabelas-verdade forem idênticas.

Intuitivamente, proposições logicamente equivalentes transmitem a mesma informação, a mesma ideia, a partir das proposições componentes.

[5] Lógica de Programação.

Notação: P ≡ Q ou P ⇔ Q.

Muitas equivalências lógicas são notáveis. Verifique na tabela abaixo a equivalência entre p → q e ~q → ~p.

p	q	**p → q**	~q	~p	**~q → ~p**
V	V	**V**	F	F	**V**
V	F	**F**	V	F	**F**
F	V	**V**	F	V	**V**
F	F	**V**	V	V	**V**

Assim, dizer: *"Se A então B"*, é logicamente equivalente a dizer *"Se não B então não A"*.

Outro exemplo: dado que *"Se o carro é completo então ele é caro"*, pode-se concluir com certeza que *"Se o carro não é caro, então ele não é completo"*.

Uma das aplicações dessa equivalência ocorre em encadeamento de condicionais. Vejamos um exemplo:

Sabe-se que: Se Fábio mentiu, então Carla e Beto não brigaram. Se Carla e Beto não brigaram, então o filme é bom. Se o filme é bom, então eu vou ao cinema. Se eu vou ao cinema, então Sandra fica em casa. Ora, Sandra não fica em casa. O que se pode concluir disso?

Respondendo, pode-se concluir que eu não vou ao cinema, que o filme não é bom, que Carla e Beto brigaram e, ainda, que Fábio disse a verdade.

Outra equivalência lógica notável ocorre entre p → q e ~p ∨ q. Vejamos a tabela-verdade:

p	q	**p → q**	~p	**~p ∨ q**
V	V	**V**	F	**V**
V	F	**F**	F	**F**
F	V	**V**	V	**V**
F	F	**V**	V	**V**

Assim, dizer: *"Se A então B"*, é logicamente equivalente a dizer *"Não A ou B"*.

Propriedades da equivalência lógica: A relação de equivalência lógica entre proposições goza das propriedades reflexiva (R), simétrica (S) e transitiva (T), isto é, simbolicamente:

P ≡ P (R)

Se P ≡ Q então Q ≡ P (S)

Se P ≡ Q e Q ≡ R então P ≡ R (T)

A equivalência pode também ser definida por meio de uma tautologia.

Teorema: A proposição composta P é equivalente à proposição composta Q, isto é P ≡ Q se e somente se a bicondicional associada P ↔ Q é tautológica, ou seja, se a bicondicional é sempre verdadeira.

Na lógica proposicional, uma tautologia é uma fórmula proposicional que é verdadeira para todas as possíveis valorações de suas variáveis proposicionais. Por exemplo, a fórmula proposicional $(A) \vee (\neg A)$ ("A ou não-A") é uma tautologia, porque é verdadeira para todas as valorações de A. Existem tautologias como fórmulas moleculares (mais de uma única proposição conectada) tais como $(A \wedge B) \vee (\neg A) \vee (\neg B)$ ("A e B; ou não-A; ou não-B"). O primeiro a usar o termo lógica proposicional foi o filósofo Ludwig Wittgenstein em 1921.

A negação de uma tautologia é uma contradição ou antilogia, uma fórmula proposicional que é falsa independentemente dos valores de verdade de suas variáveis. Tais proposições são ditas insatisfazíveis. Reciprocamente, a negação de uma contradição é uma tautologia. Uma fórmula que não é nem uma tautologia nem uma contradição é dita logicamente contingente. Tal fórmula pode ser verdadeira ou falsa dependendo dos valores atribuídos para suas variáveis proposicionais.

❑ PROPRIEDADES DAS EQUIVALÊNCIAS LÓGICAS

Negação das operações lógicas

a) Negação da negação

Para **não** dizer que **não** falei das flores...

Não é por **não** falar...

A CIA **não** acreditou que o Iraque **não** possuía armas de destruição em massa.

Não dá para **não** ler.

Dadas as proposições p e ~(~p), vamos construir suas tabelas-verdade:

p	~p	**~ (~ p)**
V	F	**V**
F	V	**F**

Conclusão: A negação da negação (dupla negação) de uma proposição p é logicamente equivalente à proposição p.

Obs.: Na língua portuguesa, a dupla negação é usada como recurso para reforço de uma negação. Do ponto de vista puramente lógico, uma dupla negação equivale a uma afirmação.

Exemplos:

I. A proposição: "Não é verdade que Mário não é estudioso" é logicamente equivalente a "Mário é estudioso".

II. A proposição: "Não dá para não ler" é logicamente equivalente a: "Dá para ler".

b) Negação da conjunção

Dadas as proposições ~(p ∧ q) e ~p ∨ ~q, vamos construir suas tabelas-verdade:

p	q	p ∧ q	**~(p ∧ q)**	~p	~q	**~p ∨ ~q**
V	V	V	**F**	F	F	**F**
V	F	F	**V**	F	V	**V**
F	V	F	**V**	V	F	**V**
F	F	F	**V**	V	V	**V**

Conclusão:

A negação de uma conjunção é logicamente equivalente a uma disjunção.

Exemplo:

Seja a proposição: "A comida é farta e saborosa."

Sua negação é: "Não é verdade que a comida é farta e saborosa."

Que é logicamente equivalente a: "A comida não é farta ou não é saborosa."

c) Negação da disjunção

Dadas as proposições ~(p ∨ q) e ~p ∧ ~q, vamos construir suas tabelas-verdade:

p	q	p ∨ q	**~(p ∨ q)**	~p	~q	**~p ∧ ~q**
V	V	V	**F**	F	F	**F**
V	F	V	**F**	F	V	**F**
F	V	V	**F**	V	F	**F**
F	F	F	**V**	V	V	**V**

Conclusão: ~(p ∨ q) ≡ ~p ∧ ~q

A negação de uma disjunção é logicamente equivalente a uma conjunção.

Exemplo:

Seja a proposição: "2 é um número par ou 3 é um número ímpar."

Sua negação é: "Não é verdade que 2 é um número par ou 3 é um número ímpar."

Que é logicamente equivalente a: "2 não é um número par e 3 não é um número ímpar."

d) Negação da condicional

Dadas as proposições $\sim (p \rightarrow q)$ e $p \wedge \sim q$, vamos construir suas tabelas-verdade:

p	q	$p \rightarrow q$	$\sim (p \rightarrow q)$	$\sim q$	$p \wedge \sim q$
V	V	V	**F**	F	**F**
V	F	F	**V**	V	**V**
F	V	V	**F**	F	**F**
F	F	V	**F**	V	**F**

Conclusão: A negação do condicional é logicamente equivalente a uma conjunção.

Exemplos:

Seja a proposição: "Se a máquina é antiga, então o programa trava."

Sua negação é: "A máquina é antiga e o programa não trava."

e) Negação da bicondicional

Considere a equivalência já conhecida:

$p \leftrightarrow q \equiv (p \rightarrow q) \wedge (q \rightarrow p)$

Para negar o primeiro membro, basta negarmos o segundo. Como esse segundo membro é um **e**, usamos a regra já estudada de negação desse conectivo e, então, temos:

$\sim(p \leftrightarrow q) \equiv \sim(p \rightarrow q) \vee \sim(q \rightarrow p)$

Mas a negação do condicional também tem sua regra específica, que resulta em:

$\sim(p \leftrightarrow q) \equiv (p \wedge \sim q) \vee (q \wedge \sim p)$

❑ EXERCÍCIOS

1. (DELEGADO DE POLÍCIA — VUNESP — 2011) Em lógica, pelo princípio do terceiro excluído,

a) uma proposição falsa pode ser verdadeira e uma proposição falsa pode ser verdadeira.
b) uma proposição verdadeira pode ser falsa, mas uma proposição falsa é sempre falsa.
c) uma proposição ou será verdadeira, ou será falsa, não há outra possibilidade.
d) uma proposição verdadeira é verdadeira e uma preposição falsa é falsa.
e) nenhuma proposição poderá ser verdadeira e falsa ao mesmo tempo.

2. (CESPE) Entende-se por proposição todo conjunto de palavras ou símbolos que exprimem um pensamento de sentido completo, isto é, que afirmam fatos ou exprimam juízos a respeito de determinados entes. Na lógica bivalente, esse juízo, que é conhecido como valor lógico da proposição, pode ser verdadeiro (V) ou falso (F), sendo objeto de estudo desse ramo da lógica apenas as proposições que atendam ao princípio da não contradição, em que uma proposição não pode ser simultaneamente verdadeira e falsa; e ao princípio do terceiro excluído, em que os únicos valores lógicos possíveis para uma proposição são verdadeiro e falso. Com base nessas informações, julgue os itens a seguir.

I. Segundo os princípios da não contradição e do terceiro excluído, a uma proposição pode ser atribuído um e somente um valor lógico.
II. A frase "Que dia maravilhoso!" consiste em uma proposição objeto de estudo da lógica bivalente.

3. (VUNESP — 2014) Segundo a lógica aristotélica, as proposições têm como uma de suas propriedades básicas poderem ser verdadeiras ou falsas, isto é, terem um valor de verdade. Assim sendo, a oração "A Terra é um planeta do sistema solar", por exemplo, é uma proposição verdadeira e a oração "O Sol gira em torno da Terra", por sua vez, é uma proposição comprovadamente falsa. Mas nem todas as orações

são proposições, pois algumas orações não podem ser consideradas nem verdadeiras e nem falsas, como é o caso da oração:

a) O trigo é um cereal cultivável de cuja farinha se produz pão.
b) Metais são elementos que não transmitem eletricidade.
c) Rogai aos céus para que a humanidade seja mais compassiva.
d) O continente euroasiático é o maior continente do planeta.
e) Ursos polares são répteis ovíparos que vivem nos trópicos.

4. (INVESTIGADOR — VUNESP — 2014) O princípio da não contradição, inicialmente formulado por Aristóteles (384-322 a.C.), permanece como um dos sustentáculos da lógica clássica. Uma proposição composta é contraditória quando:

a) seu valor lógico é falso e todas as proposições simples que a constituem são falsas.
b) uma ou mais das proposições que a constituem decorre/decorrem de premissas sempre falsas.
c) seu valor lógico é sempre falso, não importando o valor de suas proposições constituintes.
d) suas proposições constituintes não permitem inferir uma conclusão sempre verdadeira.
e) uma ou mais das proposições que a constituem possui/possuem valor lógico indeterminável.

5. (DELEGADO DE POLÍCIA — VUNESP — 2014) A lógica clássica possui princípios fundamentais que servem de base para a produção de raciocínios válidos. Esses princípios foram inicialmente postulados por Aristóteles (384 a 322 a.C.) e até hoje dão suporte a sistemas lógicos. Tais princípios são os

a) da diversidade, da dedução e do terceiro incluído.
b) da identidade, da inferência e da não contradição.
c) da inferência, da não contradição e do terceiro incluído.
d) da diversidade, da indução e da não contradição.
e) da identidade, da não contradição e do terceiro excluído.

6. (INVESTIGADOR — ACADEPOL — VUNESP — 2009) Toda sentença declarativa que pode ser classificada, unicamente, como verdadeira (V) ou falsa (F) é:

a) proposição.
b) contradição.
c) conjunção.
d) conectivo.
e) axioma.

7. (CESPE — 2018) Considere a proposição:

A qualidade da educação dos jovens sobe ou a sensação de segurança da sociedade diminui.

A quantidade de linhas da tabela-verdade correspondente à proposição é igual a

a) 2
b) 4
c) 8
d) 16
e) 32

8. (ASSISTENTE — QUADRIX — 2014) Das alternativas a seguir, assinale a única que apresenta uma proposição lógica.

a) Uma alimentação saudável é um dos princípios básicos para uma vida saudável.
b) Reflita sobre sua saúde!
c) Já pensou como vai sua saúde?
d) Seja qual for seu ritmo de vida, aprenda a se exercitar sempre.
e) 31 de março: dia da saúde e nutrição.

9. (AGENTE — FCC — 2006) Sabe-se que sentenças são orações com *sujeito* (o termo a respeito do qual se declara algo) e *predicado* (o que se declara sobre o sujeito). Na relação seguinte há expressões e sentenças:

1. Três mais nove é igual a doze.
2. Pelé é brasileiro.
3. O jogador de futebol.
4. A idade de Maria.
5. A metade de um número.
6. O triplo de 15 é maior do que 10.

É correto afirmar que, na relação dada, são sentenças apenas os itens de números:

a) 1, 2 e 6.
b) 2, 3 e 4.
c) 3, 4 e 5.
d) 1, 2, 5 e 6.
e) 2, 3, 4 e 5.

10. **(ESCRIVÃO DE POLÍCIA — ACADEPOL — VUNESP — 2010) Qual das alternativas abaixo não pode ser considerada uma proposição?**

a) $7 < 9$.
b) Pelé é o nome de um planeta.
c) A lua é um satélite da terra.
d) $X > 2$.
e) A capital de Sergipe é Teresina.

11. **Julgue os itens a seguir:**

I. (BANCO DO BRASIL — CESPE — 2007/2008) Na lista de frases apresentadas a seguir, há exatamente três proposições.

— A expressão X + Y é positiva.

— O valor de $\sqrt{4} + 3 = 7$.

— Pelé marcou dez gols para a seleção brasileira.

— O que é isto?

II. (BANCO DO BRASIL — CESPE — 2007/2008) A frase "Quanto subiu o percentual de mulheres assalariadas nos últimos 10 anos?" não pode ser considerada uma proposição.

III. (ADMINISTRAÇÃO DE BANCO DE DADOS — 2008)

A frase "O triplo de quatro é menor do que dez?" é uma proposição falsa.

12. **(CRA — 2017) Leia as frases abaixo sobre lógica proposicional:**

I. A frase "Hoje está chovendo?" é uma proposição.
II. A frase "O triplo de três é igual a oito" é uma proposição.
III. A frase "O número natural é divisível por 5 se, e somente se, o seu último algarismo é zero ou cinco" trata-se de uma bi-implicação.
IV. A frase "Maria é uma ótima estudante ou é rica" é uma conjunção.

A sequência correta é:

a) Apenas as assertivas I e III estão corretas.
b) Apenas as assertivas II, III e IV estão corretas.
c) Apenas as assertivas I, II e IV estão corretas.
d) Apenas as assertivas II e III estão corretas.

13. **(OFICIAL DE CHANCELARIA — FCC — 2008) Considere a seguinte lista de sentenças:**

I. Qual é o nome pelo qual é conhecido o Ministério das Relações Exteriores?
II. O Palácio Itamaraty em Brasília é uma bela construção do século XIX.
III. As quantidades de embaixadas e consulados gerais que o Itamaraty possui são, respectivamente, x e y.
IV. O barão do Rio Branco foi um diplomata notável.

Nessa situação, é correto afirmar que entre as sentenças acima, apenas uma delas não é uma proposição.

14. (AGENTE FISCAL DE RENDAS — FCC — 2006) **Considere as seguintes frases:**

I. Ele foi o melhor jogador do mundo em 2005.

II. (x + y) / 5 é um número inteiro.

III. João da Silva foi o secretário da fazenda do Estado de São Paulo em 2000.

É verdade que APENAS

a) I é uma sentença aberta

b) II é uma sentença aberta

c) I e II são sentenças abertas

d) I e III são sentenças abertas

e) II e III são sentenças abertas

15. (CESPE — 2015)

	P	Q	R
①	V	V	V
②	F	V	V
③	V	F	V
④	F	F	V
⑤	V	V	F
⑥	F	V	F
⑦	V	F	F
⑧	F	F	F

A figura acima apresenta as colunas iniciais de uma tabela-verdade, em que P, Q e R representam proposições lógicas, e V e F correspondem, respectivamente, aos valores lógicos verdadeiro e falso. Com base nessas informações e utilizando os conectivos lógicos usuais, julgue os itens subsecutivos.

I. A última coluna da tabela-verdade referente à proposição lógica P ∨ (Q ↔ R) quando representada na posição horizontal é igual a

	①	②	③	④	⑤	⑥	⑦	⑧
P ∨ (Q ↔ R)	V	V	V	F	V	F	V	V

II. A última coluna da tabela-verdade referente à proposição lógica P → (Q ∧ R) quando representada na posição horizontal é igual a

	①	②	③	④	⑤	⑥	⑦	⑧
P → (Q ∧ R)	V	V	F	F	V	F	V	V

16. (CESPE — 2015)

P	**Q**	**R**	**S**
V	V	V	
V	V	F	
V	F	V	
V	F	F	
F	V	V	
F	V	F	

F	F	V	
F	F	F	

Tendo como referência a tabela mostrada acima, que ilustra o esquema para se construir a tabela-verdade de uma proposição S, composta das proposições lógicas simples P, Q e R, julgue os itens subsequentes.

— Se $S = (P \leftrightarrow Q) \leftrightarrow [(P \rightarrow Q) \wedge (Q \rightarrow P)]$, então a coluna da tabela-verdade de S será igual à mostrada abaixo.

S
V
V
F
V
F
V
F
V

— Se $S = (P \rightarrow Q) \vee (Q \wedge R)$, então a coluna da tabela-verdade de S será igual à mostrada a seguir.

S
V
V
F
F
V
V
V
V

17. (DELEGADO — VUNESP — 2014) Os conectivos ou operadores lógicos são palavras (da linguagem comum) ou símbolos (da linguagem formal) utilizados para conectar proposições de acordo com regras formais preestabelecidas. Assinale a alternativa que apresenta exemplos de conjunção, negação e implicação, respectivamente.

a) $p \rightarrow q$, $p \vee q$, $\neg p$
b) $\neg p$, $p \vee q$, $p \wedge q$
c) $p \vee p$, $p \rightarrow q$, $\neg q$
d) $p \vee q$, $\neg q$, $p \vee q$
e) $p \wedge q$, $\neg p$, $p \rightarrow q$

18. (INVESTIGADOR — VUNESP — 2014) Um antropólogo estadunidense chega ao Brasil para aperfeiçoar seu conhecimento da língua portuguesa. Durante sua estadia em nosso país, ele fica muito intrigado com a frase "não vou fazer coisa nenhuma", bastante utilizada em nossa linguagem coloquial. A dúvida dele surge porque:

a) a conjunção presente na frase evidencia seu significado.
b) o significado da frase não leva em conta a dupla negação.
c) a implicação presente na frase altera seu significado.
d) o significado da frase não leva em conta a disjunção.
e) a negação presente na frase evidencia seu significado.

19. (ANALISTA JUDICIÁRIO — VUNESP — 2012) Na tabela a seguir, P e Q são duas sentenças, e as letras V e F representando, respectivamente, os significados Verdadeiro e Falso.

P	Q	(1)	(2)	(3)
V	V	V	V	F
V	F	V	F	F
F	V	V	F	V
F	F	F	F	V

Considerando os símbolos ¬ (negação), ∧ (conjunção) e ∨ (disjunção), as expressões condizentes com (1), (2) e (3) são, respectivamente,

a) $P \vee Q$, $P \wedge Q$ e $\neg P$.
b) $P \wedge Q$, $P \vee Q$ e $\neg Q$.
c) $\neg P$, $P \vee Q$ e $P \wedge Q$.
d) $\neg Q$, $\neg P$ e $P \wedge Q$.
e) $\neg Q$, $P \wedge Q$ e $P \vee Q$.

20. (TESTE — ANPAD — 2011) Sejam dadas as seguintes proposições:

I. Se uma flor tem perfume, então 2 > 1.
II. Se 2 < 1, então a vida é curta.
III. O baralho está viciado ou eu estou lendo esta questão.
IV. Se $x < y$, então $x^2 < y^2$, para todo número inteiro.

Os valores lógicos (V, se verdadeira, F, se falsa) das proposições acima são, respectivamente:

a) F F V V
b) F V F F
c) V V F F
d) V F V F
e) V V V F

21. (FUNIVERSA — CESPE — 2015)

A respeito de lógica proposicional e de argumentação, julgue o item.

Considere que P e Q sejam proposições simples. Então, completada a tabela a seguir, é correto concluir que os elementos da coluna correspondente à proposição composta $(Q \rightarrow P) \rightarrow P$, na ordem em que aparecem e de cima para baixo, são VVFV.

P	Q	$Q \rightarrow P$	$(Q \rightarrow P) \rightarrow P$
V	V		
V	F		
F	F		
F	V		

22. (AFTE — 2010) Considere as proposições x e y e assinale a expressão que corresponde a uma tautologia.

a) $x \wedge \neg x$
b) $[\neg(x \rightarrow y)] \wedge y$
c) $[x \wedge (x \rightarrow y)] \rightarrow y$
d) $[y \wedge (x \rightarrow y)] \rightarrow x$
e) $(x \wedge y) \rightarrow \neg y$

(INVESTIGADOR DE POLÍCIA — VUNESP — 2013) Para as questões de números 23 e 24, considere a seguinte notação para os conectivos lógicos: ~ (para a negação), ∨ (para a disjunção inclusiva), & (para a conjunção) e ⊃ (para a implicação material).

23. Assinale qual das seguintes formas sentenciais é uma tautologia.

a) X ⊃ (X & Y)
b) ~X & ~~X
c) Y ⊃ (X ⊃ Y)
d) X & (Y ∨ X)
e) Y ⊃ (Y ⊃ X)

24. Assinale qual das formas sentenciais seguintes é equivalente à forma: $\sim P \vee Q$

a) $P \supset Q$
b) $(P \vee \sim Q) \supset Q$
c) $(P \,\&\, Q) \supset P$
d) $\sim\sim P \vee \sim Q$
e) $P \,\&\, \sim Q$

25. (BANCO DO BRASIL — CESPE — 2007/2008) Coloque Certo ou Errado.

a) A proposição simbólica $(P \wedge Q) \vee R$ possui, no máximo, 4 avaliações V.
b) Uma expressão da forma $\neg (A \wedge \neg B)$ é uma proposição que tem exatamente as mesmas valorações V ou F da proposição $A \rightarrow B$.

26. (ANALISTA — USP — 2013) Considere verdadeiras as seguintes sentenças:

"O gato mia ou o pássaro não pia."

"Se o cachorro não late então o gato não mia."

Então, é consequência de "O pássaro pia.":

a) O gato mia e o cachorro não late.
b) O gato não mia e o cachorro late.
c) O gato não mia ou o cachorro não late.
d) Se o cachorro late então o gato não mia.
e) O gato mia e o cachorro late.

27. (ANALISTA EM PLANEJAMENTO — ESAF — 2009) Assinale a opção verdadeira.

a) $3 = 4$ e $3 + 4 = 9$
b) Se $3 = 3$, então $3 + 4 = 9$
c) Se $3 = 4$, então $3 + 4 = 9$
d) $3 = 4$ ou $3 + 4 = 9$
e) $3 = 3$ se e somente se $3 + 4 = 9$

28. (OFICIAL DE DEFENSORIA — FCC — 2013) Considere as proposições abaixo.

p: Afrânio estuda. ; q: Bernadete vai ao cinema. ; r: Carol não estuda.

Admitindo que essas três proposições são verdadeiras, qual das seguintes afirmações é FALSA?

a) Afrânio não estuda ou Carol não estuda.
b) Se Afrânio não estuda, então Bernadete vai ao cinema.
c) Bernadete vai ao cinema e Carol não estuda.
d) Se Bernadete vai ao cinema, então Afrânio estuda ou Carol estuda.
e) Se Carol não estuda, então Afrânio estuda e Bernadete não vai ao cinema.

29. (TÉCNICO DA FAZENDA ESTADUAL — 2010) Considere as seguintes premissas:

p: Estudar é fundamental para crescer profissionalmente.

q: O trabalho enobrece.

A afirmação "Se o trabalho não enobrece, então estudar não é fundamental para crescer profissionalmente" é, com certeza, FALSA quando:

a) p é falsa e q é falsa.
b) p é verdadeira e q é verdadeira.
c) p é falsa e q é verdadeira.
d) p é verdadeira e q é falsa.
e) p é falsa ou q é falsa.

30. (AGENTE CULTURAL — 2012) Se é verdade que "se José é canhoto, então ele é moreno", avalie as afirmativas a seguir:

I. Se José não é moreno, então não é canhoto.
II. Se José não é moreno, então é canhoto.
III. Se José é moreno, então é canhoto.

Está correto o que se afirma em:

a) I, apenas;
b) III, apenas;
c) I e III, apenas;
d) II e III, apenas;
e) I, II e III.

31. **(TRE — CESPE — 2015) A respeito de lógica proposicional, julgue o item subsequente.**

Se P, Q e R forem proposições simples e se T for a proposição composta falsa $[P \wedge (\neg Q)] \rightarrow R$, então, necessariamente, P, Q e R serão proposições verdadeiras.

32. **(AGENTE DA POLÍCIA FEDERAL — CESPE — 2014) Considerando que P, Q e R sejam proposições simples, julgue o item abaixo. A partir do preenchimento da tabela-verdade abaixo, é correto concluir que a proposição $P \wedge Q \wedge R \rightarrow P \vee Q$ é uma tautologia.**

P	Q	R	$P \wedge Q \wedge R$	$P \vee Q$	$P \wedge Q \wedge R \rightarrow P \vee Q$
V	V	V			
V	V	F			
V	F	V			
V	F	F			
F	V	V			
F	V	F			
F	F	V			
F	F	F			

33. **(AGENTE ADMINISTRATIVO — 2010) Todas as proposições abaixo envolvem implicações lógicas. A única que representa uma proposição VERDADEIRA é:**

a) $(42 - 1 = 15) \rightarrow (50 + 1 = 6)$ 24;
b) $(52 + 1 = 26) \rightarrow (2 + 3 . 5 = 25)$;
c) $(70 - 1 = 0) \rightarrow (110 = 10)$;
d) $(52 + 1 = 11) \rightarrow (2 + 3 . 5 = 25)$;
e) $(2 + 3 . 5 = 17) \rightarrow (12 + 1 = 3)$.

34. **(ANALISTA DE SISTEMAS — 2008) Para responder a essa questão assinale com o valor lógico correspondente (V ou F) as proposições seguintes:**

( ) $1 < 5$ e $6 \geq 6$.
( ) Se 5 é par, então 3 é par.
( ) $3^2 = 9$ ou $0.4 = 4$.
( ) Se 3 é primo, então $4 < 5$.

A opção que representa, obedecendo a ordem, os valores lógicos encontrados são:

a) V V V F
b) V F F F
c) F V F V
d) F F F F
e) V V V V

35. **(ANALISTA DE ESTATÍSTICA — 2008) Chama-se tautologia à proposição composta que possui valor lógico verdadeiro, quaisquer que sejam os valores lógicos das proposições que a compõem. Sejam p e q proposições simples e ~p e ~q as suas respectivas negações. Em cada uma das alternativas abaixo, há uma proposição composta, formada por p e q. Qual corresponde a uma tautologia?**

a) $p \vee q$

b) $p \wedge \sim q$
c) $(p \vee q) \rightarrow (\sim p \wedge q)$
d) $(p \vee q) \rightarrow (p \wedge q)$
e) $(p \wedge q) \rightarrow (p \vee q)$

36. **(ESAF — 2009) Considere que: "se o dia está bonito, então não chove". Desse modo:**

a) não chover é condição necessária para o dia estar bonito.
b) não chover é condição suficiente para o dia estar bonito.
c) chover é condição necessária para o dia estar bonito.
d) o dia estar bonito é condição necessária e suficiente para chover.
e) chover é condição necessária para o dia não estar bonito.

37. **(ESCRIVÃO DE POLÍCIA — ACADEPOL — VUNESP — 2010) No que tange ao estudo do raciocínio lógico, é correto afirmar que contradição é uma proposição composta, na qual todos os valores lógicos da última coluna de sua tabela verdade são**

a) "V".
b) "F" e "V" alternadamente.
c) "F".
d) "V" e "F" alternadamente.
e) sempre verdadeiros, independentemente dos valores lógicos das proposições que as constituem.

38. **(ASSISTENTE TÉCNICO — ESAF — 2013) Conforme a teoria da lógica proposicional, a proposição $\sim P \wedge P$ é:**

a) uma tautologia.
b) equivalente à proposição $\sim P \vee P$.
c) uma contradição.
d) uma contingência.
e) uma disjunção.

39. **(TRT) Considere a seguinte proposição: "na eleição para a prefeitura, o candidato A será eleito ou não será eleito". Do ponto de vista lógico, a afirmação da proposição caracteriza:**

a) um silogismo.
b) uma tautologia.
c) uma equivalência.
d) uma contingência.
e) uma contradição.

40. **(INVESTIGADOR — ACADEPOL — VUNESP — 2009) Toda proposição composta, cuja última coluna da sua tabela-verdade encerre somente a letra V (Verdade) chama-se:**

a) trepanação.
b) tanatologia.
c) teologia.
d) tenacidade.
e) tautologia.

41. **(TÉCNICO — CESGRANRIO — 2012) Dadas duas proposições lógicas, p e q, tem-se que a expressão $(\sim p \vee q) \wedge (\sim q \vee p)$ é logicamente equivalente à expressão:**

a) $p \leftrightarrow q$
b) $p \rightarrow q$
c) $(\sim p) \rightarrow (\sim q)$
d) $(p \wedge q) \wedge \sim(p \wedge q)$
e) $(p \wedge q) \wedge (\sim p \wedge \sim q)$

42. **(TRE — 2010) A negação da proposição A, simbolizada por $\neg A$, será F se A for V, e será V se A for F. Então, para todas as possíveis valorações V ou F atribuídas às proposições A e B, é correto concluir que a proposição $[\neg A \rightarrow \neg B] \rightarrow [B \rightarrow A]$ possui exatamente:**

a) 4 valores F.

b) 4 valores V.
c) 1 valor V e 3 valores F.
d) 1 valor F e 3 valores V.
e) 2 valores V e 2 valores F.

43. **(ANALISTA DE SISTEMAS — 2008) Considere as afirmações abaixo:**

I. Se p e q são proposições simples, a proposição p ∨ (q ∨ ~p) é uma tautologia.
II. A proposição (3 é par ↔ 42 = 8) é falsa.
III. A proposição (4 é par → 5 é par) é verdadeira.

É verdade apenas o que se afirma:

a) no item I;
b) no item II;
c) no item III;
d) nos itens I e II;
e) nos itens II e III.

44. **(AUDITOR FISCAL — 2006) Considere as afirmações abaixo.**

I. O número de linhas de uma tabela-verdade é sempre um número par.
II. A proposição "$(10 < \sqrt{10}) \leftrightarrow (8 - 3 = 6)$" é falsa.
III. Se p e q são proposições, então a proposição (p → q) ∨ ¬ q é uma tautologia.

É verdade o que se afirma em apenas:

a) I
b) II
c) III
d) I e II
e) I e III

45. **(PERITO CRIMINAL — CESPE — 2011) Julgue o próximo item, relativo à lógica sentencial, em que os símbolos ∧, ∨, ~ e → representam, respectivamente, as operações lógicas "e", "ou", "não" e "implicação".**

— Se a proposição R for falsa e se a proposição composta (P ∧ Q) → (~Q ∨ R) for verdadeira, então a proposição P será verdadeira.

46. **(PAPILOCOPISTA — 2010) Considere as seguintes proposições: q → p e q → r ambas verdadeiras. Nessas condições,**

a) se p é verdadeira, então r é verdadeira.
b) se r é verdadeira, então q é verdadeira.
c) se p é verdadeira, então q é verdadeira.
d) se q é verdadeira, então p → r é verdadeira.
e) se p → r é verdadeira, então q é verdadeira.

47. **(TÉCNICO — 2013) Usando a notação de valor lógico da proposição simples p (ou q) como sendo 1 se p ou q for verdade e 0, se p ou q for falso. Então, os valores lógicos de P(0,0), P(0,1), P(1,0), P(1,1) da proposição P(p,q) = ~(p ^ q) ∨ [~(q ↔ p)] são dados respectivamente por:**

a) 1110.
b) 1010.
c) 1111.
e) 0111.
e) 0011.

Para a questão abaixo, considere a seguinte notação para os conectivos lógicos: ~ (para a negação), ∨ (para a disjunção inclusiva), & (para a conjunção) e → (para a implicação material).

48. **(VUNESP — 2013) Considerando que A e B representam enunciados verdadeiros e M e N representam enunciados falsos, assinale a alternativa que corresponde ao valor de verdade da seguinte forma sentencial: (A & ~M) → (~B ∨ N)**

a) O mesmo valor de A ∨ B.
b) O valor de verdade não pode ser determinado.

c) Verdadeiro.
d) Falso.
e) O mesmo valor de ~M & ~N.

49. **(ASSISTENTE TÉCNICO ADMINISTRATIVO — ESAF — 2014)**
Em um argumento, as seguintes premissas são verdadeiras:
— Se o Brasil vencer o jogo, então a França não se classifica.
— Se a França não se classificar, então a Itália se classifica.
— Se a Itália se classificar, então a Polônia não se classifica.
— A Polônia se classificou.
Logo, pode-se afirmar corretamente que:
a) a Itália e a França se classificaram.
b) a Itália se classificou e o Brasil não venceu o jogo.
c) a França se classificou ou o Brasil venceu o jogo.
d) a França se classificou e o Brasil venceu o jogo.
e) a França se classificou se, e somente se, o Brasil venceu o jogo.

50. **(COPEVE — 2015) Se os símbolos lógicos ~, ^, v, → e ↔ representam negação, conjunção, disjunção, implicação e bi-implicação, respectivamente, e os valores lógicos das proposições atômicas A, B, C e D são, respectivamente, Falso, Falso, Verdadeiro e Falso, qual das fórmulas tem valor lógico verdadeiro?**
a) (A v C) ↔ (B v D)
b) ((A ^ ~B) v C) → D
c) (~A ^ ~B ^ ~C) v D
d) ~(A ^ B) ↔ (C v D)
e) ~A → (B v ~(C v D))

51. **(OFICIAL JUDICIÁRIO — 2009) p tem valor F, q tem valor F, r tem valor V. Determine o valor lógico das seguintes proposições e assinale a alternativa correta:**
— (p → q) ^ (q v r)
— r → q ↔ (p ↔ r)
a) V V
b) V F
c) F V
d) F F

52. **(OFICIAL JUDICIÁRIO — 2009) p tem valor V, q tem valor F, r tem valor V. Determine o valor lógico das seguintes proposições e assinale a alternativa correta:**
— (p v q) ↔ (p ^ ~r)
— (p ↔ ~r) → (~p v q)
a) V V
b) V F
c) F V
d) F F

53. **(ANALISTA DE CONTROLE INTERNO TECNOLOGIA DA INFORMAÇÃO — 2008) Sejam p, q e r proposições simples cujos valores lógicos (verdadeiro ou falso) são, a princípio, desconhecidos. No diagrama abaixo, cada célula numerada deve conter os resultados lógicos das proposições compostas formadas pelo conectivo condicional (→), em que as proposições nas linhas são os antecedentes e nas colunas, os consequentes. Os resultados das células 3, 4 e 7 já foram fornecidos.**

	p	**q**	**r**
p	1	2	V
q	F	5	6
r	V	8	9

Com relação à tabela, é correto afirmar que o valor lógico da célula:

a) 1 é falso.
b) 2 é falso.
c) 5 é falso.
d) 6 é verdadeiro.
e) 8 é verdadeiro.

54. (TRT — FCC — 2008) **Dadas as proposições simples p e q, tais que p é verdadeira e q é falsa, considere as seguintes proposições compostas:**

(1) $p \wedge q$;
(2) $\sim p \rightarrow q$;
(3) $\sim(p \vee \sim q)$;
(4) $\sim (p \leftrightarrow q)$.

Quantas dessas proposições compostas são verdadeiras?

a) Nenhuma.
b) Apenas uma.
c) Apenas duas.
d) Apenas três.
e) Quatro.

55. (INVESTIGADOR DE POLÍCIA — VUNESP — 2013) Sobre as tabelas de verdade dos conectivos de disjunção (inclusiva), conjunção e implicação (material), assinale a alternativa correta.

a) As conjunções só são falsas quando ambos os conjuntos são falsos.
b) Não existe implicação falsa com antecedente verdadeiro.
c) As disjunções são falsas quando algum dos disjuntos é falso.
d) Só há um caso em que as implicações são verdadeiras.
e) As implicações são verdadeiras quando o antecedente é falso.

56. (VUNESP — 2014) **Se Carlos é executivo público, então Cláudio é eletricista e André médico. Se Márcia é enfermeira ou Carolina é nutricionista, então André não é médico. Constata-se que Márcia é enfermeira ou que Ana é advogada. Sabe-se, ainda, que Carlos é executivo público. Logo, é verdade que:**

a) Ana é advogada.
b) André não é médico.
c) Márcia é enfermeira.
d) Cláudio não é eletricista.
e) Carolina é nutricionista.

57. (OFICIAL DE CHANCELARIA — FCC — 2009) Questionados sobre a falta ao trabalho no dia anterior, três funcionários do Ministério das Relações Exteriores prestaram os seguintes depoimentos:

– Aristeu: "Se Boris faltou, então Celimar compareceu."
– Boris: "Aristeu compareceu e Celimar faltou."
– Celimar: "Com certeza eu compareci, mas pelo menos um dos outros dois faltou."

Admitindo que os três compareceram ao trabalho em tal dia, é correto afirmar que

a) Aristeu e Boris mentiram.
b) os três depoimentos foram verdadeiros.
c) apenas Celimar mentiu.
d) apenas Aristeu falou a verdade.
e) apenas Aristeu e Celimar falaram a verdade.

58. (COORDENADOR — 2010) Argemiro, Belisário, Coriolano e Divina são funcionários de um mesmo setor do Departamento Nacional de Obras Contra as Secas. Certo dia, após a realização de uma reunião em que se discutiu um projeto de irrigação a ser implantado numa região, algumas pessoas fizeram as seguintes declarações sobre seus participantes:

– Se Divina participou da reunião, então o Diretor também participou.
– Se Coriolano não participou da reunião, então Divina participou.
– Se Argemiro participou da reunião, então Belisário e Coriolano não participaram.

Considerando que o Diretor não participou de tal reunião e que as três declarações são verdadeiras, é correto afirmar que, com certeza, também não participaram:

a) Argemiro e Belisário.
b) Argemiro e Divina.
c) Belisário e Coriolano.
d) Belisário e Divina.
e) Coriolano e Divina.

59. **(ASSISTENTE — VUNESP — 2014) As únicas frutas que Jacira compra são laranja, banana e melancia. Quando vai à feira, ela sempre compra bananas ou laranjas. Se compra bananas, também compra melancia. Se compra melancia, volta para casa de táxi. Hoje, Jacira foi à feira e voltou para casa a pé. Pode-se concluir corretamente, com relação às frutas, que Jacira**

a) comprou somente laranjas.
b) comprou bananas e não comprou laranjas.
c) não comprou nem bananas nem laranjas.
d) comprou melancia e laranjas.
e) não comprou nem laranjas nem melancia.

60. **(AGENTE TÉCNICO LEGISLATIVO — FCC — 2010) Paloma fez as seguintes declarações:**

— *"Sou inteligente e não trabalho."*
— *"Se não tiro férias, então trabalho."*

Supondo que as duas declarações sejam verdadeiras, é FALSO concluir que Paloma:

a) é inteligente.
b) tira férias.
c) trabalha.
d) não trabalha e tira férias.
e) trabalha ou é inteligente.

61. **(AGENTE ADMINISTRATIVO — 2009) Marque a alternativa que contém a negação da proposição "Marcelo canta e toca guitarra".**

a) "Marcelo não canta ou não toca guitarra."
b) "Marcelo não canta e não toca guitarra."
c) "Marcelo não canta ou toca guitarra."
d) "Marcelo não canta e toca guitarra."
e) "Marcelo canta ou toca guitarra."

62. **(TÉCNICO DE CONTROLE EXTERNO-ADMINISTRAÇÃO — TCE — FCC — 2015) Um casal está no supermercado fazendo compras do mês e o marido diz para a esposa: "Vamos comprar macarrão ou arroz integral". A esposa negando a afirmação diz:**

a) Se vamos comprar macarrão, então não vamos comprar arroz integral.
b) Não vamos comprar macarrão ou não vamos comprar arroz integral.
c) Se não vamos comprar macarrão, então não vamos comprar arroz integral.
d) Não vamos comprar macarrão e não vamos comprar arroz integral.
e) Se não vamos comprar macarrão, então vamos comprar arroz integral.

63. **(MATEMÁTICO — 2011) A negação da sentença "Ana não voltou e foi ao cinema" é:**

a) "Ana voltou ou não foi ao cinema"
b) "Ana não voltou e não foi ao cinema"
c) "Ana não voltou ou não foi ao cinema"

d) "Ana não voltou ou foi ao cinema"
e) "Ana não voltou e foi ao cinema"

64. **(ESAF — 2009) A negação de "Maria comprou uma blusa nova e foi ao cinema com José" é:**

a) Maria não comprou uma blusa nova ou não foi ao cinema com José.
b) Maria não comprou uma blusa nova e foi ao cinema sozinha.
c) Maria não comprou uma blusa nova e não foi ao cinema com José.
d) Maria não comprou uma blusa nova e não foi ao cinema.
e) Maria comprou uma blusa nova, mas não foi ao cinema com José.

65. **(ASSISTENTE ADMINISTRATIVO — ESAF — 2009) A negação de "Ana ou Pedro vão ao cinema e Maria fica em casa" é:**

a) Ana e Pedro não vão ao cinema ou Maria fica em casa.
b) Ana e Pedro não vão ao cinema ou Maria não fica em casa.
c) Ana ou Pedro vão ao cinema ou Maria não fica em casa.
d) Ana ou Pedro vão ao cinema e Maria não fica em casa.
e) Ana e Pedro vão ao cinema e Maria não fica em casa.

66. **(ANPAD — 2007) Sejam as proposições p:"o cão é bravo" e q:"o gato não é branco". A linguagem equivalente à proposição "não é verdade que o cão é bravo ou que o gato não é branco" é:**

a) $\sim p \wedge \sim q$
b) $\sim p \vee \sim q$
c) $p \rightarrow q$
d) $\sim p \vee q$
e) $p \vee \sim q$

67. **(VUNESP — 2014) Considere a afirmação a seguir.**

Levei os detentos ao pátio e os recolhi às 15 horas.

Uma negação lógica para essa afirmação está contida na alternativa:

a) Não levei os detentos ao pátio e não os recolhi às 15 horas.
b) Levei os detentos ao pátio, mas não os recolhi às 15 horas.
c) Não levei os detentos ao pátio ou não os recolhi às 15 horas.
d) Levei os detentos ao pátio ou não os recolhi às 15 horas.
e) Não levei os detentos ao pátio, mas os recolhi às 15 horas.

68. **(ANALISTA EM PLANEJAMENTO — 2009) A negação de: Milão é a capital da Itália ou Paris é a capital da Inglaterra é:**

a) Milão não é a capital da Itália e Paris não é a capital da Inglaterra.
b) Paris não é a capital da Inglaterra.
c) Milão não é a capital da Itália ou Paris não é a capital da Inglaterra.
d) Milão não é a capital da Itália.
e) Milão é a capital da Itália e Paris não é a capital da Inglaterra.

69. **(TCE — 2011) Dizer que "João não estudou ou Pedro nadou" é do ponto de vista lógico o mesmo que dizer**

a) Se João estudou, então Pedro nadou.
b) Se Pedro nadou, então João estudou.
c) Se João não estudou, então Pedro nadou.
d) Se João estudou, então Pedro não nadou.
e) Se João não estudou, então Pedro não nadou.

70. **(CESPE — 2015) Considerando a proposição P: "Se João se esforçar o bastante, então João conseguirá o que desejar", julgue os itens a seguir.**

I. A proposição "João não se esforça o bastante ou João conseguirá o que desejar" é logicamente equivalente à proposição P.

II. A proposição "Se João não conseguiu o que desejava, então João não se esforçou o bastante" é logicamente equivalente à proposição P.

III. Se a proposição "João desejava ir à Lua, mas não conseguiu" for verdadeira, então a proposição P será necessariamente falsa.

IV. A negação da proposição P pode ser corretamente expressa por "João não se esforçou o bastante, mas, mesmo assim, conseguiu o que desejava".

71. **(CESPE — 2011) Considere que, no argumento apresentado abaixo, as proposições P, Q, R e S sejam as premissas e T, a conclusão.**

P: Jornalistas entrevistam celebridades ou políticos.

Q: Se jornalistas entrevistam celebridades, então são irônicos ou sensacionalistas.

R: Ou são irônicos, ou perspicazes.

S: Ou são sensacionalistas, ou sagazes.

T: Se jornalistas são perspicazes e sagazes, então entrevistam políticos.

A respeito dessas proposições, julgue os itens seguintes.

— A proposição Q é logicamente equivalente a "Se jornalistas entrevistam celebridades e não são irônicos, então são sensacionalistas".

— A conclusão do argumento é uma proposição logicamente equivalente a "Jornalistas não são perspicazes ou não são sagazes ou entrevistam políticos".

72. **(TCE — FCC — 2015) A afirmação que é logicamente equivalente à afirmação: "Se faço karatê, então sei me defender" é:**

a) Se não faço karatê, então não sei me defender.
b) Se sei me defender, então faço karatê.
c) Se não sei me defender, então não faço karatê.
d) Se não sei me defender, então faço karatê.
e) Se faço karatê, então não sei me defender.

73. **(ATRFB — ESAF — 2009) A afirmação: "João não chegou ou Maria está atrasada" equivale logicamente a:**

a) Se João não chegou, Maria está atrasada.
b) João chegou e Maria não está atrasada.
c) Se João chegou, Maria não está atrasada.
d) Se João chegou, Maria está atrasada.
e) João chegou ou Maria não está atrasada.

74. **(AUDITOR FISCAL — VUNESP — 2012) Uma proposição equivalente a "Se o peru gruguleja, então o pombo arrulha" é**

a) Se o peru grugulejou foi porque o pombo arrulhou.
b) Se o pombo não arrulha, então o peru não gruguleja.
c) O pombo não gruguleja porque o peru não arrulha.
d) O peru gruguleja porque o pombo arrulha.
e) Se o peru não gruguleja, então o pombo não arrulha.

75. **(VUNESP — 2014) A proposição — *se José presta assistência ao dirigente das unidades prisionais, então ele é aprovado no concurso* — tem como uma equivalente a proposição:**

a) se José é aprovado no concurso, então ele presta assistência ao dirigente das unidades prisionais.
b) José presta assistência ao dirigente das unidades prisionais e é aprovado no concurso.

c) José é aprovado no concurso ou presta assistência ao dirigente das unidades prisionais.
d) se José não é aprovado no concurso, então ele não presta assistência ao dirigente das unidades prisionais.
e) José não é aprovado no concurso e não presta assistência ao dirigente das unidades prisionais.

76. (TÉCNICO — TJ — FGV — 2015) **Considere a sentença: "Se cometi um crime, então serei condenado". Uma sentença logicamente equivalente à sentença dada é:**

a) Não cometi um crime ou serei condenado.
b) Se não cometi um crime, então não serei condenado.
c) Se eu for condenado, então cometi um crime.
d) Cometi um crime e serei condenado.
e) Não cometi um crime e não serei condenado.

77. (ANALISTA — VUNESP — 2012) **Estudo muito nessa vida senão nada alcanço. Uma frase equivalente a essa é:**

a) Estudo nada nessa vida e tudo alcanço.
b) Se estudo pouco nessa vida, então alcanço alguma coisa.
c) Se não estudo muito nessa vida, então nada alcanço.
d) Estudo muito nessa vida e nada alcanço.
e) Estudo muito nessa vida ou muito alcanço.

78. (AFRFB — ESAF — 2009) **Considere a seguinte proposição: "Se chove ou neva, então o chão fica molhado". Sendo assim, pode-se afirmar que:**

a) Se o chão está molhado, então choveu ou nevou.
b) Se o chão está molhado, então choveu e nevou.
c) Se o chão está seco, então choveu ou nevou.
d) Se o chão está seco, então não choveu ou não nevou.
e) Se o chão está seco, então não choveu e não nevou.

79. (AFRFB — ESAF — 2012) **A afirmação "A menina tem olhos azuis ou o menino é loiro" tem como sentença logicamente equivalente:**

a) se o menino é loiro, então a menina tem olhos azuis.
b) se a menina tem olhos azuis, então o menino é loiro.
c) se a menina não tem olhos azuis, então o menino é loiro.
d) não é verdade que se a menina tem olhos azuis, então o menino é loiro.
e) não é verdade que se o menino é loiro, então a menina tem olhos azuis.

80. (CESPE — 2015) **Em campanha de incentivo à regularização da documentação de imóveis, um cartório estampou um cartaz com os seguintes dizeres: "O comprador que não escritura e não registra o imóvel não se torna dono desse imóvel".**

A partir dessa situação hipotética e considerando que a proposição P: "Se o comprador não escritura o imóvel, então ele não o registra" seja verdadeira, julgue os itens seguintes.

I. A proposição P é logicamente equivalente à proposição "O comprador escritura o imóvel, ou não o registra".
II. Se A for o conjunto dos compradores que escrituram o imóvel, e B for o conjunto dos que o registram, então B será subconjunto de A.
III. A proposição do cartaz é logicamente equivalente a "Se o comprador não escritura o imóvel ou não o registra, então não se torna seu dono".
IV. Um comprador que tiver registrado o imóvel, necessariamente, o escriturou.

V. A negação da proposição P pode ser expressa corretamente por "Se o comprador escritura o imóvel, então ele o registra".

VI. Considerando-se a veracidade da proposição P, é correto afirmar que, após a eliminação das linhas de uma tabela-verdade associada à proposição do cartaz do cartório que impliquem a falsidade da proposição P, a tabela-verdade resultante terá seis linhas.

81. **(PERITO CRIMINAL — VUNESP — 2013) André tem um conjunto de cartas. Cada carta tem apenas um número em uma das faces e a foto de apenas um animal na outra. André dispôs quatro cartas sobre a mesa com as seguintes faces expostas: cisne, gato, número 7 e número 10, como se mostra:**

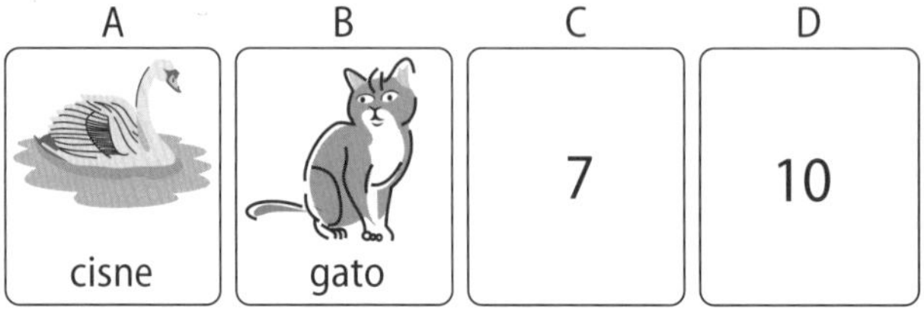

André disse: "Se na face de uma carta há um número par, então no verso há um animal mamífero". Para verificar se a afirmação de André está correta, é

a) suficiente que se verifiquem os versos das cartas B e C.
b) suficiente que se verifiquem os versos das cartas A e C.
c) suficiente que se verifiquem os versos das cartas A e D.
d) suficiente que se verifiquem os versos das cartas B e D.
e) necessário que se verifiquem os versos das quatro cartas.

82. **(ANALISTA — FCC — 2014) Uma frase logicamente equivalente a "Se jogo xadrez, então sou bom em matemática" é:**

a) Se sou bom em matemática, então jogo xadrez.
b) Se não sou bom em matemática, então não jogo xadrez.
c) Se não jogo xadrez, então não sou bom em matemática.
d) Posso ser bom em matemática sem saber jogar xadrez.
e) Posso ser jogador de xadrez sem ser bom em matemática.

83. **(TÉCNICO — BASA — CESGRANRIO — 2014) Considere a seguinte afirmação:**

Jorge se mudará ou Maria não será aprovada no concurso.

Tal afirmação é logicamente equivalente à afirmação:

a) Se Maria não for aprovada no concurso, então Jorge se mudará.
b) Se Maria for aprovada no concurso, então Jorge não se mudará.
c) Se Maria for aprovada no concurso, então Jorge se mudará.
d) Jorge não se mudará ou Maria será aprovada no concurso.
e) Jorge se mudará se, e somente se, Maria não for aprovada no concurso.

84. **(AGENTE DA FAZENDA — ESAF — 2010) Qual das proposições abaixo tem a mesma tabela verdade que a proposição: "Se $|a| < 3$, então $b \leq 4$", onde a e b são números reais?**

a) $b \leq 4$ e $|a| < 3$.
b) $b \leq 4$ ou $|a| \geq 3$.
c) $b > 4$ e $|a| < 3$.
d) $b \leq 4$ ou $|a| < 3$.
e) $b > 4$ ou $|a| < 3$.

85. **(ASSISTENTE ADMINISTRATIVO — ESAF — 2009) X e Y são números tais que: Se $X \leq 4$, então $Y > 7$. Sendo assim:**

a) se $Y \leq 7$, então $X > 4$

b) se $Y > 7$, então $X \geq 4$
c) se $X \geq 4$, então $Y < 7$
d) se $Y < 7$, então $X \geq 4$
e) se $X < 4$, então $Y \geq 7$

86. (ESAF — 2013) A proposição "Paulo é médico ou Ana não trabalha" é logicamente equivalente a:

a) Se Ana trabalha, então Paulo é médico.
b) Se Ana trabalha, então Paulo não é médico.
c) Paulo é médico ou Ana trabalha.
d) Ana trabalha e Paulo não é médico.
e) Se Paulo é médico, então Ana trabalha.

87. (AUDITOR — 2011) Duas grandezas x e y são tais que: "$x = 4$ então $y = 6$". Pode-se concluir que

a) se $x \neq 4$ então $y = 6$
b) se $x = 3$ então $y = 3$
c) se $y = 6$ então $x = 4$
d) se $x \neq 4$ então $y \neq 6$
e) se $y \neq 6$ então $x \neq 4$

88. (AGENTE TÉCNICO LEGISLATIVO — 2010) Durante uma sessão no plenário da Assembleia Legislativa, o presidente da mesa fez a seguinte declaração, dirigindo-se às galerias da casa: "Se as manifestações desrespeitosas não forem interrompidas, então eu não darei início à votação". Esta declaração é logicamente equivalente à afirmação

a) se o presidente da mesa deu início à votação, então as manifestações desrespeitosas foram interrompidas.
b) se o presidente da mesa não deu início à votação, então as manifestações desrespeitosas não foram interrompidas.
c) se as manifestações desrespeitosas forem interrompidas, então o presidente da mesa dará início à votação.
d) se as manifestações desrespeitosas continuarem, então o presidente da mesa começará a votação.
e) se as manifestações desrespeitosas não continuarem, então o presidente da mesa não começará a votação.

89. (CESPE — 2013) Considere a proposição dada por "Se as empresas brasileiras não aderirem a programas que incentivem a participação de seus empregados em atividades relacionadas à preservação do meio ambiente, então a felicidade dos empregados brasileiros será menor que a dos noruegueses".

A negação dessa proposição é logicamente equivalente a

a) Se as empresas brasileiras aderirem a programas que incentivem a participação de seus empregados em atividades relacionadas à preservação do meio ambiente, então a felicidade dos empregados brasileiros será maior que a dos noruegueses.
b) Quando as empresas brasileiras aderirem a programas que incentivem a participação de seus empregados em atividades relacionadas à preservação do meio ambiente, a felicidade dos empregados brasileiros será maior que a dos noruegueses.
c) Se a felicidade dos empregados brasileiros não for menor que a dos noruegueses, então as empresas brasileiras aderiram a programas que incentivem a participação de seus empregados em atividades relacionadas à preservação do meio ambiente.
d) As empresas brasileiras não aderiram a programas que incentivem a participação de seus empregados em atividades relacionadas à preservação do meio ambiente e a felicidade dos empregados brasileiros não será menor que a dos noruegueses.

90. **(ADMINISTRADOR — 2010) Considere a seguinte proposição: "Se uma pessoa não faz cursos de aperfeiçoamento na sua área de trabalho, então ela não melhora o seu desempenho profissional".**

Uma proposição logicamente equivalente à proposição dada é:

a) É falso que, uma pessoa não melhora o seu desempenho profissional ou faz cursos de aperfeiçoamento na sua área de trabalho.
b) Não é verdade que, uma pessoa não faz cursos de aperfeiçoamento profissional e não melhora o seu desempenho profissional.
c) Se uma pessoa não melhora seu desempenho profissional, então ela não faz cursos de aperfeiçoamento na sua área de trabalho.
d) Uma pessoa melhora o seu desempenho profissional ou não faz cursos de aperfeiçoamento na sua área de trabalho.
e) Uma pessoa não melhora seu desempenho profissional ou faz cursos de aperfeiçoamento na sua área de trabalho.

91. **(BANCO DO BRASIL — CESPE — 2009) Com relação a lógica sentencial, julgue o item a seguir.**

A proposição Se x é um número par, então y é um número primo é equivalente à proposição Se y não é um número primo, então x não é um número par.

92. **(GESTOR GOVERNAMENTAL — ESAF — 2012) Considere a seguinte afirmação a respeito de dois jovens X e Y:**

"Se X vai à festa, então Y não vai."

Esta afirmação é equivalente a:

a) X vai à festa e Y não vai.
b) X não vai à festa ou Y vai.
c) Se X não vai à festa, então Y vai.
d) Se Y vai à festa, então X não vai.
e) Se Y não vai à festa, então X vai.

93. **(ESAF — 2013) A proposição composta $p \rightarrow p \wedge q$ é equivalente à proposição:**

a) $p \vee q$
b) $p \wedge q$
c) p
d) $\sim p \vee q$
e) q

94. **(ANALISTA TRIBUTÁRIO — ESAF — 2012) A negação da proposição "se Paulo estuda, então Marta é atleta" é logicamente equivalente à proposição:**

a) Paulo não estuda e Marta não é atleta.
b) Paulo estuda e Marta não é atleta.
c) Paulo estuda ou Marta não é atleta.
d) se Paulo não estuda, então Marta não é atleta.
e) Paulo não estuda ou Marta não é atleta.

95. **(MPE — VUNESP — 2016) Dada a proposição: "Se Daniela pratica natação ou ensaia no coral, então é quarta-feira e não é feriado", sua negação pode ser:**

a) Daniela pratica natação ou ensaia no coral, e não é quarta-feira ou é feriado.
b) Daniela não pratica natação e não ensaia no coral, e é quarta-feira e não é feriado.
c) Se não é quarta-feira ou é feriado, então Daniela não pratica natação e não ensaia no coral.
d) Se Daniela não pratica natação e não ensaia no coral, então não é quarta-feira ou é feriado.
e) Se Daniela não pratica natação ou não ensaia no coral, então não é quarta-feira e é feriado.

96. **(ANALISTA PREVIDENCIÁRIO — FCC — 2015) Considere a afirmação: Se os impostos sobem, então o consumo cai e a inadimplência aumenta. Uma afirmação que corresponde à negação lógica dessa afirmação é**

a) Se os impostos não sobem, então o consumo aumenta e a inadimplência cai.
b) Os impostos não sobem e o consumo não cai e a inadimplência não aumenta.
c) Se os impostos não sobem, então o consumo não cai e a inadimplência não aumenta.
d) Se o consumo não cai ou a inadimplência não aumenta, então os impostos não sobem.
e) Os impostos sobem e o consumo não cai ou a inadimplência não aumenta.

97. **(ANALISTA — FCC — 2014) Seja a afirmação: "Se o chão está molhado e o céu está limpo, então não choveu". A negação dessa afirmação é:**

a) Se o chão está molhado e o céu não está limpo, então choveu.
b) O chão está molhado e o céu está limpo, e choveu.
c) Se chove o chão fica molhado e o céu não fica limpo.
d) Choveu, então o céu está limpo e o chão não está molhado.
e) Choveu, então o céu não está limpo ou o chão não está molhado.

98. **(TÉCNICO DE CONTROLE EXTERNO-ADMINISTRAÇÃO — TCE — FCC — 2015) Dois amigos estavam conversando sobre exercícios físicos quando um deles disse: "Se você fizer esteira, então você emagrecerá e melhorará o condicionamento físico". O outro amigo, para negar a afirmação, deverá dizer:**

a) Faça esteira e você não emagrecerá e não melhorará o condicionamento físico.
b) Faça esteira e você não emagrecerá ou não melhorará o condicionamento físico.
c) Se você fizer esteira e não emagrecer, então não vai melhorar o condicionamento físico.
d) Faça esteira e você emagrecerá e não melhorará o condicionamento físico.
e) Se você fizer esteira e emagrecer, então não melhorará o condicionamento físico.

99. **(CONTADOR JUDICIÁRIO — TJ-SP — VUNESP — 2015) Seja a afirmação: "Se um planeta tem água e altas temperaturas, então esse planeta não tem vida". Uma negação dessa afirmação é:**

a) Um planeta tem água e altas temperaturas, e esse planeta tem vida.
b) Se um planeta não tem água e não tem altas temperaturas, então esse planeta tem vida.
c) Se um planeta não tem água ou não tem altas temperaturas, então esse planeta não tem vida.
d) Um planeta tem vida se não tem altas temperaturas e se tem água.
e) Um planeta não tem vida se não tem água e não tem altas temperaturas.

100. **(ADMINISTRADOR — FCC — 2014) Não é verdade que, se o pai é médico então o filho não é advogado, logo é possível afirmar como verdade que:**

a) o pai não é médico.
b) o filho é advogado.
c) se o filho é advogado então o pai não é médico.
d) se o filho é médico então o pai não é advogado.
e) o pai e o filho são médicos.

101. **(TÉCNICO — CAIXA — CESPE — 2014) Considerando a proposição "Se Paulo não foi ao banco, ele está sem dinheiro", julgue os itens seguintes.**

I. A negação da referida proposição pode ser expressa pela proposição "Paulo não foi ao banco e ele não está sem dinheiro".

II. Se as proposições "Paulo está sem dinheiro" e "Paulo foi ao banco" forem falsas, então a proposição considerada será verdadeira.

III. A proposição em apreço equivale à proposição "Paulo foi ao banco e está sem dinheiro".

IV. A proposição considerada equivale à proposição "Se Paulo não está sem dinheiro, ele foi ao banco".

102. **(ANPAD — 2006) A negação da proposição: "Se João é jogador de basquete, então ele é bonito" é:**

a) se João não é jogador de basquete, então ele não é bonito.
b) se João não é bonito, então ele não é jogador de basquete.
c) João não é jogador de basquete ou ele é bonito.
d) João é jogador de basquete ou ele não é bonito.
e) João é jogador de basquete e ele não é bonito.

103. **(ADMINISTRADOR — 2010) A única das proposições abaixo que pode ser considerada uma negação de "se fico exposto ao sol, então fico vermelho" é:**

a) não fico exposto ao sol ou fico vermelho;
b) fico exposto ao sol e não fico vermelho;
c) se não fico exposto ao sol, então não fico vermelho;
d) não fico exposto ao sol e fico vermelho;
e) fico exposto ao sol e fico vermelho.

104. **(AUDITOR CONTÁBIL — 2009) A única das proposições abaixo que pode ser considerada uma negação lógica da proposição: "Se é feriado, então vou à praia", é:**

a) Não é feriado e não vou à praia.
b) Se não vou à praia, é feriado.
c) Não vou à praia ou é feriado.
d) Não vou à praia é feriado.
e) É feriado e não vou à praia.

105. **(AGENTE ADMINISTRATIVO — 2009) Marque a alternativa que contém a negação da proposição "Não é verdade que, se Pedro não come, então ele emagrece".**

a) "Pedro comeu ou ele não emagreceu."
b) "Pedro não comeu ou ele emagreceu."
c) "Pedro não comeu ou ele não emagreceu."
d) "Pedro comeu ou ele emagreceu."
e) "Pedro não comeu e ele emagreceu."

106. **(PERITO CRIMINAL — 2006) A sentença "penso, logo existo" é logicamente equivalente a:**

a) Penso e existo.
b) Nem penso, nem existo.
c) Não penso ou existo.
d) Penso ou não existo.
e) Existo, logo penso.

107. **(PROFESSOR DE MATEMÁTICA — AERONÁUTICA — 2009) Dadas *p*, *q* e *r*, proposições quaisquer, os valores verdade das células *1, 2, 3, 4, 5, 6* e *7*, da tabela abaixo são, respectivamente,**

p	q	$p \wedge q$	$p \vee q$	$p \rightarrow q$	$p \leftrightarrow q$
V	V		1		
V	F			3	6
F	V			4	
F	F	2		7	5

a) V, F, F, F, V, F, V
b) V, F, F, V, F, F, F
c) F, F, F, V, V, F, F
d) V, F, F, V, V, F, V

108. **(PROGRAMADOR DE SISTEMAS — CESPE — 2005) O fluxograma abaixo contém uma sequência finita de instruções a serem executadas na ordem em que são apresentadas, começando-se da posição designada por "início" e seguindo-se as setas. Dentro das formas retangulares, a seta para a esquerda indica que o valor escrito ou obtido à direita é atribuído à variável à esquerda. A expressão no losango é avaliada e, quando resultar verdadeira, prossegue-se na direção indicada por V, e, quando for falsa prossegue-se na direção indicada por F. Se P e Q representam proposições que podem ter valorações V ou F, então as expressões ¬ P, P → Q, P ∨ Q e P ∧ Q, que são lidas "não P", "P implica Q", "P ou Q" e "P e Q", respectivamente, também são proposições e podem ter valorações V ou F conforme as valorações dadas a P e a Q.**

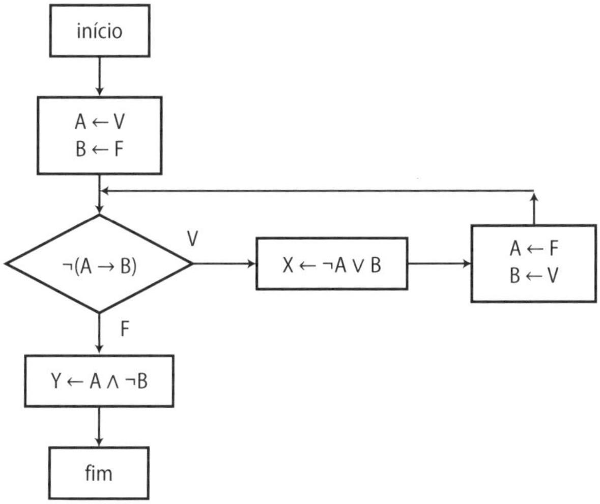

A partir do texto e do fluxograma precedente, em que A, B, X e Y são proposições quaisquer, siga as instruções do fluxograma e julgue os itens a seguir.

a) A valoração atribuída a X será igual à valoração de A → B;

b) A proposição ¬ (A → B) tem as mesmas valorações V e F que a proposição (¬ A) → (¬ B);

c) Se as valorações iniciais de A e de B fossem, respectivamente, F e F, então a valoração de Y seria também F.

109. **(GESTOR ADMINISTRATIVO — 2008) Considere o enunciado: "Se um número é divisível por nove, então a soma dos valores absolutos de seus algarismos é um múltiplo de nove, logo o resto da divisão de 384.219.540 por nove é zero".**

A representação lógica que permite construir a tabela-verdade que corresponde a esse enunciado é:

a) (p V → q) ↔ r

b) ~ (p → q) → r

c) (p → q) ↔ ~ r

d) (p → q) → r

110. **(TRT — 2008) Considerando-se "A" = verdadeiro e "B" = falso, observe as expressões booleanas a seguir:**

I — NOT (A AND B)

II — NOT (A OR B)

III — ((A XOR B) AND A)

IV — NOT ((A AND B) XOR (B AND A))

Os resultados das expressões anteriores serão, respectivamente,

a) A, B, A, A

b) A, B, B, A

c) A, B, B, B

d) A, B, A, B

e) B, A, B, B

111. **(ANALISTA DE SISTEMAS — 2008) Na tabela-verdade apresentada abaixo *p* e *q* representam proposições simples.**

p	q	?
V	V	F
V	F	V
F	V	V
F	F	V

Uma proposição composta que pode substituir corretamente a interrogação é:

a) $p \vee q$

b) $p \wedge q$

c) $p \rightarrow q$

d) $\sim(p \rightarrow q)$

e) $\sim p \vee \sim q$

112. **(TRT) Considere que as letras P, Q, R e S representam proposições e que os símbolos ¬, ∧, ∨ são operadores lógicos que constroem novas proposições e significam *não*, *e* e *ou* respectivamente. Na lógica proposicional, cada proposição assume um único valor (valor-verdade) que pode ser verdadeiro (V) ou falso (F), mas nunca ambos. Considerando que P, Q, R e S são proposições verdadeiras, julgue os itens seguintes.**

$\neg P \vee Q$ é verdadeira.

$\neg[(\neg P \vee Q) \vee \neg (R \vee S)]$ é verdadeira.

$[P \wedge (Q \vee S) \wedge [\neg(R \wedge Q) \vee (P \wedge S)]]$ é verdadeira.

$(P \vee (\neg S)) \wedge (Q \vee (\neg R))$ é verdadeira.

113. **(TRT — 2009) A partir do texto, julgue o item a seguir.**

Na sequência de frases abaixo, há três proposições.

— Quantos tribunais regionais do trabalho há na região Sudeste do Brasil?

— O TRT/ES lançou edital para preenchimento de 200 vagas.

— Se o candidato estudar muito, então ele será aprovado no concurso do TRT/ES.

— Indivíduo com 50 anos de idade ou mais não poderá se inscrever no concurso do TRT/ES.

114. **(AUDITOR FISCAL — 2007) Considere o argumento seguinte:**

Se o controle de tributos é eficiente e é exercida a repressão à sonegação fiscal, então a arrecadação aumenta. Ou as penalidades aos sonegadores não são aplicadas ou o controle de tributos é ineficiente. É exercida a repressão à sonegação fiscal. Logo, se as penalidades aos sonegadores são aplicadas, então a arrecadação aumenta.

Se para verificar a validade desse argumento for usada uma tabela-verdade, qual deverá ser o seu número de linhas?

a) 4

b) 8

c) 16

d) 32

e) 64

115. **(CONTADOR DA FAZENDA ESTADUAL — 2009) Assinale a negação da afirmação "Se existe uma árvore com trinta metros de altura então ela está na Amazônia ou em Madagascar".**

a) Nenhuma árvore tem trinta metros de altura.

b) Todas as árvores não têm trinta metros de altura.

c) Não existe uma árvore com trinta metros de altura.

d) Se existe uma árvore com trinta metros de altura então ela não está na Amazônia nem em Madagascar.

e) Existe uma árvore com trinta metros de altura e ela não está na Amazônia nem em Madagascar.

116. **(TRE — 2011) Considerando que os símbolos $\vee$, $\sim$, $\rightarrow$, $\leftrightarrow$ e $\wedge$ representem as operações lógicas "ou", "não", "condicional", "bicondicional" e "e", respectivamente, julgue os itens a seguir, acerca da proposição composta P: $(p \vee \sim q) \leftrightarrow (\sim p \wedge r)$, em que p, q e r são proposições distintas. Julgue os itens a seguir.**

— Se a proposição p for verdadeira, então P será falsa.

— O número de linhas da tabela-verdade de P é igual a 16.

— A proposição ~P é uma tautologia, isto é, o seu valor lógico é verdadeiro independentemente dos valores lógicos das proposições p, q e r.

117. **(PERITO CRIMINAL — 2010) Um suspeito de assassinato de um garçom, ao ser interrogado, afirmou:**

"Se ele morreu baleado, então eu não sou o assassino".

Um investigador concluiu que a verdade é exatamente a negação da proposição contrária a esta. Com base nisso, é correto concluir logicamente que:

a) o garçom não morreu baleado, e o suspeito não é o assassino.
b) o garçom morreu baleado ou o suspeito não é o assassino.
c) o garçom morreu baleado, mas o suspeito não é o assassino.
d) o garçom não morreu baleado ou o suspeito é o assassino.
e) se o suspeito é o assassino, então o garçom morreu baleado.

118. **(DELEGADO DE POLÍCIA — VUNESP — 2011) Qual o número de linhas de uma tabela verdade utilizada para determinar o valor lógico de uma proposição composta formada por 4 (quatro) proposições simples?**

a) 16
b) 24
c) 48
d) 8
e) 4

Gabarito

1. c
2. I. Errado
   II. Errado
3. c
4. c
5. e
6. a
7. b
8. a
9. a
10. d
11. I. Errado
    II. Certo
    III. Errado
12. d
13. Errado
14. c
15. I. Certo
    II. Errado
16. Errado
    Certo
17. e
18. b
19. a
20. e
21. Certo
22. c
23. c
24. a
25. a) Errado
    b) Certo
26. e
27. c
28. e
29. d
30. a
31. Errado
32. Certo
33. d
34. e
35. e
36. a
37. c
38. c
39. b
40. e
41. a
42. b
43. a
44. e
45. Errado
46. d
47. a
48. d
49. c
50. d
51. a
52. c
53. e
54. c
55. e
56. a
57. d
58. b
59. a
60. c
61. a
62. d
63. a
64. a
65. b
66. a
67. c
68. a
69. a
70. I. Certo
    II. Certo
    III. Errado
    IV. Errado
71. I. Errado
    II. Certo
72. c
73. d
74. b

75. d
76. a
77. c
78. e
79. c
80. I. Certo
    II. Certo
    III. Errado
    IV. Certo
    V. Errado
    VI. Certo
81. c
82. b
83. c
84. b
85. a
86. a
87. e
88. a
89. d
90. e
91. Certo
92. d
93. d
94. b
95. a
96. e
97. b
98. b
99. a
100. b
101. I. Certo
    II. Errado
    III. Errado
    IV. Certo
102. e
103. b
104. e
105. d
106. c
107. d
108. Certo
    Errado
    Certo
109. d
110. a
111. e
112. Certo
    Errado
    Certo
    Certo
113. Certo
114. c
115. e
116. Certo
    Errado
    Errado
117. a
118. a

2 Quantificadores e diagrama de Venn

A lógica sentencial, estudada nos itens anteriores, explica como funcionam palavras como "e", "mas", "ou", "não", "se... então", "se e somente se", e "nem-ou". Frege (Friedrich Ludwig Gottlob Frege — 1848/1925) expandiu a lógica para incluir palavras como "todos", "alguns", e "nenhum". Ele mostrou como podemos introduzir variáveis e quantificadores para reorganizar sentenças.

Os quantificadores desempenham papel importante na verdade ou falsidade das proposições. É possível, através deles, indicar se estão em causa todos, pelo menos um, ou nenhum dos elementos da classe dos argumentos, e avaliar a forma como este fato influi no cálculo lógico.

Existem três espécies principais de quantificadores: **existencial**, **universal** e **existencial estrito**.

❑ O QUANTIFICADOR EXISTENCIAL

Consideremos as afirmações:

(1) Alguns animais são mamíferos.

(2) Alguém já foi ao planeta Urano.

(3) Existem pessoas que são analfabetas.

Todas elas podem ser escritas nas formas:

(1) ***Existe pelo menos um*** animal que é mamífero.

(2) ***Existe pelo menos uma*** pessoa que já foi ao planeta Urano.

(3) ***Existe pelo menos uma*** pessoa que é analfabeta.

A expressão ***existe pelo menos um(a)*** identifica o denominado ***quantificador existencial*** que é simbolizado pelo símbolo $\exists$.

Reformulando as afirmações com o uso do quantificador existencial e introduzindo a variável x, teremos:

(1) $\exists x$, tal que x é animal e mamífero;

(2) $\exists x$, tal que x é humano e já foi ao planeta Urano;

(3) $\exists x$, tal que x é humano e analfabeto.

Se P(x), Q(x) e R(x) são as propriedades comuns aos elementos do conjunto a que se refere a proposição, ou seja, P(x) = x é animal e mamífero, Q(x) = x é humano e já foi ao planeta Urano e R(x) = x é humano e analfabeto, podemos escrever, simbolicamente:

(1) $\exists x \mid P(x)$; (2) $\exists x \mid Q(x)$ e (3) $\exists x \mid R(x)$. O sinal | é usado para indicar o termo "tal que" que também pode ser substituído por ":".

As propriedades comuns aos elementos do conjunto em referência são denominadas predicados. O quantificador, juntamente com o predicado, constitui uma proposição.

A proposição é considerada verdadeira se algum elemento x satisfizer às condições explícitas no predicado. Se nenhum elemento x satisfizer às condições do predicado, a proposição é falsa.

Assim, o quantificador existencial transforma uma condição possível numa proposição verdadeira e uma condição impossível numa proposição falsa.

A primeira e a terceira proposições são verdadeiras pois existem animais mamíferos e humanos analfabetos. Já a segunda proposição é falsa, uma vez que ninguém ainda foi ao planeta Urano.

❑ O QUANTIFICADOR UNIVERSAL

Usa-se o **quantificador universal** quando a condição ou propriedade é estendida a todos os elementos do conjunto. Simboliza-se por ∀ e que se lê "***qualquer que seja***" ou "***para todo***".

Aplicado às proposições anteriores teremos:

(1) ∀x, P(x) que se traduz em: "todo animal é mamífero";

(2) ∀x, Q(x) que se traduz em: "todo homem já foi ao planeta Urano";

(3) ∀x, R(x) que se traduz em: "todo humano é analfabeto".

Analisando as três proposições, vê-se de imediato que as mesmas são falsas, existem animais que não são mamíferos, nenhum homem foi ao planeta Urano e existem homens que são alfabetizados (pelo menos semi!).

Já, se ∀x, P(x) equivaler a "todo homem é mortal", a proposição é verdadeira. Ou seja: proposições com o quantificador universal são verdadeiras se a propriedade for válida para todos os elementos do conjunto estabelecido.

❑ O QUANTIFICADOR EXISTENCIAL ESTRITO

O quantificador existencial estrito é uma variação do quantificador existencial. Indica a existência de apenas um elemento capaz de tornar a proposição verdadeira. O quantificador existencial estrito é denotado pelo símbolo ∃| e tem o significado de "existe apenas um", "existe somente um", "existe um só".

❑ NEGAÇÃO DE QUANTIFICADORES

A negação de uma proposição da qual conste um quantificador exige alguns cuidados, tendo em vista a natureza do quantificador e do predicado, pois não é a mesma coisa negar o quantificador e negar o predicado.

Veja, por exemplo: Se P(x) é o predicado e x é um gato preto, têm-se:

(1) ∀x: P(x) significa: todos os gatos são pretos.

(2) ∀x: ~P(x) significa: todos os gatos não são pretos.

(3) ~∀x: P(x) significa: nem todos os gatos são pretos.

(4) ∃x: P(x) significa: existe pelo menos um gato que é preto.

(5) ~∃x: P(x) significa: nenhum gato é preto.

(6) ∃x: ~P(x) significa: existe pelo menos um gato que não é preto.

Nas proposições 2 e 6 são negados os predicados enquanto que nas proposições 3 e 5 são negados os quantificadores.

A proposição (3), negação do quantificador universal é equivalente a "existem gatos que não são pretos" ou "existe pelo menos um gato que não é preto", que corresponde à proposição (6). Disto se conclui [~∀x: P(x)] ≡ [∃x: ~P(x)].

Também, dizer que "nenhum gato é preto" (proposição 5) equivale dizer "todos os gatos não são pretos" (proposição 2).

Assim, [~∃x: P(x)] ≡ [∀x: ~P(x)].

Matematicamente

$[\sim\forall x: P(x)] \equiv [\exists x: \sim P(x)]$

$[\sim\exists x: P(x)] \equiv [\forall x: \sim P(x)]$

❑ QUANTIFICADORES E DIAGRAMAS

Chamamos de proposições categóricas àquelas que usam termos como ***todo***, ***algum*** ou ***nenhum***, como, por exemplo:

— todo mineiro é cruzeirense.

— algum mineiro é atleticano.

— nenhum mineiro é vascaíno.

O julgamento, bem como a negação de uma proposição categórica, pode ser facilitado através da construção de diagramas.

Consideremos que P(x) e Q(x) sejam os predicados da proposição categórica. Nestas condições, pode-se sintetizar os diagramas como se seguem:

A: Todos os X são Y.

E: Nenhum X é Y.

I: Algum X é Y.

O: Algum X não é Y.

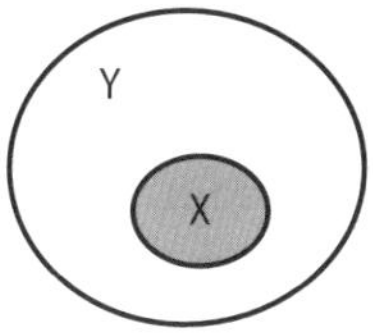

A

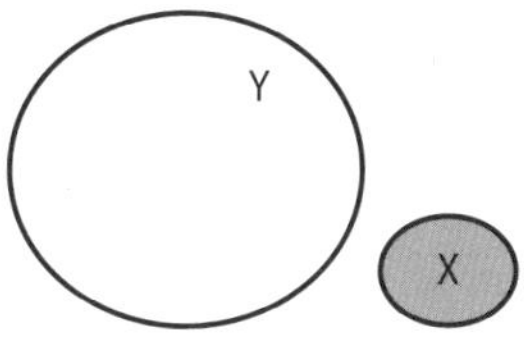

E

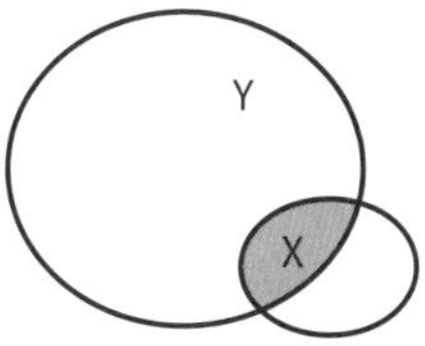

I

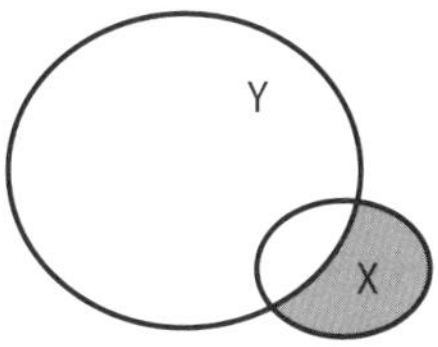

O

Pelos diagramas podemos verificar as equivalências e negações:

(1) Nenhum Q(x) é P(x) equivale a nenhum P(x) é Q(x).

Exemplo: A proposição "nenhum mineiro é baiano" é equivalente a "nenhum baiano é mineiro".

(2) Algum Q(x) é P(x) equivale a algum P(x) é Q(x).

Exemplo: "Algum múltiplo de 6 é múltiplo de 10" é equivalente a "algum múltiplo de 10 é múltiplo de 6".

(3) A negação de todo Q(x) é P(x) é algum Q(x) não é P(x).

Exemplo: Todo número ímpar é primo (não é verdade, pois dois é primo e é par) tem por negação algum número primo não é ímpar.

(4) A negação de algum Q(x) é P(x) é nenhum Q(x) é (Px).

Exemplo: Algum múltiplo de cinco é um número par (verdade) tem por negação nenhum número par é múltiplo de 5 (falso).

(5) A negação de nenhum Q(x) é P(x) é algum Q(x) é P(x).

Exemplo: Nenhum automóvel tem cinco rodas (verdade) tem por negação algum automóvel tem cinco rodas (falso).

❑ EXERCÍCIOS

1. (MPETO/CESPE — 2006) Julgue o item a seguir.

A proposição $(\forall x)\ ((x > 0) \rightarrow (x + 2)$ é par) é V se x é um número inteiro.

2. (PROFESSOR — 2012) Com relação à sentença aberta $x + 2 = 5$, considerando $N = \{0,1,2,3,4,...\}$, pode-se dizer que:

a) $(\exists x, x \in N)\ (x + 2 = 5)$
b) $(\forall x, x \in N)\ (x + 2 = 5)$
c) $(\forall x, x \in N)\ (x + 2 > 5)$
d) $(\forall x, x \in N)\ (x + 2 \neq 5)$

3. (PROFESSOR — 2012) sendo $Z = \{...,-3,-2,-1,0,1,2,3,...\}$, pode-se afirmar que:

a) $(\forall x, x \in Z)\ (x - 5 = 7)$
b) $(\forall x, x \in Z)\ (x - x = 0)$
c) $(\forall x, x \in Z)\ (x - 5 > 0)$
d) $(\forall x, x \in Z)\ (x - 5 < 0)$

4. (BANCO DO BRASIL — 2010) A proposição funcional "Para todo e qualquer valor de n, tem-se "$6n < n^2 + 8$" será verdadeira, se n for um número real:

a) menor que 8.
b) menor que 4.
c) menor que 2.
d) maior que 2.
e) maior que 3.

5. (BANCO DO BRASIL — CESPE — 2007) Na lógica de primeira ordem, uma proposição é funcional quando é expressa por um predicado que contém um número finito de variáveis e é interpretada como verdadeira (V) ou falsa (F) quando são atribuídos valores às variáveis e um significado ao predicado. Por exemplo, a proposição "Para qualquer x, tem-se que $x - 2 > 0$" possui interpretação V quando x é um número real maior do que 2 e possui interpretação F quando x pertence, por exemplo, ao conjunto $\{-4, -3, -2, -1, 0\}$. Com base nessas informações, julgue os próximos itens.

I. A proposição funcional "Para qualquer x, tem-se que $x^2 > x$" é verdadeira para todos os valores de x que estão no conjunto {5, 5/2, 3, 3/2, 2, ½}.

II. A proposição funcional "Existem números que são divisíveis por 2 e por 3" é verdadeira para elementos do conjunto {2, 3, 9, 10, 15, 16}.

6. Seja {1,2,3,4} o conjunto universal. Determine o valor lógico de cada proposição.

a) $\forall x, x + 3 < 6$
b) $\exists x, x + 3 < 6$
c) $\forall x, x^2 - 10 \leq 8$
d) $\exists x, 2x^2 + x = 15$

7. (CONTADOR DA FAZENDA ESTADUAL — 2009) Assinale o conjunto-verdade em A={0, 1, 2, 3, 4, 5, 6, 7, 8, 10, 12, 18} da seguinte sentença aberta: "x < 10 e x é divisor de 18":

a) V = {1, 2, 3, 6}
b) V = {1, 2, 3, 9}
c) V = {1, 2, 3, 6, 9}
d) V = {0, 1, 2, 3, 6, 18}
e) V = {1, 2, 3, 6, 9, 18}

8. (GESTOR — 2012) Seja p(x) uma proposição com uma variável x em um universo de discurso. Qual dos itens a seguir define a negação dos quantificadores?

I. $\sim[(\forall x)\ (p(x))] \Leftrightarrow (\exists x)\ (\sim p(x))$
II. $\sim[(\exists x)\ (p(x))] \Leftrightarrow (\exists x)\ (\sim p(x))$
III. $\sim[(\exists x)\ (p(x))] \Leftrightarrow (\forall x)\ (\sim p(x))$

a) Apenas I.
b) Apenas I e III.
c) Apenas III.
d) Apenas II.
e) Apenas II e III.

9. (DELEGADO — VUNESP — 2014) Na lógica clássica, as proposições que compõem um raciocínio são classificadas como: (1) universais ou particulares e (2) afirmativas ou negativas. Assim sendo, as

proposições "todo ser humano é mortal", "algumas pessoas não usam óculos" e "alguns motoristas são descuidados" são classificadas, respectivamente, como:

a) universal afirmativa, particular afirmativa e particular negativa.
b) particular afirmativa, universal negativa e universal afirmativa.
c) universal afirmativa, particular negativa e particular afirmativa.
d) particular afirmativa, universal negativa e particular afirmativa.
e) particular negativa, particular afirmativa e universal afirmativa.

10. (VUNESP — 2012) Todos os limões são azedos e algumas laranjas também são azedas. Uma frase que corresponde a uma negação dessa proposição é:

a) Todos os limões não são azedos e algumas laranjas não são azedas.
b) Há limão que não é azedo ou nenhuma laranja é azeda.
c) Alguns limões não são azedos e algumas laranjas também não são azedas.
d) Alguns limões não são azedos ou todas as laranjas são azedas.
e) Nenhum limão é azedo e nenhuma laranja é azeda.

11. (ESCRIVÃO-SP/VUNESP — 2012) Assinale a alternativa que apresenta corretamente a conclusão silogística que se pode inferir das seguintes premissas: "Todo brasileiro é cidadão" e "João é brasileiro".

a) Algum cidadão é brasileiro.
b) João é cidadão.
c) João não é cidadão.
d) Todo cidadão é brasileiro.
e) Nenhum brasileiro é cidadão.

12. (MATEMÁTICO — 2011) A negação da sentença "Todos os políticos são desonestos" é:

a) nenhum político é desonesto
b) todos os políticos não são desonestos
c) alguns políticos são desonestos
d) algum político é desonesto
e) pelo menos um político é honesto

13. (BANCO DO BRASIL — CESPE — 2008) julgue os itens que se seguem.

— A negação da proposição "As palavras mascaram-se" pode ser corretamente expressa pela proposição "Nenhuma palavra se mascara".

— A negação da proposição "Existe banco brasileiro que fica com mais de 32 dólares de cada 100 dólares investidos" pode ser assim redigida: "Nenhum banco brasileiro fica com mais de 32 dólares de cada 100 dólares investidos".

14. (AGENTE ADMINISTRATIVO — 2009) Marque a alternativa que contém uma proposição equivalente a "Não é verdade que existem homens que não choram".

a) "Nenhum homem chora."
b) "Não é verdade que todo homem chora."
c) "Todo homem não chora."
d) "É necessário que todos os homens chorem."
e) "Existem homens que não choram."

15. (TRT-2012) Uma senhora afirmou que todos os novelos de lã guardados numa gaveta são coloridos e nenhum deles foi usado. Mais tarde, ela percebeu que havia se enganado em relação à sua afirmação, o que permite concluir que:

a) pelo menos um novelo de lã da gaveta não é colorido ou algum deles foi usado.

b) pelo menos um novelo de lã da gaveta não é colorido ou todos eles foram usados.
c) os novelos de lã da gaveta não são coloridos e já foram usados.
d) os novelos de lã da gaveta não são coloridos e algum deles já foi usado.
e) existem novelos de lã brancos na gaveta e eles já foram usados.

16. (AGENTE ADMINISTRATIVO — 2013) Se a afirmação "Existem professores que não são pedagogos" é falsa, então é verdade que:

a) nenhum professor é pedagogo.
b) todo professor é pedagogo.
c) nem todos os professores são pedagogos.
d) todos os pedagogos são professores.
e) nenhum pedagogo é professor.

17. (ASSISTENTE ADMINISTRATIVO — 2013) Considerando a afirmativa "Todos os lápis que estão nesta caixa são vermelhos" como falsa, analise as afirmativas a seguir.

I. Todos os lápis que estão nesta caixa não são vermelhos.
II. Algum lápis que está nesta caixa não é vermelho.
III. Nenhum lápis que está nesta caixa é vermelho.

Assinale:

a) Se somente a afirmativa I é obrigatoriamente correta.
b) Se somente a afirmativa II é obrigatoriamente correta.
c) Se somente a afirmativa III é obrigatoriamente correta.
d) Se somente a afirmativa I e III são obrigatoriamente corretas.
e) Se somente a afirmativa II e III são obrigatoriamente corretas.

18. (AGENTE ADMINISTRATIVO — 2009) Marque a alternativa que contém a negação da proposição "As mulheres não são boas motoristas".

a) "Todas as mulheres são boas motoristas."
b) "Existem mulheres que são boas motoristas."
c) "Nenhuma mulher é boa motorista."
d) "Não é verdade que todas as mulheres são boas motoristas."
e) "Existem mulheres que não são boas motoristas."

19. (ANALISTA DO MINISTÉRIO — 2012) Do ponto de vista lógico, dizer que a afirmação "todos os lutadores são bravos" é falsa equivale a dizer que a seguinte afirmação é verdadeira.

a) Pelo menos um lutador não é bravo.
b) Nenhum lutador é bravo.
c) Nenhuma pessoa brava é lutador.
d) Pelo menos uma pessoa brava não é lutador.
e) Todos os não bravos são não lutadores.

20. (BANCO DO BRASIL — 2010) Qual a negação da proposição "Algum funcionário da agência P do Banco do Brasil tem menos de 20 anos"?

a) Todo funcionário da agência P do Banco do Brasil tem menos de 20 anos.
b) Não existe funcionário da agência P do Banco do Brasil com 20 anos.
c) Algum funcionário da agência P do Banco do Brasil tem mais de 20 anos.
d) Nenhum funcionário da agência P do Banco do Brasil tem menos de 20 anos.
e) Nem todo funcionário da agência P do Banco do Brasil tem menos de 20 anos.

21. (AGENTE FISCAL DE RENDAS — 2009) Considere a afirmação:

Pelo menos um ministro participará da reunião ou nenhuma decisão será tomada.

Para que essa afirmação seja FALSA

a) é suficiente que nenhum ministro tenha participado da reunião e duas decisões tenham sido tomadas.
b) é suficiente que dois ministros tenham participado da reunião e alguma decisão tenha sido tomada.
c) é necessário e suficiente que alguma decisão tenha sido tomada, independentemente da participação de ministros na reunião.
d) é necessário que nenhum ministro tenha participado da reunião e duas decisões tenham sido tomadas.
e) é necessário que dois ministros tenham participado da reunião e nenhuma decisão tenha sido tomada.

22. (CESPE — 2013) Assinale a opção que apresenta uma proposição logicamente equivalente à negação da proposição "Todo ser humano é responsável pelo bem que não faz".

a) Todo ser humano não é responsável pelo bem que não faz.
b) Algum ser humano não é responsável pelo bem que não faz.
c) Todo ser humano é responsável pelo bem que faz.
d) Todo ser humano é responsável pelo mal que não faz.
e) Algum ser humano não é responsável pelo bem que faz.

23. (ESAF — 2009) A negação de "À noite, todos os gatos são pardos" é:

a) De dia, todos os gatos são pardos.
b) De dia, nenhum gato é pardo.
c) De dia, existe pelo menos um gato que não é pardo.
d) À noite, existe pelo menos um gato que não é pardo.
e) À noite, nenhum gato é pardo.

24. (ANALISTA DE SISTEMAS — 2008) A sentença que representa uma negação de "todo número par é múltiplo de 2" é:

a) todo número par não é múltiplo de 2;
b) todo número ímpar é múltiplo de 2;
c) todo número ímpar não é múltiplo de 2;
d) existe algum número par que não é múltiplo de 2;
e) existe algum número par que é múltiplo de 2.

25. (ANALISTA LEGISLATIVO — FGV — 2008) A negação de "todos os homens dirigem bem" é:

a) existem homens que dirigem mal.
b) existem homens que dirigem bem.
c) todas as mulheres dirigem bem.
d) todas as mulheres dirigem mal.
e) todos os homens dirigem mal.

26. (POLÍCIA CIVIL — VUNESP — 2013) Enunciados *contraditórios* são enunciados que não podem nem ser ambos verdadeiros e nem ambos falsos. Nessas condições, assinale a alternativa que apresenta corretamente o enunciado que é o contraditório de "Todo homem é loiro".

a) Nenhum homem é loiro.
b) Algum homem não é loiro.
c) Nenhum loiro é homem.
d) Algum loiro é homem.
e) Algum homem é loiro.

27. **(ESCRITURÁRIO — BANCO DO BRASIL — 2011) Um jornal publicou a seguinte manchete: "Toda Agência do Banco do Brasil tem déficit de funcionários." Diante de tal inverdade, o jornal se viu obrigado a retratar-se, publicando uma negação de tal manchete. Das sentenças seguintes, aquela que expressaria de maneira correta a negação da manchete publicada é:**

a) Qualquer Agência do Banco do Brasil não têm déficit de funcionários.
b) Nenhuma Agência do Banco do Brasil tem déficit de funcionários.
c) Alguma Agência do Banco do Brasil não tem déficit de funcionários.
d) Existem Agências com déficit de funcionários que não pertencem ao Banco do Brasil.
e) O quadro de funcionários do Banco do Brasil está completo.

28. **(DELEGADO DE POLÍCIA — VUNESP — 2011) Todo policial civil é bacharel em direito. A negação dessa afirmação é:**

a) Todos os policiais civis devem ser bacharéis em direito.
b) Todos os policiais civis não são bacharéis em direito.
c) Nenhum policial civil é bacharel em direito.
d) Existe policial civil que não é bacharel em direito.
e) Não existe policial civil que não seja bacharel em direito.

29. **(AUDITOR FISCAL — 2009) Qual é a negação da proposição "Alguma lâmpada está acesa e todas as portas estão fechadas"?**

a) Todas as lâmpadas estão apagadas e alguma porta está aberta.
b) Todas as lâmpadas estão apagadas ou alguma porta está aberta.
c) Alguma lâmpada está apagada e nenhuma porta está aberta.
d) Alguma lâmpada está apagada ou nenhuma porta está aberta.
e) Alguma lâmpada está apagada e todas as portas estão abertas.

30. **(PESQUISADOR — 2008 — CESGRANRIO) A negação de "Todos os caminhos levam a Roma" é**

a) "Todos os caminhos não levam a Roma".
b) "Nenhum caminho leva a Roma".
c) "Pelo menos um caminho leva a Roma".
d) "Pelo menos um caminho não leva a Roma".
e) "Não há caminhos para Roma".

31. **(ANALISTA — ESAF) Dizer que a afirmação "todos os economistas são médicos" é falsa, do ponto de vista lógico, equivale a dizer que a seguinte afirmação é verdadeira:**

a) pelo menos um economista não é médico
b) nenhum economista é médico
c) nenhum médico é economista
d) pelo menos um médico não é economista
e) todos os não médicos são não economistas

32. **(TRT) A correta negação da proposição "todos os cargos deste concurso são de analista judiciário" é:**

a) alguns cargos deste concurso são de analista judiciário.
b) existem cargos deste concurso que não são de analista judiciário.
c) existem cargos deste concurso que são de analista judiciário.
d) nenhum dos cargos deste concurso não é de analista judiciário.
e) os cargos deste concurso são ou de analista, ou no judiciário.

33. **(POLÍCIA MILITAR — 2008) Há expressões que não podem ser julgadas como V nem como F, por exemplo: $x + 3 = 7$. Nesse caso, a expressão constitui uma sentença aberta e x é a variável. Uma forma de**

passar de uma sentença aberta a uma proposição é pela quantificação da variável. São dois os quantificadores: "qualquer que seja" ou "para todo", indicado por "∀", e "existe", indicado por "∃".

Por exemplo, a proposição "$(\forall x)(x \in R)$ $(x + 3 = 7)$" é valorada como F, enquanto a proposição "$(\exists x)(x \in R)$ $(x + 3 = 7)$" é valorada como V.

Com base nessas informações, julgue os itens que se seguem, a respeito de lógica sentencial e de primeira ordem.

1. Se Q é o conjunto dos números racionais, então a proposição $(\exists x)(x \in Q)(x^2 + x - 1 = 0)$ é julgada como V.
2. Se N é o conjunto dos números inteiros, então a proposição $(\forall x)(x \in N)[(x - 1)x(x + 1)$ é divisível por 3] é julgada como V.
3. Se Q é o conjunto dos números racionais, então a proposição $(\forall x)(x \in Q$ e $x > 0)(x^2 > x)$ é valorada como F.
4. Se Q é o conjunto dos números racionais, então a proposição $(\exists x)(x \in Q)(x^2 = 2)$ é valorada como V.

34. **(CESPE/Unb) Considere as sentenças enumeradas a seguir.**

I. Para cada y, existe algum x, tal que $x < y$;

II. Para cada x e para cada y, se $x < y$ então existe algum z, tal que $x < z$ e $z < y$;

III. Para cada x, se $0 < x$, então existe algum y tal que $x = y \times y$;

IV. Existe algum x tal que, para cada y, $x < y$.

Suponha que, nessas sentenças, x, y e z são variáveis que podem assumir valores no conjunto dos números naturais (**N**), no dos números inteiros (**Z**), no dos números racionais (**Q**) ou no conjunto dos números reais (**R**).

Em cada linha da tabela a seguir, são atribuídas valorações V e F, para cada uma das quatro sentenças enumeradas acima, de acordo com o conjunto no qual as variáveis x, y e z assumem valores.

Sentença	**N**	**Z**	**Q**	**R**
I	F	V	F	V
II	F	F	V	V
III	V	F	F	V
IV	F	F	F	F

Julgue os itens subsequentes a respeito das sentenças apresentadas

1. As avaliações dadas para as sentenças I e III estão corretas.
2. As avaliações dadas para as sentenças II e IV estão corretas.

Gabarito

1. Errado
2. a
3. b
4. c
5. Errado
   Errado
6. a) F
   b) V
   c) V
   d) F
7. a
8. b
9. c
10. b
11. b
12. e
13. Errado
    Certo
14. d
15. a
16. b
17. b
18. b
19. a
20. d
21. a
22. b
23. d
24. d
25. a
26. b
27. c
28. d
29. b
30. d
31. a
32. b
33. 1. Certo
    2. Certo
    3. Certo
    4. Errado
34. Errado
    Errado

3 Argumentação

❑ ARGUMENTOS CONDICIONAIS E CATEGÓRICOS

Nosso estudo de formas específicas de argumentos terá início com o exame de quatro argumentos simples e fundamentais. Dois deles são válidos; os outros dois, não válidos. Em cada caso há duas premissas, sendo a primeira delas um enunciado condicional.

A primeira forma de argumento válido é chamada "afirmação do antecedente" (às vezes, "*modus ponens*"). Considere-se este exemplo:

a) Se João for reprovado em português, será desclassificado.
João é reprovado em português.
→ João será desclassificado.

O argumento é válido; sua forma pode ser descrita por este esquema:

b) Se p, então q.
p.
→ q.

Aí está mais um exemplo da passagem que se faz ao considerar não ao argumento, mas a sua forma ou estrutura; *b* não é um argumento, mas o esquema de um argumento. As letras *"p"* e *"q"* não são enunciados — são apenas letras. Um argumento é obtido quando essas letras são substituídas por enunciados particulares. É claro que o mesmo enunciado deve ocorrer nos locais em que ocorre *"p"*, e o mesmo enunciado deve substituir *"q"* em todos os locais em que a letra figura. É perfeitamente possível substituir *"p"* e *"q"* por enunciados duvidosos ou sabidamente falsos; ainda assim, teremos certeza de que *se as premissas fossem verdadeiras, a conclusão seria verdadeira*. Aí está mais uma ilustração do fato de que a validade de um argumento depende de sua forma, não de seu conteúdo.

É fácil ver por que a forma *b* se chama "afirmação do antecedente". A primeira premissa é um enunciado condicional, e a segunda premissa afirma (coloca) o antecedente desse mesmo condicional. A conclusão do argumento é o consequente da primeira premissa. Eis mais um exemplo de afirmação do antecedente:

c) 288 é divisível por nove? Será, se a soma dos algarismos for divisível por nove. Como 2 + 8 + 8 = 18 e 18 é divisível por nove, a resposta é "sim".

Como sucede na grande maioria das vezes, o argumento c não foi dado na forma padrão. Vamos escrevê-lo de novo:

d) Se a soma dos algarismos de 288 for divisível por nove, então o número 288 será divisível por nove.

A soma dos algarismos 288 é divisível por nove.

→ 288 é divisível por nove.

O argumento tem a forma *b*.

Outra forma válida de argumento dedutivo é a chamada *"negação do consequente"* (ou, também, *"modus tollens"*).

e) Se a tempestade vier, então os barômetros vão baixar.

Os barômetros não estão baixando.

→ A tempestade não virá.

O argumento tem esta forma:

f) Se *p*, então *q*.

Não-*q*.

→ Não-*p*.

É fácil perceber a razão do nome "negação do consequente". A primeira premissa é um enunciado condicional e a segunda premissa é a negação do consequente desse mesmo condicional. Eis mais um exemplo:

g) Ele não tomaria a coroa.

Logo, é certo que ele não é ambicioso.

Aí está um argumento que deve ser levado à forma padrão. Uma premissa foi omitida; é fácil, contudo, identificá-la.

h) Se César fosse ambicioso, então teria tomado a coroa.

Ele não tomou a coroa.

→ César não era ambicioso.

O termo "logo" indica tratar-se de uma conclusão; a frase "é certo" indica a necessidade presente em argumentos dedutivos. E está claro que *h* tem a forma *f*.

Negar o consequente é uma tarefa que se consegue completar de modos ligeiramente diferentes. Assim, por exemplo:

i) Bruto: Ave, Casca diga-nos o que sucedeu que teria causado a tristeza de César.

Casca: Ora, você estava com ele, não estava?

Bruto: Se estivesse não teria perguntado o que sucedeu.

O argumento pode ser apresentado desta maneira:

j) Se eu estivesse com César, então eu não teria perguntado acerca do que sucedeu.

Eu perguntei o que sucedeu.

→ Eu não estive com César.

O consequente da primeira premissa é um enunciado negativo; por isso a segunda premissa, que é a negação desse consequente, é uma afirmativa. Temos, pois, uma variante de *f*, a saber:

k) Se *p*, então não-*q*.

q.

→ não-*p*.

Esta forma de argumento ainda se chama "negação do consequente".

Há uma relação simples entre afirmar o antecedente e negar o consequente. No esquema *f supra* já tivemos ocasião de notar que "Se *p*, então *q*" é equivalente, por contraposição, a "Se não-*q*, então não-*p*". O esquema *f* pode, portanto, ser escrito deste modo:

l) Se não-*q*, então não-*p*.

Não-*q*.

→ Não-*p*.

Aí está um esquema que é caso particular da afirmação do antecedente, embora a segunda premissa tome a forma negativa — e também assim o antecedente da primeira premissa. Negar o consequente equivale, então, a afirmar o antecedente.

Exemplos dessas formas de argumentos são abundantes nas clássicas discussões que formam o núcleo do problema do livre-arbítrio. Eis um dos mais tradicionais.

m) Lucrécio, um poeta romano que viveu cerca de cem anos antes do nascimento de Cristo, em seu famoso trabalho *De Rerum Natura*, asseverava que todas as coisas são formadas de átomos. Sustentava, ainda, que esses átomos eram dotados de movimentos espontâneos e indeterminados. Com efeito, argumentava, se assim não fosse, isto é, se os movimentos de cada átomo estivessem rigidamente determinados pelos movimentos anteriores, como poderíamos justificar o livre-arbítrio? Era óbvio, para Lucrécio, que os seres vivos agem livremente; concluía, em vista disso, que o determinismo não poderia ser defendido.

O argumento pode ser assim sintetizado:

n) Se o determinismo é legítimo, então o homem não tem vontade livre.

O homem tem vontade livre.

→ O determinismo não é legítimo.

O argumento é valido: trata-se de um caso de negação do consequente. A única maneira de atacar o argumento é, pois, tentar pôr em dúvida a verdade das premissas. Segundo outros, porém, a legitimidade do determinismo parece mais aceitável do que a liberdade humana; construíram, pois, um argumento diferente:

o) Se o determinismo é legítimo, não é livre a vontade humana.

O determinismo é legítimo.

→ Não é livre a vontade humana.

Este argumento, como o anterior, é válido: trata-se de um caso de afirmação do antecedente (esquema *b*). A fim de aceitar a conclusão deste argumento, é preciso negar a verdade da segunda premissa de *n*. A querela entre os que aceitam *n* e os que aceitam *o* não gira em torno da validade de argumentos, pois ambos são válidos. Gira, em vez disso, em torno da verdade das premissas. Nos dois argumentos há, afinal, três premissas; elas não podem ser todas verdadeiras porque são mutuamente incompatíveis. A controvérsia filosófica origina-se com a questão de determinar qual das premissas é falsa.

Há duas formas não válidas de argumentos que muito se parecem com as duas formas válidas examinadas e que podem, por isso, gerar enganos muito sérios. A primeira dessas formas não válidas chama-se "falácia da afirmação do consequente". Por exemplo:

p) Companheiros! Venceremos o jogo, a menos que o pessoal fraqueje no segundo tempo. Mas sei que vamos vencer, de modo que não fraquejaremos no segundo tempo.

Colocado sob forma padrão, o argumento é este:

q) Se o pessoal não fraquejar no segundo tempo, então venceremos o jogo.

Venceremos o jogo.

→ O pessoal não fraquejará no segundo tempo.

A forma do argumento é esta:

r) Se *p*, então *q*.

q.

→ *p*.

Há certa similaridade com o caso de afirmação do antecedente (forma válida *b*), mas as diferenças, no entanto, são decisivas. Ao afirmar o antecedente, a segunda premissa afirma o antecedente da primeira premissa e a conclusão é o consequente da primeira premissa. Na falácia da afirmação do consequente, a segunda premissa afirma o *consequente* da primeira premissa e a conclusão é o antecedente da primeira premissa.

A não validade da afirmação do consequente pode ser facilmente evidenciada por meio do método do contraexemplo (ver esquema *w*). Basta construir um argumento que tenha a forma desejada, com premissas verdadeiras e uma conclusão falsa.

s) Se a Universidade do Recife está em Fortaleza, então ela está no Nordeste.
A Universidade do Recife está no Nordeste.
→ A Universidade do Recife está em Fortaleza.

A outra forma não válida de argumento recebe o nome de "falácia da negação do antecedente". Esta, por seu turno, assemelha-se à forma válida correspondente à negação do consequente. Considere-se, para exemplificar, o seguinte argumento:

t) Se João está disposto a depor, então ele é inocente.
João não está disposto a depor.
→ João não é inocente.

O argumento é da forma:

u) Se *p*, então *q*.
Não-*p*.
→ Não-*q*.

Este trecho da oratória política (fictício, naturalmente) é mais um caso da falácia de negação do antecedente:

v) Assim lhes digo, minhas senhoras e meus senhores, que deveis votar no meu oponente se desejardes pagar maiores impostos e comprar menos com vosso dinheiro — se acreditardes que não vale a pena ter um governo limpo e honesto. Mas sei que vós sois inteligentes e equilibrados e que vos posso pedir, portanto, os vossos votos, na próxima eleição!
O argumento pode ser assim analisado:

w) Se os senhores desejam pagar maiores impostos e comprar menos com seu dinheiro e acreditam que não vale a pena ter um governo limpo e honesto, então os senhores devem votar no meu oponente.
Não é verdade que os senhores estejam dispostos a pagar maiores impostos e a comprar menos com o seu dinheiro ou que acreditem não valer a pena ter um governo limpo e honesto.
→ Os senhores não devem votar no meu oponente.

É fácil mostrar, também com o método do contraexemplo, a não validade da negação do antecedente.

x) Se a Universidade Mackenzie está na Bahia, então está no Brasil.
A universidade Mackenzie não está na Bahia.
→ A universidade Mackenzie não está no Brasil.

As duas falácias — da afirmação do consequente e da negação do antecedente — admitem formas especiais que é útil explicar. Como já vimos, num argumento válido, a conclusão deve ser verdadeira se as premissas são verdadeiras. Admita-se ter um argumento que é sabidamente válido e cuja conclusão é verdadeira. Que é que se pode, nesse caso, afirmar a propósito das premissas? É com certa naturalidade que se tem a tendência de dizer que as premissas desse argumento são verdadeiras. Dizê-lo, porém, é cometer o erro de afirmar o consequente.

y) Se as premissas deste argumento são verdadeiras, então a conclusão deste argumento é verdadeira (isto é, o argumento é válido).
A conclusão deste argumento é verdadeira.
→ As premissas deste argumento são verdadeiras.

É um erro lógico inferir a verdade das premissas a partir da verdade da conclusão. De modo análogo, é tentador dizer que a conclusão de um argumento válido, de premissas falsas, também é falsa. Dizê-lo, no entanto, seria cometer a falácia da negação do antecedente.

z) Se as premissas deste argumento são verdadeiras, então a conclusão deste argumento é verdadeira (*i. e.*, o argumento é válido)
As premissas deste argumento não são verdadeiras.
→ A conclusão deste argumento não é verdadeira.

Quando faltam premissas num argumento, é difícil, muitas vezes, completar o argumento. Cabe-nos escolher as premissas adicionais, e pode dar-se o caso de haver várias escolhas possíveis. Considere-se, a título de exemplo, esta conversa imaginária:

aa) Era segunda-feira, de manhã. João e Raul não estavam com muita disposição para o trabalho. Ficaram, pois, matando tempo junto ao bebedouro, comentando as atividades dos colegas.
"Você notou", perguntou João, "que Henrique nunca bebe? Na sexta-feira, depois do expediente, paramos naquele pequeno bar da Rua Quinze — pena que você não estava conosco, Raul — e Henrique só tomou café. Na excursão que a companhia organizou na última primavera — e como correu cerveja naquele dia, meu velho! — Henrique bebia chá-mate gelado. Que será que ele tem?"
"Bem, você sabe, não é?", retrucou Raul, "conheço o bom Henrique há muitos anos e nunca o vi tocar em álcool."
"Quer dizer que ele é realmente abstêmio?", perguntou João, com certa surpresa. "Engraçado! Ele nunca me deu a impressão de ser um desses tipos puritanos."

A conversação envolve argumento; como de hábito, não é preciso deixá-los explícitos. Em primeiro lugar, um argumento indutivo sustenta a conclusão de que Henrique evita sistematicamente as bebidas alcoólicas. Valendo-se dessa conclusão, utilizada como premissa, João infere, a seguir, que Henrique é puritano, isto é, que Henrique adota certos princípios morais que lhe vedam a bebida. Está claro que aqui falta uma premissa no argumento, e precisamos identificá-la. Poderíamos dizer:

ab) Se Henrique nunca bebe, então ele obedece a certos princípios morais que são contrários à bebida.
Henrique nunca bebe.
→ Henrique obedece a certos princípios morais contrários à bebida.

O argumento é um caso de afirmação do antecedente e, portanto, válido. A parte embaraçosa da questão é que não há bons motivos para supor verdadeira a premissa acrescentada. Henrique pode, até onde saibamos, evitar as bebidas por motivos de saúde ou porque detesta o paladar dessas bebidas alcoólicas. Poderíamos dizer:

ac) Se Henrique tem escrúpulos morais que o impedem de beber, então Henrique nunca bebe.
Henrique nunca bebe.
→ Henrique tem escrúpulos morais que o impedem de beber.

A premissa adicional é, agora, bem mais plausível do que a anteriormente acrescentada ao argumento. Todavia, o argumento deixa de ser válido, como caso de afirmação do consequente.

Em situações desse gênero, adotamos uma atitude tolerante e aceitamos a reconstrução *ab*, que torna válido o argumento. Se acolhermos a outra reconstrução, o argumento se torna falaz e, pois, insustentável. Tornando válido o argumento, mediante acréscimo de premissa menos plausível, cabe considerar, de modo mais cuidadoso, a verdade ou falsidade dessa premissa. Um argumento falaz não pode tornar-se válido; mas uma premissa pouco plausível pode, afinal, ser verdadeira. Adotar a atitude tolerante é dar ao argumento uma possibilidade para que se veja acolhido.

Reductio ad absurdum

Reductio ad absurdum é um argumento válido, muito eficaz e de amplo emprego. Destina-se, algumas vezes, a estabelecer uma conclusão positiva; outras vezes, a refutar tese proposta por um interlocutor. A ideia que norteia essa forma de argumentar é relativamente simples. Suponhamos desejar-se mostrar que um enunciado *p* é verdadeiro. Principiamos admitindo a falsidade de *p*, isto é, admitindo não-*p*. A partir daí, deduzimos uma conclusão reconhecidamente falsa. Considerando que a conclusão falsa decorre, por dedução válida, da aceitação de não-*p*, segue-se que a hipótese deve ter sido falsa. Se não-*p* é falsa então *p* deve ser verdadeira — e *p* era justamente a afirmação que se desejava mostrar legítima.

Chamemos "subdedução" o argumento que nos permite deduzir a conclusão falsa a partir de não-*p*. A subdedução pode ter qualquer forma, desde que seja válida. A validade de uma particular *reductio ad absurdum* depende da validade de sua subdedução. Uma específica *reductio ad absurdum* pode ser contestada mostrando-se que a sua subdedução é não válida; mas a forma geral da *reductio ad absurdum* (que requer a validade da subdedução correspondente) não pode ser contestada, tratando-se — como se trata — de uma forma válida. O caráter conclusivo da demonstração de *p* por meio da *reductio ad absurdum* depende da falsidade da conclusão da subdedução. A conclusão da subdedução pode ser um enunciado que estamos dispostos a dar como falso ou pode ser uma real contradição. Não raro, a conclusão da subdedução é o próprio enunciado *p*. Tem-se, então, um caso especial de autocontradição. Com efeito, admitindo-se não-*p* como *p*, e isto é contraditório.

A *reductio ad absurdum* pode ser assim esquematizada:

a) Demonstrar: *p*.
Admitir: Não-*p*.
Deduzir: Um enunciado falso; ou *p* (que contradiz a suposição não-*p*), ou *q* e não-*q* (uma autocontradição), ou outro enunciado, *r*, sabidamente falso.
Concluir: Não-*p* é falso; logo, *p*.

A *reductio ad absurdum* relaciona-se estreitamente com a negação do consequente. O tipo de relação que há entre os dois argumentos é evidenciado pelo argumento seguinte:

b) Se a premissa (suposição) da subdedução é verdadeira, então a conclusão da subdedução é verdadeira (*i. e.*, a subdedução é válida).
A conclusão da subdedução não é verdadeira.
→ A premissa da subdedução não é verdadeira.

A *reductio ad absurdum* é frequentemente empregada em Matemática, onde recebe, às vezes, o nome de "demonstração indireta". Eis um clássico exemplo retirado da Matemática, famoso em virtude de sua elegância e simplicidade.

c) Um número racional é um número que pode ser expresso como fração simples isto é, como a razão de dois inteiros. Atribui-se a Pitágoras, filósofo e matemático da Grécia, do século VI a.C., a descoberta de que não existe número racional cujo quadrado é igual a dois — em outras palavras, de que a raiz quadrada de dois é um número irracional. A conclusão pode ser facilmente estabelecida por meio da *reductio ad absurdum*.

❑ REGRAS DE INFERÊNCIA USADAS PARA DEMONSTRAR A VALIDADE DOS ARGUMENTOS

Regra de adição (AD):	*Regra de simplificação (SIMP):*	*Regra da conjunção (CONJ):*	*Regra da absorção (ABS):*	*Regra* modus ponens *(MP):*
i) $\begin{array}{c} p \\ \hline p \vee q \end{array}$ *ii)* $\begin{array}{c} q \\ \hline q \vee p \end{array}$	*i)* $\begin{array}{c} p \wedge q \\ \hline p \end{array}$ *ii)* $\begin{array}{c} p \wedge q \\ \hline q \end{array}$	*i)* $\begin{array}{c} p \\ q \\ \hline p \wedge q \end{array}$ *ii)* $\begin{array}{c} p \\ q \\ \hline q \wedge p \end{array}$	$\begin{array}{c} p \rightarrow q \\ \hline p \rightarrow (p \wedge q) \end{array}$	$\begin{array}{c} p \rightarrow q \\ p \\ \hline q \end{array}$
Regra modus tollens *(MT):*	*Regra do silogismo disjuntivo (SD):*	*Regra do silogismo hipotético (SH):*	*Regra do dilema construtivo (DC):*	*Regra do dilema destrutivo (DD):*
$\begin{array}{c} p \rightarrow q \\ \sim q \\ \hline \sim p \end{array}$	*i)* $\begin{array}{c} p \vee q \\ \sim p \\ \hline q \end{array}$ *ii)* $\begin{array}{c} p \vee q \\ \sim q \\ \hline p \end{array}$	$\begin{array}{c} p \rightarrow q \\ q \rightarrow r \\ \hline p \rightarrow r \end{array}$	$\begin{array}{c} p \rightarrow q \\ r \rightarrow s \\ p \vee r \\ \hline q \vee s \end{array}$	$\begin{array}{c} p \rightarrow q \\ r \rightarrow s \\ \sim q \vee \sim s \\ \hline \sim p \vee \sim r \end{array}$

Exemplo:

(BANCO DO BRASIL — 2007) É correto o raciocínio lógico dado pela sequência de proposições seguintes:

— Se Antônio for bonito ou Maria for alta, então José será aprovado no concurso.

— Maria é alta. Portanto José será aprovado no concurso.

p: Se Antônio for bonito ou Maria for alta.

q: José será aprovado no concurso.

A estrutura apresentada é da forma:

Se p, então q.

p.

→ q.

Trata-se do *modus ponens*, portanto argumentação válida.

Resposta: *Certo.*

> Argumentar é estabelecer uma relação entre proposições dadas e uma conclusão. Nem sempre uma argumentação é "boa", isto é, apesar da aparência de um encadeamento lógico, a conclusão é falsa ou não provém das proposições iniciais. A lógica tem como um dos seus objetivos o estudo de técnicas que permitam analisar um argumento e decidir se ele é "bom" ou não.

❑ DEFINIÇÕES IMPORTANTES

- Sejam $P_1, P_2, ..., P_n$ $(n \geq 1)$ e **C** proposições quaisquer (simples ou compostas). Chama-se **argumento** a sequência finita de proposições $P_1, P_2, ..., P_n$ $(n \geq 1)$ que tem como consequência a proposição **C**.
- As proposições $P_1, P_2, ..., P_n$ chamam-se **premissas** do argumento, e a proposição **C** chama-se **conclusão** do argumento.
- Um argumento estabelece uma relação entre as premissas e a conclusão, garantindo a conclusão a partir das premissas.

- Um argumento é **válido** se, e somente se, a conclusão for verdadeira, sempre que as premissas forem simultaneamente verdadeiras.
- Um argumento **não válido** (inválido) chama-se **sofisma** ou **falácia**.
- **Silogismo** é um argumento formado por duas premissas e uma conclusão.

❑ ESTRUTURA BÁSICA DE UM ARGUMENTO:

Premissa
Premissa } ⟶ Conclusão

O objetivo do pensador lógico é obter *princípios generalizadores*, estruturas que não são obtidas diretamente pelas informações que captamos pelos nossos sentidos, mas, sim, através do que conseguimos perceber *estudando* e pensando sobre o que temos em nossa memória. A lógica seria, assim, uma atitude de reflexão sobre a verdade ou falsidade de ideias e proposições que crescem espontaneamente em nossa mente. A generalização que a lógica procura obter tem como foco principal a forma e a estrutura das frases e pensamentos, até que se chegue a um ponto em que os pensamentos originais sejam desnecessários, só restando suas formas genéricas. Como exemplo, é intuitivo que a sequência de frases abaixo seja verdadeira:

Todos os homens são mortais.

Pitágoras é homem.

Logo, Pitágoras é mortal.

O que torna a lógica possível é o fato de que a sequência abaixo também parece ser óbvia, embora seja meio estranha:

Todos os Zoides quacam.

Zib é um Zoide.

Portanto, Zib quaca.

Você sabe o que é um Zoide? Sabe o que significa quacar? Eu não sei, mas eu sei que se todos os Zoides nascem sabendo quacar, então Zib, que é um Zoide, irá quacar também. A operação que fizemos em nossa mente para entender essa estrutura nos permite aceitar qualquer sequência com essa mesma estrutura.

Todos os A têm um B.

Um C é um A.

Portanto, os C têm um B.

Essas formas gerais de raciocínio têm importantes propriedades:

- São Impessoais: Não importa o estado de espírito nem a personalidade nem o sexo, raça, credo etc. de quem está raciocinando; essas formas são válidas independentemente de qualquer característica pessoal.
- São Universais: Essas estruturas são válidas não importando sobre qual área do conhecimento humano estamos pensando, de Geografia ao Direito, Física, Química, Economia, Política, em todas essas áreas essas táticas valem da mesma forma.
- São Autossuficientes: A validade das estruturas genéricas que obtemos pela lógica não depende daquilo que o mundo nos informa. Assim, se aceitamos as premissas, essas estruturas irão necessariamente nos conduzir à conclusão e por isso são completamente autossuficientes.
- São Definitivas: Desde que nascemos, estamos constantemente aprendendo, e isso significa que várias vezes temos que alterar nosso conhecimento passado para acomodar novas informações. As estruturas genéricas que obtemos via lógica são definitivas, no sentido de que nada que venhamos a conhecer no futuro irá alterar sua forma e validade geral.

Portanto, um dos objetivos fundamentais da lógica é obter e estudar essas formas gerais de raciocinar, ou seja, é a arte de estudar a validade ou não das estruturas gerais de pensamento, independentemente do seu conteúdo (significado).

Proposições categóricas

Aristóteles, filósofo grego do século IV a.C., é considerado o pioneiro no estudo da lógica. Em seus estudos, procurava um instrumento para o uso da razão, na busca da verdade. Para isso, classificou as proposições categóricas (proposições simples e diretas na forma de sujeito-predicado) em quatro tipos:

A: Todo M é N. (Se M, então N.)
E: Nenhum M é N. (Todo M não é N.)
I: Algum M é N.
O: Algum M não é N. (Algum M é não N.)

A partir dessas quatro proposições categóricas estudadas por Aristóteles, pode-se construir 256 silogismos diferentes, sendo que apenas 24 deles são válidos.

Um método de verificação da **validade de argumentos** é a utilização dos diagramas de Venn-Euler. Neste caso, um argumento só será válido quando a conclusão for verdadeira em todos os modelos possíveis nos quais as premissas são verdadeiras.

Quando verificamos a validade de um argumento, não examinamos se as premissas são verdadeiras ou não; o que fazemos é apenas examinar se, no caso de serem todas verdadeiras, elas acarretam uma determinada conclusão.

A validade de um argumento depende exclusivamente da relação existente entre as premissas e a conclusão. Portanto, a validade de um argumento depende apenas de sua forma e não de seu conteúdo.

Obs.: As palavras **todos**, **nenhum** e **alguns** são chamadas quantificadores, pois dão uma ideia de quantidade (intuitivamente). A palavra **algum** tem sempre o significado de **pelo menos um**. Logo, dizer "Alguns homens são bons" é a mesma coisa que afirmar que "Pelo menos um homem é bom".

Diagrama de Venn-Euler

Euler, por volta de 1770, complementou o trabalho de Aristóteles, introduzindo o uso de diagramas, que foram aprimorados um século mais tarde por Venn.

Utilizando o diagrama de Venn-Euler para melhor entender o significado das quatro proposições categóricas, temos:

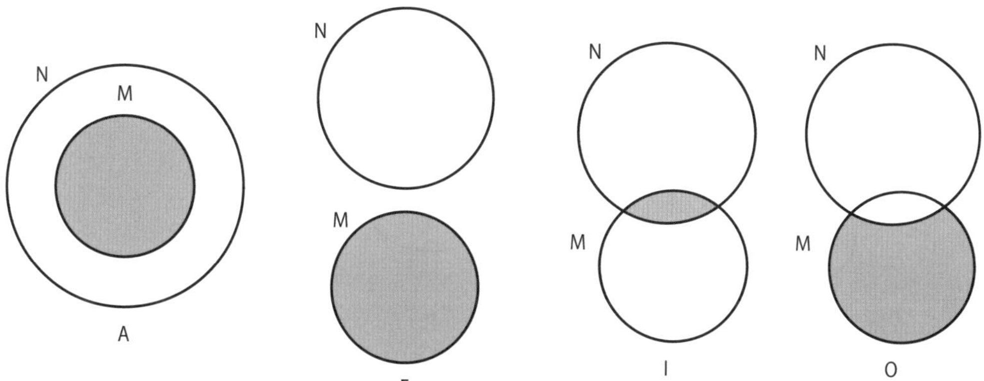

Logo, as proposições podem ser vistas como asserções a respeito de conjuntos e das relações entre conjuntos, isto é, através das noções sobre conjuntos, podemos obter mais claramente a diferença entre a estrutura lógica (forma) existente num enunciado e o conteúdo propriamente dito deste enunciado. Muitos argumentos podem ser reduzidos à forma categórica e sua validade pode ser testada com o auxílio dos diagramas.

Dedução e indução

A análise de argumentos que apresentamos até aqui se baseia no princípio da dedução lógica. Portanto, esse tipo de análise pode ser considerado como dedutivo.

Existe um tipo de argumentação pouco comum que se baseia numa análise indutiva. A ideia da indução[1] é bastante usada em algumas demonstrações matemáticas e ela se baseia na seguinte sequência:

1º. Verificamos se a propriedade em análise vale para o número 1.

2º. Assumimos que a propriedade vale para n.

3º. Verificamos se a propriedade em análise vale para n + 1.

Esse tipo de demonstração é usado em Matemática para provar alguns teoremas. Mas, em argumentação, a indução toma uma forma um pouco distinta. Vejamos um argumento baseado em indução:

Vi um cisne branco.
Vi outro cisne branco.
Logo, todos os cisnes são brancos.

Esse argumento é indutivo e leva a uma falácia, pois o fato de alguns cisnes serem brancos não garante que todos os cisnes sejam brancos.

Exemplos resolvidos:

Verificaremos os argumentos abaixo e analisaremos sua validade. Além disso, avaliaremos se as conclusões são verdadeiras ou não (em relação à realidade).

1. Nenhum desonesto é rico. (P1)
Nenhum político é desonesto. (P2)
Logo, nenhum político é rico. (C)

P1:

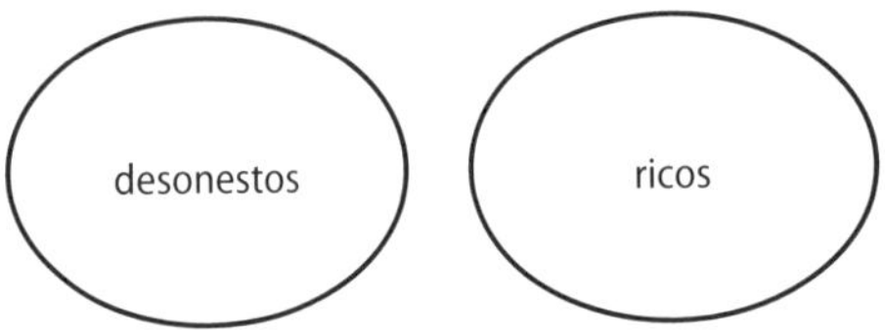

P2:

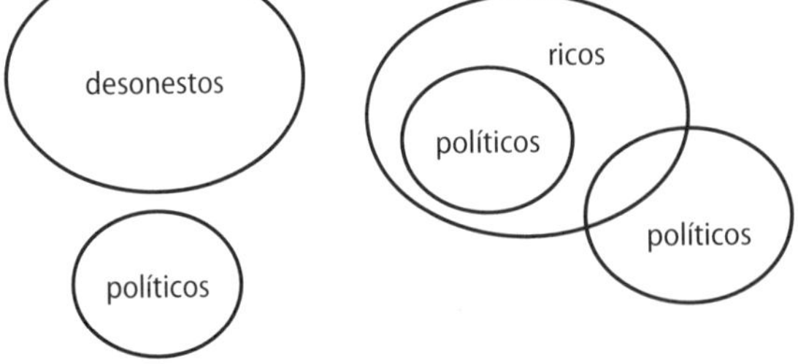

A conclusão não é sempre verificada, o que resulta na seguinte análise: argumento inválido com conclusão falsa.

1 O princípio da indução também é chamado de *axioma dos números naturais*, ou *Axioma de Peano*. Consulte: LIMA, E. L. O Princípio da indução. In: *Eureka*, Rio de Janeiro: SBM, set. 2000.

2. Todo asiático é brasileiro. (P1)
Chico Buarque é asiático. (P2)
Logo, Chico Buarque é brasileiro. (C)

P1:

P2:

A conclusão é verificada pelas premissas; logo, temos a seguinte análise: argumento válido com conclusão verdadeira.

Importante:

- Para analisar a validade de um argumento, não questionamos a veracidade das premissas. O que nos interessa é observar se a conclusão verifica todas as premissas.
- Para analisar a conclusão do argumento, o fazemos independentemente da análise do próprio argumento. O que nos interessa é observar se a proposição dada como conclusão corresponde ou não à realidade, independentemente da validade do argumento ou das premissas.
- Nem sempre é necessário analisar a conclusão. Na maioria das vezes, basta analisar o argumento. Em muitos casos não é possível atribuir valor lógico à conclusão de um argumento.

❑ EXERCÍCIOS

1. (TÉCNICO — 2013) Dados os argumentos:

1. Se 8 não é par, então 5 não é primo
Mas 8 é par
Logo, 5 é primo.

2. Se 7 é primo, então 7 não divide 21
7 divide 21
Logo, 7 não é primo.

3. Se chove, Helena fica resfriada
Helena não ficou resfriada
Logo, não choveu.

É CORRETO afirmar que

a) são válidos os argumentos primeiro e terceiro.
b) são válidos os argumentos primeiro e segundo.
c) só o primeiro argumento é válido.
d) são válidos os argumentos segundo e terceiro.
e) só o terceiro argumento é válido.

2. (ANALISTA — BACEN— FCC) Um argumento é composto pelas seguintes premissas:

1) Se as metas de inflação não são reais, então a crise econômica não demorará a ser superada.
2) Se as metas de inflação são reais, então os superávits primários não serão fantasiosos.
3) Os superávits serão fantasiosos.

Para que o argumento seja válido, a conclusão deve ser:

a) a crise econômica não demorará a ser superada;
b) as metas da inflação são irreais ou os superávits são fantasiosos;

c) as metas de inflação são irreais e os superávits são fantasiosos;
d) os superávits econômicos serão fantasiosos;
e) as metas de inflação não são irreais e a crise econômica não demorará a ser superada.

3. (DELEGADO DE POLÍCIA — VUNESP — 2014) Considere verdadeiras as seguintes afirmações:

- Se Clóvis é perito criminal, então ele porta arma e dirige viatura.
- Clóvis porta arma.
- Clóvis não dirige viatura.

Conclui-se corretamente, das afirmações apresentadas, que Clóvis:

a) não é perito criminal.
b) não é policial civil.
c) é perito criminal.
d) dirige carro que não seja viatura.
e) é policial civil.

4. (DELEGADO DE POLÍCIA — VUNESP — 2014) Sabe-se que, em determinada região,

- Os policiais civis são funcionários públicos;
- Todo perito criminal é policial civil.

Logo, é correto concluir que, nessa região,

a) os peritos criminais são funcionários públicos.
b) os funcionários públicos são peritos criminais.
c) os policiais civis são peritos criminais.
d) os funcionários públicos são policiais civis.
e) algum perito criminal não é funcionário público.

5. (TRE — CESPE — 2013) As proposições a seguir são as premissas de um argumento.

— Se uma companhia tem grande porte e numerosas ramificações, sua falência teria um custo intolerável para a sociedade.

— Se a falência de uma companhia tem um custo intolerável para a sociedade, o governo protegê-las-á na iminência ou durante de uma crise séria.

— Se o governo protege uma companhia durante uma crise séria, recursos públicos são usados em benefício de um ente privado.

Assinale a opção correspondente à conclusão que, juntamente com as premissas acima, constituem um argumento válido.

a) Se uma companhia tem grande porte e numerosas ramificações, então recursos públicos são usados em benefício de um ente privado.
b) Se a falência de uma companhia tem um custo intolerável para a sociedade, então recursos públicos são usados em benefício de um entre privado.
c) Se uma companhia entrar em falência, então a sociedade arcará com um custo intolerável.
d) Se o governo protege uma companhia na iminência de uma crise séria, então recursos públicos são usados em benefício de um ente privado.
e) Se ocorre uma crise séria em uma companhia, então recursos públicos são usados em benefício de um ente privado.

6. (AERONÁUTICA — 2009) Qual dos argumentos a seguir é inválido?

a) Se alguém é político, então faz promessas. Se alguém faz promessas, mente. Logo, se alguém é político, mente.
b) Se o avião não tivesse caído, teria feito contato via rádio. O avião não fez contato pelo rádio. Portanto, o avião caiu.

c) Alberto será despedido ou transferido para outro departamento. Alberto não será transferido. Portanto, não será despedido.
d) Se Pedro ganhou dinheiro, comprará um tênis ou um relógio. Sei que Pedro não comprará um relógio. Portanto, se Pedro não comprar um tênis, não ganhou dinheiro.

7. **(CESPE — 2015)**

A partir dos argumentos apresentados pelo personagem Calvin na tirinha acima mostrada, julgue o seguinte item.

— Considere que o argumento enunciado por Calvin na tirinha seja representado na forma: "P: Se for ignorante, serei feliz; Q: Se assistir à aula, não serei ignorante; R: Serei feliz; S: Logo, não assistirei à aula", em que P, Q e R sejam as premissas e S seja a conclusão, é correto afirmar que essa representação constitui um argumento válido.

8. (ANALISTA — FUNRIO — 2010) A regra de inferência que permite deduzir uma conclusão (q) a partir de duas premissas (p) e (se p então q) é denominada, na Lógica Matemática, regra:

a) *Modus Ponens.*
b) *Modus Tollens.*
c) de Simplificação.
d) de Conjunção.
e) de Absorção.

9. (ANALISTA — CESGRANRIO — 2012) Dadas as premissas p1, p2, ..., pn e uma conclusão q, uma regra de inferência a partir da qual q se deduz logicamente de p1, p2, ..., pn é denotada por p1, p2, ..., pn $\vdash$ q. Uma das regras de inferência clássica é chamada *Modus Ponens*, que, em latim, significa "modo de afirmar". Qual a notação que designa a regra de inferência *Modus Ponens*?

a) $p \vee q, \neg p \vdash q$
b) $p \wedge q, \neg p \vdash \neg q$
c) $p \leftrightarrow q \vdash p \rightarrow q$
d) $p, p \rightarrow q \vdash q$
e) $q, p \rightarrow q \vdash p$

10. (ESPECIALISTA — CESPE — 2013) Considere que um argumento tenha como premissas as afirmações A1, A2 e A3 apresentadas a seguir.

A1: Se os países ricos frearem o desenvolvimento dos países pobres, manterão sua dominação sobre eles.

A2: Se os países ricos convencerem os países pobres a reduzirem suas emissões de gazes poluentes, não imobilizarão parte de seu capital e frearão o desenvolvimento dos países pobres.

A3: Se os países ricos financiarem o desenvolvimento dos países pobres, imobilizarão parte de seu capital, mas manterão a dominação sobre eles.

Assinale a opção correspondente à afirmação que é uma conclusão válida do argumento.

a) Se os países ricos não imobilizarem parte de seu capital, não financiarão o desenvolvimento dos países pobres e não manterão a dominação sobre eles.
b) Os países ricos desejam manter sua dominação sobre os países pobres.
c) Se os países ricos impuserem restrições comerciais aos países pobres, frearão seu desenvolvimento.
d) Se os países ricos financiarem o desenvolvimento dos países pobres ou os convencerem a reduzir suas emissões de gazes poluentes, manterão a dominação sobre eles.

11. (CESPE — 2015) Mariana é uma estudante que tem grande apreço pela matemática, apesar de achar essa uma área muito difícil. Sempre que tem tempo suficiente para estudar, Mariana é aprovada nas

disciplinas de matemática que cursa na faculdade. Neste semestre, Mariana está cursando a disciplina chamada Introdução à Matemática Aplicada. No entanto, ela não tem tempo suficiente para estudar e não será aprovada nessa disciplina.

A partir das informações apresentadas nessa situação hipotética, julgue o item a seguir, acerca das estruturas lógicas.

— Considerando-se as seguintes proposições: p: "Se Mariana aprende o conteúdo de Cálculo 1, então ela aprende o conteúdo de Química Geral"; q: "Se Mariana aprende o conteúdo de Química Geral, então ela é aprovada em Química Geral"; c: "Mariana foi aprovada em Química Geral", é correto afirmar que o argumento formado pelas premissas p e q e pela conclusão c é um argumento válido.

12. **(BANCO DO BRASIL — 2007) É correto o raciocínio lógico dado pela sequência de proposições seguintes:**

Se Célia tiver um bom currículo, então ela conseguirá um emprego. Ela conseguiu um emprego. Portanto, Célia tem um bom currículo.

13. **(BANCO DO BRASIL — 2007) É correto o raciocínio lógico dado pela sequência de proposições seguintes:**

Se Antônio for bonito ou Maria for alta, então José será aprovado no concurso. Maria é alta. Portanto José será aprovado no concurso.

14. **(TÉCNICO — CESGRANRIO — 2012) Com o seguinte raciocínio: "1 — Filmes violentos incentivam a agressividade; 2 — João vê filmes violentos", pode-se chegar à seguinte conclusão:**

a) Logo, João deve procurar outra diversão.
b) Logo, a mãe deve pode procurar outros filmes.
c) Logo, João poderá vir a ser agressivo.
d) Logo, a televisão deve oferecer outros programas.
e) Logo, a censura deveria proibir esse tipo de filme.

15. **(ANALISTA ADMINISTRATIVO — 2009) Determinado rio passa pelas cidades A, B e C. Se chove em A, o rio transborda. Se chove em B, o rio transborda e, se chove em C, o rio não transborda. Se o rio transbordou, pode-se afirmar que:**

a) choveu em A e choveu em B.
b) não choveu em C.
c) choveu em A ou choveu em B.
d) choveu em C.
e) choveu em A.

16. **(NOSSA CAIXA — VUNESP) Se João toca piano, então Lucas acorda cedo e Cristina não consegue estudar. Mas Cristina consegue estudar. Segue-se logicamente que:**

a) Lucas acorda cedo.
b) Lucas não acorda cedo.
c) João toca piano.
d) João não toca piano.
e) João toca piano, se Lucas acorda cedo.

17. **(ANALISTA JUDICIÁRIO — VUNESP) Se Rasputin não tivesse existido, Lenin também não existiria. Lenin existiu. Logo,**

a) Lenin e Rasputin não existiram.
b) Lenin não existiu.
c) Rasputin existiu.

d) Rasputin não existiu.
e) Lenin existiu.

18. **(CESPE — 2006) Julgue o item a seguir:**

Considere uma argumentação em que as duas proposições simbólicas abaixo são premissas, isto é, têm avaliação V.

1. $(A \wedge \neg B) \rightarrow C$
2. $\neg C$

Neste caso, se a conclusão for a proposição $(\neg A \vee B)$, tem-se uma argumentação válida.

19. **(ANALISTA DE SISTEMAS — 2008) Se Rosa é costureira, Ana é professora; se Ana é professora, Bete é Enfermeira; se Bete é enfermeira, Carla é arquiteta. Ora, ocorre que Carla não é arquiteta, logo:**

a) Rosa é costureira e Ana é professora;
b) Ana é professora e Bete é enfermeira;
c) Bete é enfermeira e Carla é arquiteta;
d) Rosa não é costureira e Ana não é professora;
e) Ana não é professora e Bete é enfermeira.

20. **(ENGENHEIRO — CESGRANRIO — 2011) As cinco declarações seguintes são verdadeiras.**

- Se X acontece, então Y não acontece.
- Se K acontece, então X acontece.
- K acontece ou W acontece.
- Se W não acontece, então Z não acontece.
- Y aconteceu.

Conclui-se que

a) X também aconteceu.
b) K também aconteceu.
c) W também aconteceu.
d) Z não aconteceu.
e) Z também aconteceu.

21. **(TÉCNICO ESAF — 2006) Sabe-se que Beto beber é condição necessária para Carmem cantar e condição suficiente para Denise dançar. Sabe-se, também, que Denise dançar é condição necessária e suficiente para Ana chorar. Assim, quando Carmem canta,**

a) Beto não bebe ou Ana não chora.
b) Denise dança e Beto não bebe.
c) Denise não dança ou Ana não chora.
d) nem Beto bebe nem Denise dança.
e) Beto bebe e Ana chora.

22. **(BNDES — 2011) Considere as afirmativas a seguir a respeito de três predicados: M, N e P.**

- Se algo é M então não é N.
- Se algo não é M então é P.

Analisando-se as afirmações acima, conclui-se que:

a) se algo é N, então é P.
b) se algo é P, então é N.
c) se algo é N, então não é P.
d) se algo não é P, então é N.
e) se algo não é N, então é P.

23. **(AUDITOR — 2006) Se X está contido em Y, então X está contido em Z. Se X está contido em P, então X está contido em T. Se X não está contido em Y, então X está contido em P. Ora, X não está contido em T. Logo:**

a) Z está contido em T e Y está contido em X.
b) X está contido em Y e X não está contido em Z.
c) X está contido em Z e X não está contido em Y.
d) Y está contido em T e X está contido em Z.
e) X não está contido em P e X está contido em Y.

24. **(POLÍCIA CIVIL — VUNESP — 2014) Argumentos também podem ser classificados como válidos ou inválidos do ponto de vista de sua estrutura formal, independentemente da verdade ou falsidade de suas premissas. Dentre os exemplos a seguir, assinale o argumento válido.**

a) Algumas pessoas são simpáticas. O carteiro é uma pessoa. Logo, todos os carteiros são simpáticos.
b) Todos os seres humanos são mortais; uma vez que João é mortal, logo João é um ser humano.
c) Algumas focas moram na Patagônia. Alguns pinguins moram na Patagônia. Logo, todos os pinguins não são focas.
d) Todos os móveis são de madeira. Todas as cadeiras são móveis. Logo, todos os pássaros são móveis.
e) Nenhum mamífero é uma ave. Há mamíferos voadores. Logo, alguns animais voadores não são aves.

25. **(TÉCNICO — FCC — 2010) Admita as frases seguintes como verdadeiras.**

I. Existem futebolistas (F) que surfam (S) e alguns desses futebolistas também são tenistas (T).
II. Alguns tenistas e futebolistas também jogam vôlei (V).
III. Nenhum jogador de vôlei surfa.

A representação que admite a veracidade das frases é:

a) 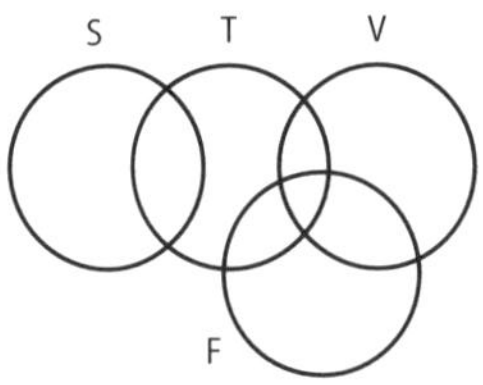

b) 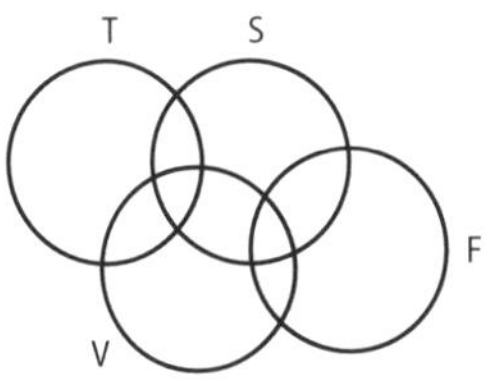

c) 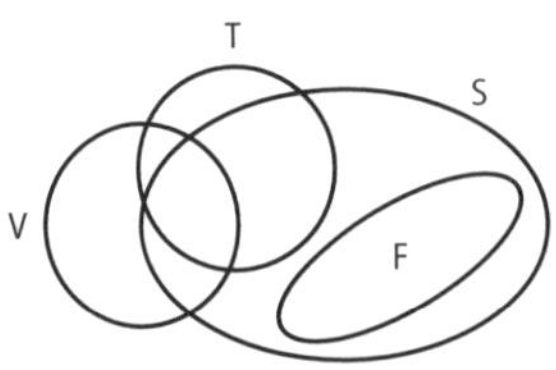

d) 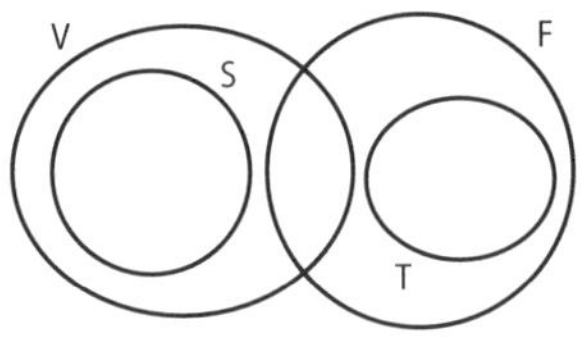

e) 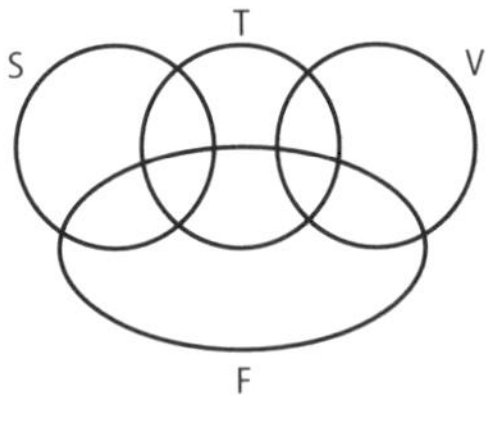

26. **(AGENTE ADMINISTRATIVO — 2010) Considere a proposição: "Todo brasileiro é religioso". Admitindo que ela seja verdadeira, pode-se inferir que:**

a) se André é religioso, então é brasileiro;
b) se Beto não é religioso, então pode ser brasileiro;
c) se Carlos não é religioso, então não pode ser brasileiro;

d) pode existir brasileiro que não seja religioso;
e) se Ivan não é brasileiro, então não pode ser religioso.

27. **(ANALISTA — MPE — VUNESP — 2016) Suponha serem verdadeiras as afirmações:**

Nenhum arrogante é simpático.

Alguns mentirosos são simpáticos.

A partir dessas afirmações, é necessariamente verdadeiro que:

a) algum mentiroso é arrogante.
b) nenhum mentiroso é arrogante.
c) se um mentiroso é simpático, então ele é arrogante.
d) se um mentiroso não é simpático, então ele é arrogante.
e) algum mentiroso não é arrogante.

28. **(ESCRIVÃO — VUNESP — 2014) Considerando a premissa maior "Nenhum inseto tem coluna vertebral" e a premissa menor "Todas as moscas são insetos", a conclusão correta do silogismo válido é:**

a) "Nenhum inseto é mosca".
b) "Alguns insetos não são moscas".
c) "Nenhuma mosca tem coluna vertebral".
d) "Alguns insetos têm coluna vertebral".
e) "Algumas moscas são insetos".

29. **(CESPE — 2015) Julgue os itens subsequentes, relacionados a lógica de argumentação.**

I. O texto "Penso, logo existo" apresenta um argumento válido.

II. O texto "O homem inteligente nunca recebe penalidades, pois somente o homem que erra recebe penalidades e o homem inteligente jamais erra" apresenta um argumento válido.

30. **(TCE — 2012)**

Todos os jogadores são rápidos.

Jorge é rápido.

Jorge é estudante.

Nenhum jogador é estudante.

Supondo as frases verdadeiras pode-se afirmar que

a) a intersecção entre o conjunto dos jogadores e o conjunto dos rápidos é vazia.
b) a intersecção entre o conjunto dos estudantes e o conjunto dos jogadores não é vazia.
c) Jorge pertence ao conjunto dos jogadores e dos rápidos.
d) Jorge não pertence à intersecção entre os conjuntos dos estudantes e o conjunto dos rápidos.
e) Jorge não pertence à intersecção entre os conjuntos dos jogadores e o conjunto dos rápidos.

As questões 31 e 32 se referem aos conjuntos diagramados ao lado. As regiões sombreadas representam regiões vazias e os conjuntos W, X, Y e Z são todos não vazios.

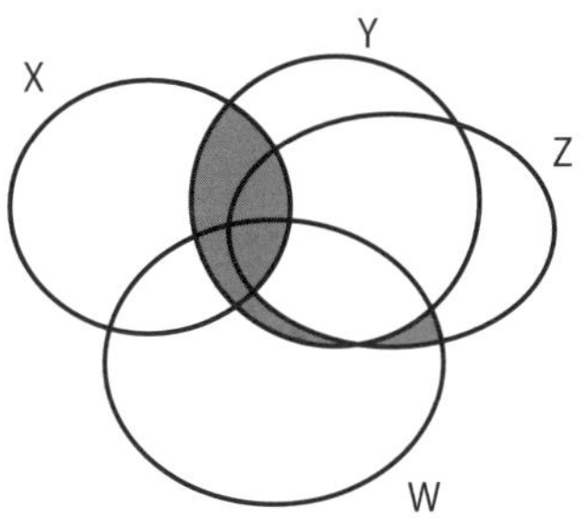

31. **(ANPAD — 2009) Pode-se afirmar que:**

a) Todo X é Y
b) Todo X é Z
c) Todo X é W
d) Nenhum X é Y
e) Nenhum X é W

32. **(ANPAD — 2009) Pode-se afirmar que:**

a) algum X é Z
b) algum X não é Y
c) algum X é Y e nenhum Y é Z
d) algum X é W e nenhum Z é W
e) algum X não é W e nenhum Y é W

33. **(TECNÓLOGO — FUNRIO — 2014) Sabe-se que todo B é A e que algum C é A. Segue-se necessariamente que:**

a) todo A é B.
b) algum C é B.
c) todo A é C.
d) pelo menos um A é B.
e) nenhum B é C.

34. **(TRF — FCC — 2008) Algum A é B. Todo A é C. Logo:**

a) algum D é A.
b) todo B é C.
c) todo C é A.
d) todo B é A.
e) algum B é C.

35. **(PERITO CRIMINAL — VUNESP — 2014) Um argumento válido é aquele cujas premissas levam a uma conclusão por meio de uma sequência finita de regras formais preestabelecidas. Um exemplo de um argumento válido é:**

a) Uma vez que todos os livros bons são caros, todos os livros ruins devem ser baratos.
b) Se uma cidade é uma capital de estado, então ela fica no estado. Como Joinville fica em Santa Catarina, portanto Joinville é a Capital do Estado.
c) Se o professor der a Fulano uma boa nota na prova, então ele pulará de alegria. Como vi Fulano muito alegre ontem, só pode ter sido aprovado.
d) Considerando que alguns insetos são seres vivos e que todos os seres vivos são mortais, é correto afirmar que alguns insetos são mortais.
e) Todas as pessoas bem sucedidas economicamente são inteligentes. Soube que Fulano tem graves problemas financeiros, portanto ele não deve ser inteligente.

36. **(TÉCNICO — CESGRANRIO — 2012) Se nenhum feirante vende joias e alguns atletas são feirantes, então:**

a) todos os atletas não vendem joias.
b) alguns atletas não vendem joias.
c) alguns atletas feirantes vendem joias.
d) nenhum feirante é atleta ou joalheiro.
e) alguns atletas são joalheiros e feirantes.

37. **(NOSSA CAIXA — VUNESP) Todo matemático é estudioso. Existem músicos que são estudiosos. Pedro é matemático e Ivo é estudioso. Pode-se concluir que:**

a) Pedro é estudioso e Ivo é matemático
b) Pedro é estudioso e Ivo é músico
c) Pedro é também músico e Ivo é matemático
d) Pedro é estudioso e Ivo pode não ser matemático nem músico
e) Pedro é também músico e Ivo pode não ser matemático nem músico

38. (NOSSA CAIXA — VUNESP) **Todas as irmãs de Angélica são loiras. Sendo assim, pode-se concluir que:**

a) Angélica é loira.
b) Angélica não é loira.
c) Se Ana é loira, então ela é irmã de Angélica.
d) Se Beatriz não é irmã de Angélica, então Beatriz não é loira.
e) Se Cida não é loira, então ela não é irmã de Angélica.

39. (IBGE) **Suponha que todos os professores sejam poliglotas e todos os poliglotas sejam religiosos. Pode-se concluir que, se:**

a) João é religioso, João é poliglota
b) Pedro é poliglota, Pedro é professor
c) Joaquim é religioso, Joaquim é professor
d) Antônio não é professor, Antônio não é religioso
e) Cláudio não é religioso, Cláudio não é poliglota

40. (FGV) **Considere os dois seguintes argumentos:**

ARGUMENTO 1: Alguns automóveis são verdes e algumas coisas verdes são comestíveis. Logo, alguns automóveis verdes são comestíveis.

ARGUMENTO 2: Alguns brasileiros são ricos e alguns ricos são desonestos. Logo, alguns brasileiros são desonestos.

Compare os 2 argumentos e assinale a alternativa correta.

a) Apenas o argumento 2 é válido.
b) Apenas o argumento 1 é válido.
c) Os dois argumentos não são válidos.
d) Os dois argumentos são válidos.

41. (ANALISTA DE SISTEMAS — 2008) **Considere as seguintes sentenças:**

i. Nenhum maratonista é gordo.
ii. Carlos é comilão.
iii. Todos os comilões são gordos.

Admitindo que as três sentenças sejam verdadeiras, verifique qual das sentenças a seguir será, necessariamente, **verdadeira**.

a) Todos os gordos são maratonistas.
b) Algum maratonista é gordo.
c) Alguns comilões são maratonistas.
d) Carlos não é maratonista.
e) Carlos não é gordo.

42. (TRT) **Sabe-se que existem pessoas desonestas e que existem corruptos. Admitindo-se verdadeira a frase "Todos os corruptos são desonestos", é correto concluir que:**

a) quem não é corrupto é honesto.
b) existem corruptos honestos.

c) alguns honestos podem ser corruptos.
d) existem mais corruptos do que desonestos.
e) existem desonestos que são corruptos.

43. (TÉCNICO — CESGRANRIO — 2012) **São dadas três afirmações:**

A1 — Todos os elefantes são animais de cor cinza.
A2 — Alguns animais de cor preta são cachorros.
A3 — Tomé é um elefante ou um animal de cor preta.

Considerando que as afirmações apresentadas são verdadeiras, conclui-se que Tomé é um:

a) cachorro de cor cinza.
b) animal de cor cinza ou um animal de cor preta.
c) animal de duas cores, cinza e preto.
d) cachorro que não é cinza ou um elefante.
e) elefante que não é preto ou um cachorro.

44. (MPE/TO — CESPE — 2007) **Julgue os itens a seguir.**

I. Considerando-se como premissas as proposições "Nenhum pirata é bondoso" e "Existem piratas que são velhos", se a conclusão for "Existem velhos que não são bondosos", então essas três proposições constituem um raciocínio válido.

II. Considere como premissas as proposições "Todos os hobits são baixinhos" e "Todos os habitantes da Colina são hobits", e, como conclusão, a proposição "Todos os baixinhos são habitantes da Colina". Nesse caso, essas três proposições constituem um raciocínio válido.

III. Considerando que P seja a proposição "Todo jogador de futebol será craque algum dia", então a proposição $\neg P$ é corretamente enunciada como "Nenhum jogador de futebol será craque sempre".

45. (MPE/TO — CESPE)

a) Considere que as proposições "Todo advogado sabe lógica" e "Todo funcionário do fórum é advogado" são premissas de uma argumentação cuja conclusão é "Todo funcionário do fórum sabe lógica". Então essa argumentação é válida.

b) Considere uma argumentação em que duas premissas são da forma

1. Nenhum A é B.
2. Todo C é A.

e a conclusão é da forma "Nenhum C é B". Essa argumentação não pode ser considerada válida.

46. (ANPAD — 2009) **Considere as seguintes proposições:**

I. Tudo que é útil é bom.
II. Nem tudo que é bom é agradável.
III. Nem tudo que é útil é agradável.

Sendo as proposições acima verdadeiras, pode-se concluir que:

a) tudo que é agradável é útil.
b) tudo que é útil é agradável.
c) tudo que é bom é agradável.
d) nem tudo que é bom é útil.
e) nem tudo que não é bom é agradável e útil.

47. (ESPECIALISTA EM INFORMÁTICA — 2010) **Observe a sentença: "Todo técnico de informática entende de computador. Algumas pessoas que estudam em uma faculdade não entendem de computador".**

A partir da sentença é correto concluir que:

a) As pessoas que não estudam em uma faculdade entendem de computador.

b) Alguns técnicos de informática que estudam em uma faculdade não entendem de computador.
c) Nenhum técnico de informática estuda em alguma faculdade.
d) Todos os técnicos de informática estudam em alguma faculdade.
e) Todos os técnicos de informática que estudam em uma faculdade entendem de computador.

48. **(ANALISTA — BACEN — FCC — 2010) Num famoso *talk-show*, o entrevistado faz a seguinte afirmação: "Toda pessoa gorda não tem boa memória". Ao que o entrevistador contrapôs: "Eu tenho boa memória. Logo, não sou gordo".**

Supondo que a afirmação do entrevistado seja verdadeira, a conclusão do entrevistador é

a) falsa, pois o correto seria afirmar que, se ele não fosse gordo, então teria uma boa memória.
b) falsa, pois o correto seria afirmar que, se ele não tem uma boa memória, então ele tanto poderia ser gordo como não.
c) falsa, pois o correto seria afirmar que ele é gordo e, portanto, não tem boa memória.
d) verdadeira, pois todo gordo tem boa memória.
e) verdadeira, pois, caso contrário, a afirmação do entrevistado seria falsa.

49. **(NOSSA CAIXA — VUNESP) Quem tem coragem é virtuoso e quem não é justo não é virtuoso. Logo,**

a) quem tem coragem é justo.
b) quem é justo tem coragem.
c) quem é justo é virtuoso.
d) quem é virtuoso tem coragem.
e) quem é virtuoso não tem coragem.

50. **(ESPECIALISTA EM GEOPROCESSAMENTO — 2009) As operações booleanas podem ser utilizadas para construir objetos mais complexos a partir de combinação de dois ou mais objetos simples e é bastante utilizada em cartografia digital. A análise booleana utiliza-se dos operadores <NOT>, <AND>, <OR> e <XOR>. As figuras abaixo representam graficamente estes operadores. Escolha a opção que indica a sequência correta desses quatro operadores.**

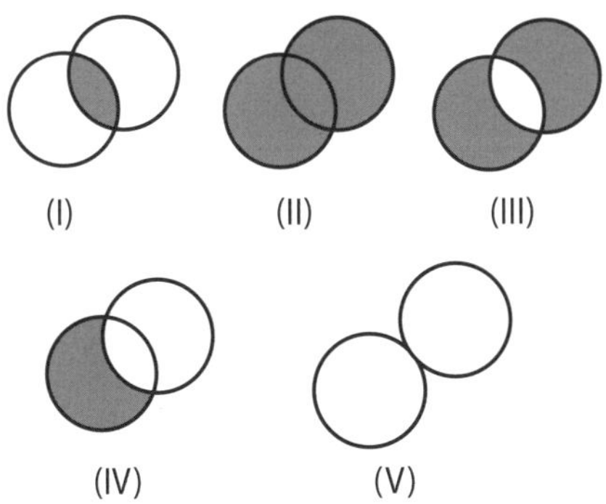

a) AND, OR, XOR, NOT, AND.
b) AND, NOT, XOR, OR, AND.
c) OR, OR, AND, NOT, NOT.
d) XOR, NOT, OR, NOT, AND.
e) AND, OR, NOT, AND, OR.

51. **(AUDITOR — CETRO — 2014) Preocupados em reestruturar as atividades oferecidas pelo Centro Esportivo da cidade, os dirigentes fizeram uma pesquisa sobre a preferência dos usuários aos esportes oferecidos. Notou-se que todos os praticantes de caminhada também faziam *yoga*, mas nenhum dos alunos de *yoga* praticava natação. Todos os alunos de *spinning* eram também praticantes de pilates e**

alguns dos que praticavam pilates faziam natação. Como nenhum dos alunos de pilates praticava *yoga* e nenhum dos que faziam *spinning* praticavam natação, conclui-se que:

a) pelo menos um praticante de *spinning* faz *yoga*.
b) pelo menos um praticante de caminhada faz natação.
c) nenhum praticante de *spinning* faz caminhada.
d) todos os praticantes de pilates também praticam *spinning*.
e) todos os frequentadores de *yoga* também fazem pilates.

52. (AGENTE FISCAL DE RENDAS — SEFAZ — 2009) Considere o diagrama a seguir, em que U é o conjunto de todos os professores universitários que só lecionam em faculdades da cidade X, A é o conjunto de todos os professores que lecionam na faculdade A, B é o conjunto de todos os professores que lecionam na faculdade B e M é o conjunto de todos os médicos que trabalham na cidade X.

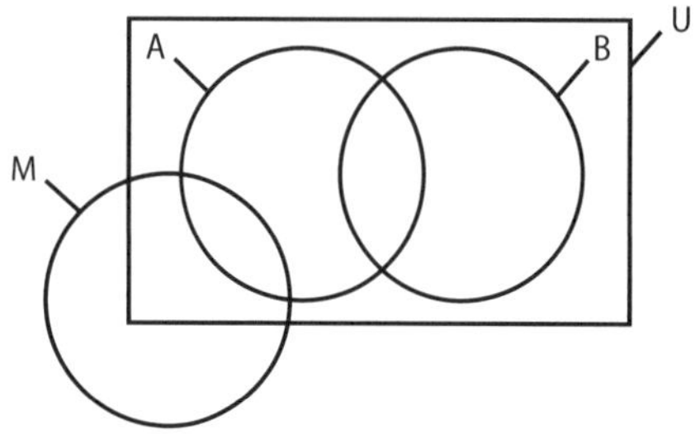

Em todas as regiões do diagrama, é correto representar pelo menos um habitante da cidade X. A respeito do diagrama, foram feitas quatro afirmações:

I. Todos os médicos que trabalham na cidade X e são professores universitários lecionam na faculdade A.
II. Todo professor que leciona na faculdade A e não leciona na faculdade B é médico.
III. Nenhum professor universitário que só lecione em faculdades da cidade X, mas não lecione nem na faculdade A e nem na faculdade B, é médico.
IV. Algum professor universitário que trabalha na cidade X leciona, simultaneamente, nas faculdades A e B, mas não é médico.

Está correto o que se afirma APENAS em

a) I.
b) I e III.
c) I, III e IV.
d) II e IV.
e) IV.

53. (TÉCNICO ADMINISTRATIVO — 2011) Considere o diagrama abaixo.

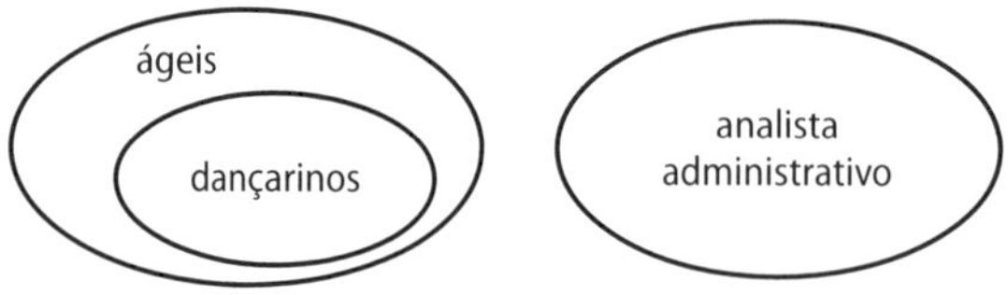

Esse diagrama é uma prova de que o argumento a seguir é válido, ou seja, as proposições I e II são premissas e a proposição III é uma conclusão, pois é verdadeira por consequência das premissas.

I. Nenhum analista administrativo é dançarino.
II. Todos os dançarinos são ágeis.
III. Logo, nenhum analista administrativo é ágil.

54. (PERITO PAPILOSCÓPICO — 2011) Considere a seguinte sequência de proposições:

P1 — Existem policiais que são médicos.

P2 — Nenhum policial é infalível.

P3 — Nenhum médico é infalível.

Nessas condições, é correto concluir que o argumento de premissas P1 e P2 e conclusão P3 é válido.

55. **(PESQUISADOR — 2008 — CESGRANRIO) O *silogismo* é uma forma de raciocínio dedutivo. Na sua forma padronizada, é constituído por três proposições: as duas primeiras denominam-se premissas e a terceira, conclusão. As premissas são juízos que precedem a conclusão. Em um silogismo, a conclusão é *consequência necessária* das premissas. Corresponde a um silogismo:**

a) Premissa 1: Todo brasileiro gosta de futebol.
Premissa 2: José gosta de futebol.
Conclusão: José é brasileiro.

b) Premissa 1: Todo brasileiro gosta de futebol.
Premissa 2: Todo brasileiro é desportista.
Conclusão: Todo desportista gosta de futebol.

c) Premissa 1: João é mortal.
Premissa 2: Nenhum homem é imortal.
Conclusão: João é homem.

d) Premissa 1: Todo peixe nada.
Premissa 2: Alguns mamíferos nadam.
Conclusão: Alguns mamíferos são peixes.

e) Premissa 1: Nenhum mamífero é peixe.
Premissa 2: Alguns mamíferos nadam.
Conclusão: Algum animal que nada não é peixe.

56. **(ANALISTA — RECURSOS FINANCEIROS — AUDITORIA) Todos os alunos de matemática são, também, alunos de inglês, mas nenhum aluno de inglês é aluno de história. Todos os alunos de português são também alunos de informática, e alguns alunos de informática são também alunos de história. Como nenhum aluno de informática é aluno de inglês, e como nenhum aluno de português é aluno de história, então:**

a) pelo menos um aluno de português é aluno de inglês.
b) pelo menos um aluno de matemática é aluno de história.
c) nenhum aluno de português é aluno de matemática.
d) todos os alunos de informática são alunos de matemática.
e) todos os alunos de informática são alunos de português.

57. **(MPETO/CESPE — 2006) Proposições também são definidas por predicados que dependem de variáveis e, nesse caso, avaliar uma proposição como V ou F vai depender do conjunto onde essas variáveis assumem valores. Por exemplo, a proposição "Todos os advogados são homens", que pode ser simbolizada por $(\forall x)(A(x) \rightarrow H(x))$, em que A(x) representa "x é advogado" e H(x) representa "x é homem", será V se x pertencer a um conjunto de pessoas que torne a implicação V; caso contrário, será F. Para expressar simbolicamente a proposição "Algum advogado é homem", escreve-se $(\exists x)(A(x) \wedge H(x))$. Nesse caso, considerando que x pertença ao conjunto de todas as pessoas do mundo, essa proposição é V. Na tabela abaixo, em que A e B simbolizam predicados, estão simbolizadas algumas formas de proposições.**

Proposição	Forma simbólica
todo A é B	$(\forall x)(A(x) \rightarrow B(x))$
nenhum A é B	$\neg(\exists x)(A(x) \wedge B(x))$

I. A proposição "Nenhum pavão é misterioso" está corretamente simbolizada por $\neg(\exists x)(P(x) \wedge M(x))$, se P(x) representa "x é um pavão" e M(x) representa "x é misterioso".

II. Considerando que (∀x)A(x) e (∃x)A(x) são proposições, é correto afirmar que a proposição (∀x)A(x) → (∃x)A(x) é avaliada como V em qualquer conjunto em que x assuma valores.

58. **(TTN) Se é verdade que "Alguns A são R" e que "Nenhum G é R", então é necessariamente verdadeiro que:**

a) nenhum G é A
b) algum A é G
c) nenhum A é G
d) algum G é A
e) algum A não é G

59. **(ESAF) — Se não é verdade que "Alguma professora universitária não dá aulas interessantes", então é verdade que:**

a) todas as professoras universitárias dão aulas interessantes.
b) nenhuma professora universitária dá aulas interessantes.
c) nenhuma aula interessante é dada por alguma professora universitária.
d) nem todas as professoras universitárias dão aulas interessantes.
e) todas as aulas interessantes são dadas por professoras universitárias.

60. **(TÉCNICO ADMINISTRATIVO MINISTÉRIO DA FAZENDA — FCC — 2009) O esquema de diagramas mostra situação socioeconômica de cinco homens em um levantamento feito na comunidade em que vivem. As situações levantadas foram: estar ou não empregado; estar ou não endividado; possuir ou não um veículo próprio; possuir ou não casa própria. Situar-se dentro de determinado diagrama significa apresentar a situação indicada.**

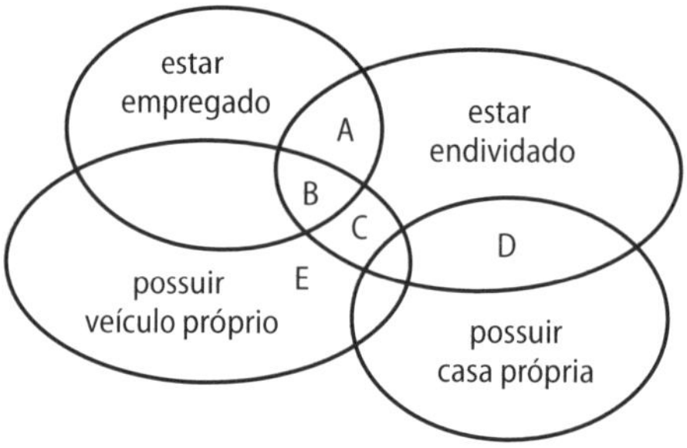

Analisando o diagrama, é correto afirmar que

a) A possui casa própria, está empregado e endividado, mas não possui veículo próprio.
b) B possui veículo próprio, está empregado, mas não possui casa própria nem está endividado.
c) C está endividado e empregado, não possui casa própria nem veículo próprio.
d) D possui casa própria, está endividado e empregado, mas não possui veículo próprio.
e) E não está empregado nem endividado, possui veículo próprio, mas não possui casa própria.

Gabarito

1. d
2. a
3. a
4. a
5. a
6. c
7. Errado
8. a
9. d
10. d
11. Errado
12. Errado
13. Certo
14. c
15. b
16. d
17. c
18. Certo
19. d
20. c
21. e
22. a
23. e
24. e
25. e
26. c
27. e
28. c
29. I. Errado
    II. Certo
30. e
31. d
32. b
33. d
34. e
35. d
36. b
37. d
38. e
39. e
40. c
41. d
42. e
43. b
44. Certo
    Errado
    Errado
45. Certo
    Errado
46. d
47. e
48. e
49. a
50. a
51. c
52. e
53. Errado
54. Errado
55. e
56. c
57. Certo
    Certo
58. e
59. a
60. e

4 Teoria dos conjuntos, problemas de contagem

A Teoria dos conjuntos é estudada desde as séries iniciais e ela é usada como fundamento para a axiomatização da Matemática.[1] Sendo aplicável a muitas áreas, abordaremos aqui a parte básica da Teoria dos conjuntos, que se aplica à Matemática Elementar e à lógica de maneira geral.

❑ CONJUNTO, ELEMENTO, PERTINÊNCIA

Na teoria dos conjuntos, três noções são aceitas sem definição, isto é, são consideradas noções primitivas:

a) conjunto;
b) elemento;
c) pertinência entre elemento e conjunto.

A noção Matemática de conjunto é semelhante à da linguagem comum. Conjunto nos dá a ideia de agrupamento, coleção.

Exemplos:

1) conjunto das vogais;
2) conjunto dos algarismos romanos;
3) conjunto dos números ímpares positivos;
4) conjunto dos planetas do sistema solar;
5) conjunto dos números primos positivos.

Cada membro, item, ente ou objeto que forma um conjunto é chamado de elemento desse conjunto. Em relação aos exemplos acima, os elementos são:

1) a, e, i, o, u;
2) I, V, X, L, C, D, M;
3) 1, 3, 5, 7, 9, 1...;
4) Mercúrio, Vênus, Terra, Marte...;
5) 2, 3, 5, 7, 11, 13...

Um elemento de um conjunto pode ser uma letra, um número, um nome etc. Até um conjunto pode ser elemento de outro conjunto. Como, por exemplo, temos o conjunto das seleções que vão jogar a Copa do Mundo de Futebol e cada seleção é um conjunto de jogadores.

---

[1] Georg F. L. P. Cantor (1845-1918), russo, radicado na Alemanha, foi um dos matemáticos que mais contribuiu para o avanço da Teoria dos Conjuntos em Análise Real.

Indica-se um conjunto, em geral, com letras maiúsculas do nosso alfabeto: A, B, C, ..., e um elemento com letras minúsculas: a, b, c...

Dado um conjunto A, se x é elemento de A dizemos que x pertence a A e escrevemos:

$x \in A$.

Se um elemento y não pertence a A, escrevemos:

$y \notin A$.

A descrição de um conjunto pode ser feita enumerando (citando, escrevendo) seus elementos ou dando uma propriedade característica dos elementos do conjunto. Quando o conjunto é dado pela enumeração de seus elementos, devemos indicá-lo escrevendo seus elementos entre chaves.

Exemplos:

A = conjunto das vogais — A = {a, e, i, o, u}

B = conjunto dos algarismos romanos — B = {I, V, X, L, C, D, M}

C = conjunto dos números primos positivos — C = {2, 3, 5, 7, 11...}

Quando queremos descrever um conjunto A por meio de uma propriedade característica P de seus elementos x, escrevemos:

A = {x | x tem a propriedade P}

Lê-se: A é o conjunto dos elementos x tal que x tem a propriedade P.

Exemplo: A = {x | x é divisor inteiro de 3} Logo A = {-1, -1, 1, 3}

Podemos também representar um conjunto por meio de diagramas.[2]

Exemplo:

A = {a, b, c}

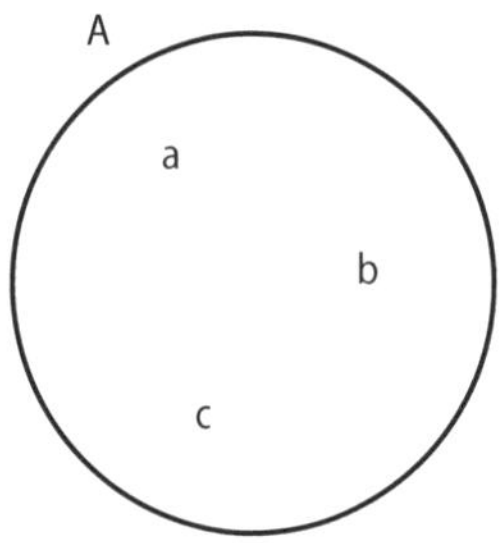

❑ CONJUNTO UNITÁRIO, CONJUNTO VAZIO, CONJUNTO INFINITO

Chama-se conjunto unitário aquele que possui um único elemento.

Exemplos:

M = conjunto dos divisores naturais de 1 — M = {1}

N = conjunto das soluções da equação 3x + 1 = 10 — N = {3}

Chama-se conjunto vazio aquele que não possui elemento algum. Representa-se um conjunto vazio por ∅ ou por { }.

Exemplos:

R = {x | x é ímpar e múltiplo de 2} — P = ∅

S = {x | x> 3 e x < 2} — Q = ∅

---

[2] São os diagramas de Venn-Euler, referidos no Capítulo 2.

Chama-se conjunto infinito aquele que possui infinitos elementos.

P = conjunto dos números pares P = {0, 2, 4, 6, 8...}

N = conjunto dos números naturais N = {0, 1, 2, 3, 4...}

Conjunto universo

Quando desenvolvemos um assunto, admitimos a existência de um conjunto U ao qual pertencem todos os elementos utilizados no tal assunto. Esse conjunto U recebe o nome de conjunto universo.

Assim, se procuramos soluções reais de uma equação, nosso conjunto universo é R (conjunto dos números reais).

Quase sempre a resposta para algumas questões depende do conjunto universo U adotado.

Igualdade de conjuntos

Dois conjuntos A e B são iguais se, e somente se, todo elemento de A pertence a B e todo elemento de B pertence a A. Intuitivamente, dois conjuntos são iguais se forem formados pelos mesmos elementos. Observe que a definição de igualdade não intervém na noção de ordem entre os elementos, portanto:

{a, b, c, d} = {d, c, b, a}

Se A não é igual a B, escrevemos A ≠ B.

Subconjunto

Um conjunto A é subconjunto de um conjunto B se, e somente se, todo elemento de A também pertence a B. A representação é: A ⊂ B, que quer dizer que 'A é subconjunto de B' ou 'A está contido em B'. O símbolo ⊂ é denominado sinal de inclusão.

Quanto A ⊂ B, também podemos escrever B ⊃ A (lê-se 'B contém A'). Com a notação A ⊄ B indicamos que 'A não está contido em B'.

Propriedades da inclusão: sendo A, B e C três conjuntos arbitrários, valem as seguintes propriedades:

1) ∅ ⊂ A (o conjunto vazio está contido em qualquer conjunto);
2) A ⊂ A (todo conjunto é subconjunto de si mesmo, essa é a propriedade simétrica);
3) Se A ⊂ B e B ⊂ C, então A ⊂ C (propriedade transitiva);
4) Se A ⊂ B e B ⊂ A, então A = B (propriedade antissimétrica).

União ou reunião de conjuntos

Dados dois conjuntos A e B, chama-se união de A e B o conjunto formado pelos elementos que pertencem a A ou a B.

A ∪ B = {x | x ∈ A ou x ∈ B}

Exemplos:

1) {a, b} ∪ { b, c, d} = {a, b, c, d}
2) A ∪ ∅ = A

Interseção de conjuntos

Dados dois conjuntos A e B, chama-se interseção de A e B o conjunto formado pelos elementos que pertencem a A e a B.

A ∪ B = {x | x ∈ A e x ∈ B}

Exemplos:

1) {a, b} ∩ {b, c, d} = {b}
2) A ∩ ∅ = ∅

3) Se A ⊂ B, então A ∩ B = A e A ∪ B = B

4) Se A ∩ B = ∅, então os conjuntos A e B não têm elementos comuns e são chamados de conjuntos disjuntos.

Diferença de conjuntos

Dados dois conjuntos A e B, chama-se diferença entre A e B o conjunto formado pelos elementos de A que não pertencem a B.

A – B = {x | x ∈ A e x ∉ B}

Exemplos:

1) {a, b, c} – {b, c, d, e} = {a}
2) {b, c, d, e} – {a, b, c} = {d, e}
3) {a, b} – {c, d, e, f} = {a, b}
4) {a, b} – {a, b, c, d} = ∅
5) Se A – B = ∅, então A ⊂ B
6) A – B ≠ B – A

As operações entre conjuntos também podem ser representadas por meio de diagramas.

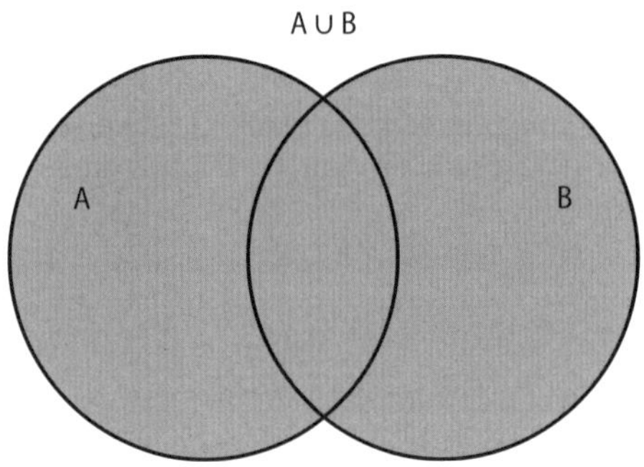

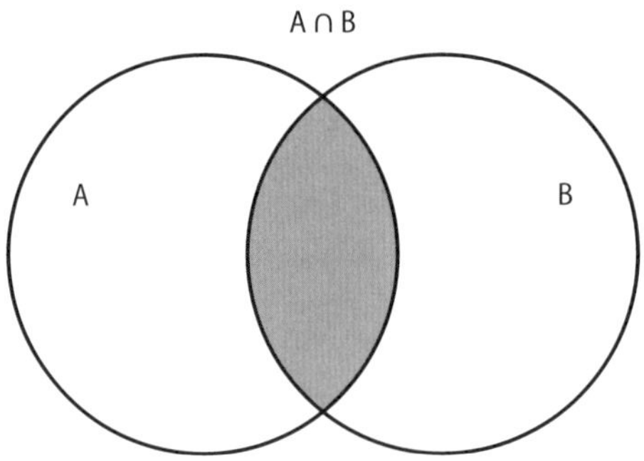

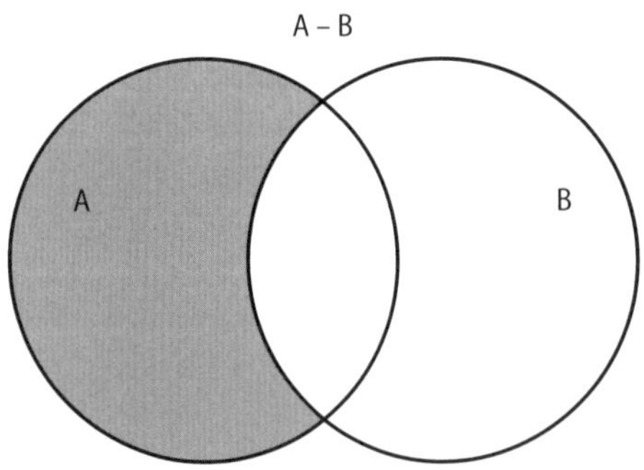

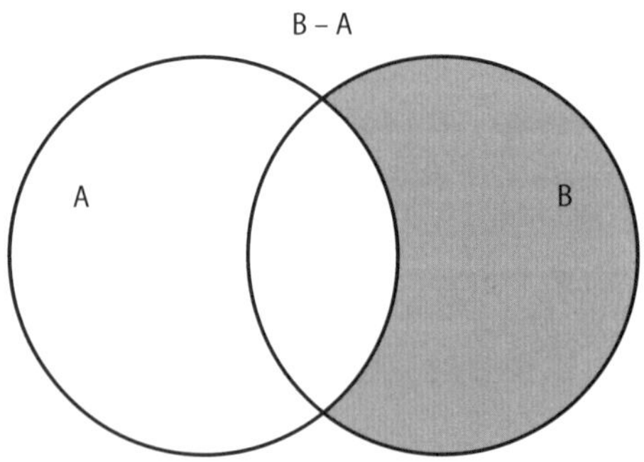

Exemplos resolvidos:

1. Em uma escola que tem 415 alunos, 221 estudam Inglês, 163 estudam Francês e 52 estudam ambas as línguas. Quantos alunos estudam Inglês ou Francês? Quantos alunos não estudam nenhuma das duas línguas?

Resolução: Primeiro vamos fazer o diagrama com os conjuntos que representam as duas línguas e a escola, que é o conjunto universo, colocando na interseção os 52 alunos que estudam ambas as línguas.

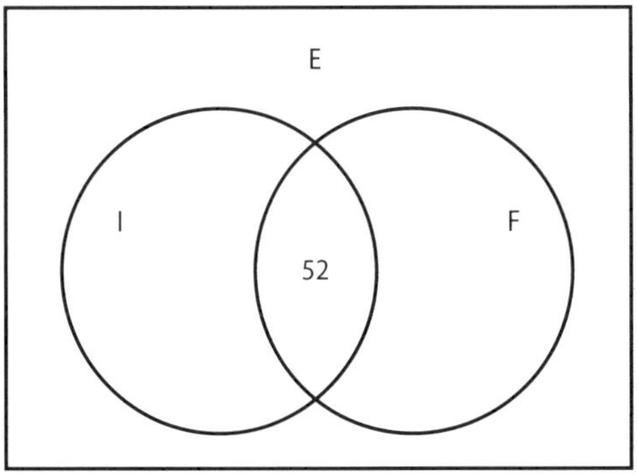

Como 221 alunos estudam Inglês, e já colocamos 52 elementos nesse conjunto, completamos o conjunto Inglês com 221 – 52 = 169 elementos.

Analogamente, como 163 alunos estudam Francês e já colocamos 52 elementos nesse conjunto, completamos o conjunto Francês com 163 – 52 = 111 elementos.

O diagrama fica:

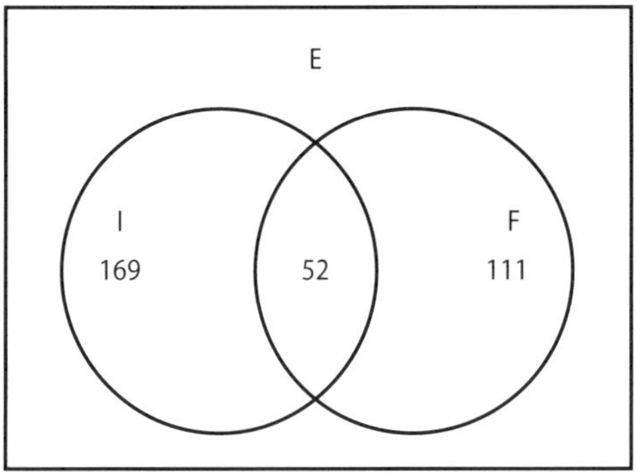

Como a escola tem no total 415 alunos e já escrevemos 169 + 52 + 111 = 332, faltam 415 – 332 = 83 alunos, que são os que não estudam Inglês nem Francês.

Completando o diagrama, temos:

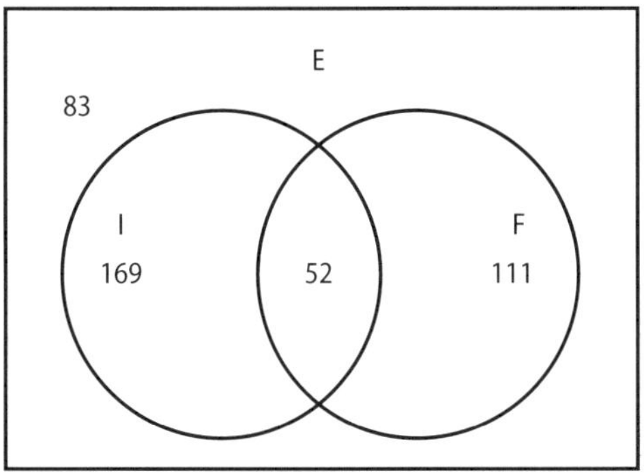

Observe que 169 + 52 + 111 + 83 = 415, que é o total de alunos da escola. Nessa configuração, não repetimos elemento algum no diagrama. Respondendo às perguntas, temos 83 alunos que não estudam Inglês nem Francês e 169 + 52 + 111 = 332 alunos que estudam Inglês ou Francês.

2. Uma população consome três marcas de sabão em pó: A, B e C. Feita uma pesquisa de mercado, colheram-se os resultados tabelados abaixo:

Marca	A	B	C	A e B	B e C	A e C	A, B e C	Nenhuma das três
Nº de pessoas	109	203	162	25	41	28	5	115

Pedem-se:

a) número de pessoas consultadas;

b) número de pessoas que só consomem a marca A;

c) número de pessoas que não consomem as marcas A ou C;

d) número de pessoas que consomem ao menos duas marcas.

Resolução: Primeiro construímos o diagrama e completamos a parte da interseção das três marcas e as pessoas que não consomem nenhuma das três marcas.

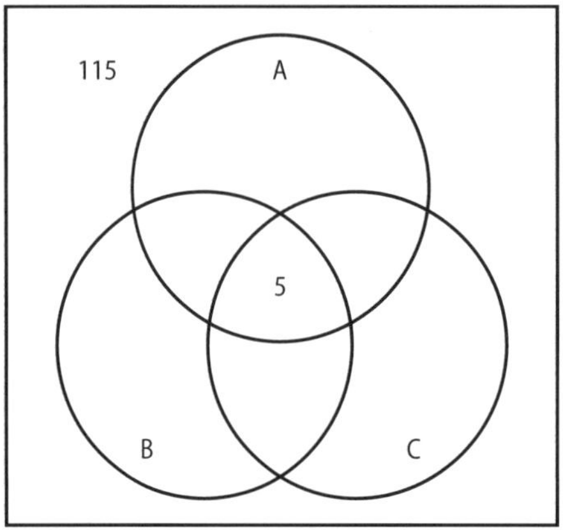

Agora, completaremos as interseções parciais, lembrando que o 5 que colocamos na interseção dos três conjuntos faz parte de todas as interseções parciais:

A e B = 25 – 5 = 20

B e C = 41 – 5 = 36

A e C = 28 – 5 = 23

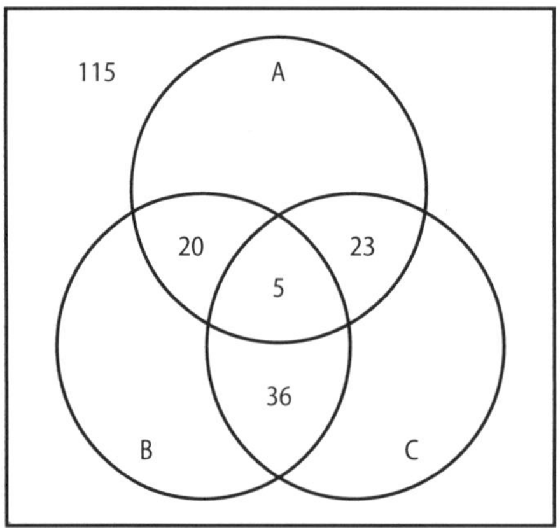

Agora completaremos as partes que restam dos conjuntos A, B e C, considerando o total de elementos de cada conjunto, descontando os elementos que já foram escritos.

A = 109 – (20 + 5 + 23) = 61

B = 203 – (20 + 5 + 36) = 142

C = 162 – (23 + 5 + 36) = 98

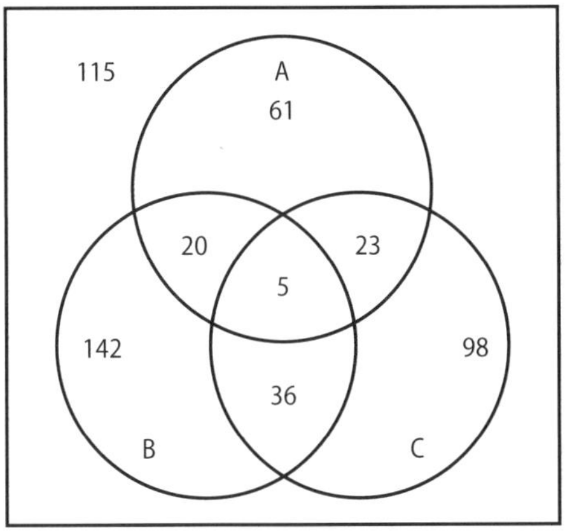

Com o diagrama pronto, podemos responder às perguntas:

a) pessoas consultadas = 115 + 61 + 20 + 5 + 23 + 142 + 36 + 98 = 500;

b) 61 pessoas só consomem a marca A;

c) não consomem A ou C são os que estão fora da união de A com C, ou seja, 142 + 115 = 257;

d) consomem ao menos duas marcas são os que estão nas interseções, ou seja, 5 + 20 + 23 + 36 = 84.

Para se resolver um exercício desse tipo, recomenda-se começar desenhando o diagrama e preenchendo a interseção dos três conjuntos. Depois as interseções parciais e, por último, os elementos que não estão nas interseções.

❑ EXERCÍCIOS

1. **(TTN — ESAF) Considere dois conjuntos, A e B, tais que A = {4, 8, x, 9, 6} e B = {1, 3, x, 10, y, 6}. Sabendo que a intersecção dos conjuntos A e B é dada pelo conjunto {2, 9, 6}, o valor da expressão y – (3x + 3) é igual a**

a) –28
b) –19
c) 32
d) 6
e) 0

2. **(OFICIAL DE TRANSPORTES — 2013) Dados os conjuntos A = {x | x é vogal da palavra CARRO} e B = {x | x é letra da palavra CAMINHO}, é correto afirmar que A ∩ B tem:**

a) 1 elemento.
b) 2 elementos.
c) 3 elementos.
d) 4 elementos.
e) 5 elementos.

3. **(CESPE — 2015) Considerando que N seja o conjunto de todos os números inteiros maiores ou iguais a 1 e que, para cada m ∈ N, o conjunto A(m) seja o subconjunto de N formado por todos os números divisíveis por m, julgue os itens a seguir.**

— O conjunto A(15) ∩ A(10) contém o conjunto A(60).
— O conjunto A(6) ∪ A(8) contém o conjunto A(14).

4. **Se A = {2,3,5,6,7,8}, B = {1,2,3,6,8} e C = {1,4,6,8}, Determine (A – B) ∪ C**

5. **(GESTOR — 2012) Considere três conjuntos finitos X, Y e Z. Sabendo que:**

— X ∩ Y tem 16 elementos;
— X ∩ Z tem 7 elementos e

— $X \cap Y \cap Z$ tem 2 elementos.

O número de elementos de $(Y \cup Z) \cap X$ é:

a) 2.
b) 7.
c) 16.
d) 21.
e) 25.

6. (ANALISTA — 2015) Os conjuntos A e B estão representados na figura abaixo. A relação matemática que descreve a área sombreada da figura é:

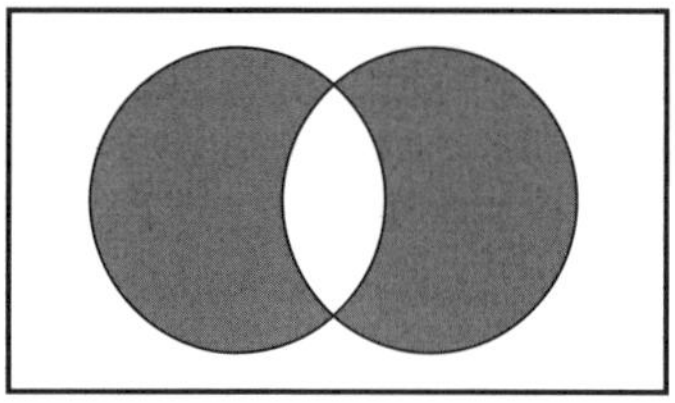

a) $(A - B) \cap (B - A)$
b) $(A \cap B) - (B - A)$
c) $(B - A) - (A \cup B)$
d) $(B \cap A) \cup (A - B)$
e) $(A - B) \cup (B - A)$

7. (CHESF — 2012) Se A e B são conjuntos quaisquer e $C(A, B) = A - (A \cap B)$, então $C(A, B)$ é igual ao conjunto:

a) $\emptyset$
b) B
c) $B - A$
d) $A - B$
e) $(A \cap B) - A$

8. (ENGENHEIRO — CESPE — 2010) Para organizar as opções de leitura da área de lazer de um setor de uma refinaria de petróleo, os seus operários foram numerados de 1 a n, e classificados em 3 subconjuntos, A, B e C, de acordo com as suas preferências por aventuras, biografias ou comédias, respectivamente, sendo que alguns dos operários apontaram mais de uma preferência literária e outros não apontaram nenhuma. Nessa situação, considerou-se o conjunto U de todos os operários desse setor da refinaria como conjunto universo e adotou-se a seguinte convenção: se M é um subconjunto de U, M_U representa o complemento de M em relação a U. Suponha ainda que, na situação descrita,

— $A \cap C = \emptyset$;
— $B \cap C = \{7\}$;
— $A \cup B = \{1, 2, 7, 9, 10\}$;
— $A \cup C = \{1, 2, 3, 5, 7, 8, 9, 10\}$;
— $B_U = \{3, 4, 5, 6, 8, 9\}$;
— $(A \cup B \cup C)_U = \{4, 6\}$.

Com base nessas informações, julgue os itens seguintes.

1) O setor da refinaria considerado tem 10 operários.
2) A quantidade de operários que preferem ler livros de aventura é a mesma dos que preferem ler livros de comédia.
3) Os operários 1 e 2 são os únicos que preferem ler aventuras e biografias.

9. (AGENTE LEGISLATIVO — FGV — 2013) Sobre os membros de três comissões A, B e C da Assembleia Legislativa sabe-se que:

I. Nenhum membro pertence às três comissões simultaneamente.
II. Dadas duas quaisquer dessas comissões, há exatamente um membro que pertence simultaneamente às duas.
III. Cada uma dessas três comissões possui exatamente cinco membros.

O número total de membros diferentes que compõem essas três comissões é

a) 15
b) 12
c) 10
d) 9
e) 8

10. **(ANALISTA — VUNESP — 2014) Em relação aos conjuntos A, B e C e a um total de 58 elementos que pertencem a eles, sabe-se: que nenhum elemento pertence simultaneamente aos três conjuntos; que 13 elementos pertencem simultaneamente aos conjuntos A e B; que 3 elementos pertencem simultaneamente aos conjuntos A e C; que 2 elementos pertencem simultaneamente aos conjuntos B e C; que o número de elementos que pertencem apenas ao conjunto C é 5 unidades a mais do que aqueles que pertencem apenas ao conjunto B; que o número de elementos que pertencem apenas ao conjunto A é 1 unidade a menos do que aqueles que pertencem apenas ao conjunto B. O número de elementos que pertencem apenas ao conjunto C é igual a**

a) 46.
b) 31.
c) 24.
d) 17.
e) 12.

11. **(ANALISTA ADMINISTRATIVO — 2010) Sendo os conjuntos A = {1, 2, 3, 4, 5, 9, 10, 11}, B = {3, 10, 11}, C = {3, 4, 5, 6, 7, 11} e D = {1, 2, 3, 5, 6, 8} e sua representação gráfica dada pela figura a seguir, a soma dos elementos pertencentes às regiões hachuradas vale:**

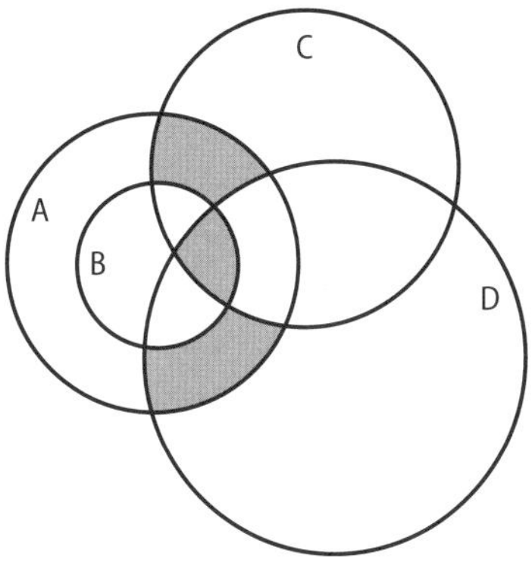

a) 8.
b) 9.
c) 10.
d) 21.
e) 33.

12. **(ANALISTA — FCC — 2014) O diagrama indica a distribuição de atletas da delegação de um país nos jogos universitários por medalha conquistada. Sabe-se que esse país conquistou medalhas apenas em modalidades individuais. Sabe-se ainda que cada atleta da delegação desse país que ganhou uma ou mais medalhas não ganhou mais de uma medalha do mesmo tipo (ouro, prata, bronze). De acordo com o diagrama, por exemplo, 2 atletas da delegação desse país ganharam, cada um, apenas uma medalha de ouro.**

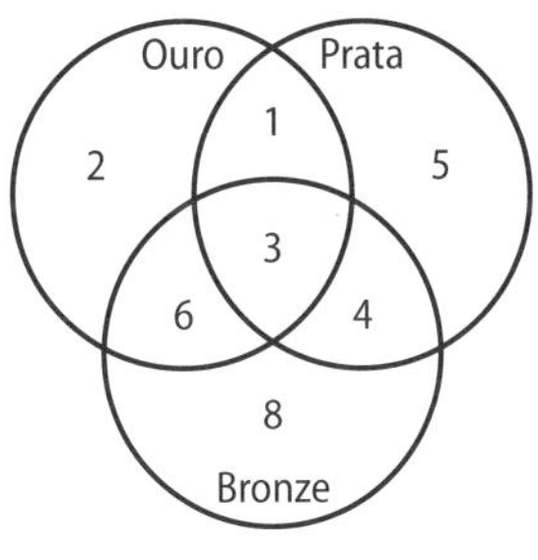

A análise adequada do diagrama permite concluir corretamente que o número de medalhas conquistadas por esse país nessa edição dos jogos universitários foi de

a) 15.
b) 29.
c) 52.
d) 46.
e) 40.

13. **(PAPILOCOPISTA — 2010) Dados os conjuntos A e B podemos considerar a "união" A ∪ B deles, sua "interação" A ∩ B e sua "diferença" A – B, definidas da seguinte maneira:**

— $(x \in A \cup B) \Leftrightarrow (x \in A \vee x \in B)$;
— $(x \in A \cap B) \Leftrightarrow (x \in A \wedge x \in B)$; e
— $(x \in A - B) \Leftrightarrow (x \in A \wedge x \notin B)$.

Um conjunto universo para uma situação é um conjunto U que possui todos os elementos dos conjuntos daquela situação. Nessa situação-problema temos três conjuntos A, B e C, como na figura

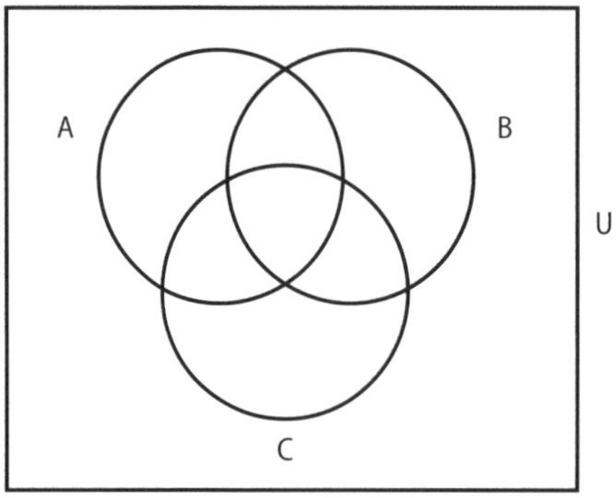

e as seguintes informações sobre eles:

I. $U = \{1,2,3,4,5,6,7,8\}$;
II. Os conjuntos A, B e C têm, cada um, 4 (quatro) elementos;
III. $1 \notin A \cup B \cup C$;
IV. $8 \in A \cap B \cap C$;
V. $A - B = \{2,5\}$ e $B - A = \{3,7\}$;
VI. $4 \notin (A \cup B)$; e
VII. $(A \cap B) - C = \{6\}$

Assinale a alternativa correta.

a) $A = \{1,2,3,4\}$
b) $B = \{1,3,6,7\}$
c) $C = \{4,5,6,8\}$
d) $A \cap B$ tem exatamente 2 elementos
e) $6 \in B \cap C$

14. **(INSS — FCC — 2012) Em uma turma de 100 alunos, 63 sabem escrever apenas com a mão direita, 5 não sabem escrever, 25% dos restantes sabem escrever tanto com a mão direita quanto com a esquerda, e os demais alunos sabem escrever apenas com a mão esquerda. Dessa turma, a porcentagem de alunos que sabe escrever com apenas uma das duas mãos é de:**

a) 86%.
b) 87%.
c) 88%.
d) 89%.
e) 90%.

15. **(AGENTE POLICIAL — VUNESP — 2013) Considere verdadeiras todas as afirmações a seguir sobre os grupos A, B e C de profissionais de um estabelecimento bancário:**

I. O Grupo A tem 12 elementos.
II. O Grupo B tem 11 elementos.
III. O grupo C tem 10 elementos.
IV. Apenas Ana Lúcia faz parte dos três Grupos, e todos os demais profissionais fazem parte exatamente de um Grupo.

Decorre dessas afirmações que o número total de elementos da união desses três Grupos é

a) 31.
b) 33.
c) 32.
d) 30.
e) 34.

16. **(TÉCNICO — ESAF — 2013) Uma escola oferece reforço escolar em todas as disciplinas. No mês passado, dos 100 alunos que fizeram reforço escolar nessa escola, 50 fizeram reforço em Matemática, 25 fizeram reforço em Português e 10 fizeram reforço em Matemática e Português. Então, é correto afirmar que, no mês passado, desses 100 alunos, os que não fizeram reforço em Matemática e nem em Português é igual a:**

a) 15
b) 35
c) 20
d) 30
e) 25

17. **(ASSISTENTE ADMINISTRATIVO — 2008) Sendo A e B conjuntos, pode ser provado que $n(A \cup B) = n(A) + n(B) - n(A \cap B)$. Se a quantidade de inteiros entre 1 e 1000 divisíveis por 3 é 333, a quantidade de inteiros entre 1 e 1000 divisíveis por 21 é 47 e a quantidade de inteiros entre 1 e 1000 divisíveis por 3 ou 7 é 428, então a quantidade de inteiros entre 1 e 1000 divisíveis por 7 é:**

a) 138
b) 139
c) 140
d) 141
e) 142

18. **(ANALISTA DE SISTEMAS — 2008) Um levantamento entre leitores revelou que: 37% leem a revista X, 42% leem a revista Y e 18% leem as duas revistas, X e Y. A porcentagem dos leitores entrevistados que não leem a revista X nem a revista Y é:**

a) 39%
b) 40%
c) 41%
d) 42%
e) 43%

19. **(ICMS-SP) Em uma classe, há 20 alunos que praticam futebol, mas não praticam vôlei e há 8 alunos que praticam vôlei mas não praticam futebol. O total dos que praticam vôlei é 15. Ao todo, existem 17 alunos que não praticam futebol. O número de alunos da classe é:**

a) 30
b) 35
c) 37
d) 42
e) 44

20. **(BANCO DO BRASIL — FCC — 2011) Dos 36 funcionários de uma Agência do Banco do Brasil, sabe-se que: apenas 7 são fumantes, 22 são do sexo masculino e 11 são mulheres que não fumam. Com base nessas afirmações, é correto afirmar que o**

a) número de homens que não fumam é 18.
b) número de homens fumantes é 5.
c) número de mulheres fumantes é 4.
d) total de funcionários do sexo feminino é 15.
e) total de funcionários não fumantes é 28.

21. **(CESPE — 2015) A partir de uma amostra de 1.200 candidatos a cargos em determinado concurso, verificou-se que 600 deles se inscreveram para o cargo A, 400 se inscreveram para o cargo B e 400, para cargos distintos de A e de B. Alguns que se inscreveram para o cargo A também se inscreveram para o cargo B. A respeito dessa situação hipotética, julgue o item subsecutivo.**

— Menos de 180 candidatos se inscreveram no concurso para os cargos A e B.

22. **(ICMS-SP) Numa classe de 50 alunos, 17 são os que jogam vôlei, 32 os que jogam tênis de mesa, 25 os que jogam tênis de mesa e não jogam vôlei. Daí pode concluir que:**

a) 49 jogam vôlei ou tênis de mesa.
b) 8 não jogam vôlei nem tênis de mesa.
c) 15 jogam tênis de mesa, mas não jogam vôlei.
d) 23 não jogam vôlei.
e) Somente 25 jogam tênis de mesa.

23. **(ANALISTA DE SOFTWARE — 2010) Um professor vai levar alguns alunos de sua escola ao Museu de Arte de São Paulo, o MASP, no dia em que haverá, nesse museu, um recital de música clássica. Desses alunos, sabe-se que:**

- ao todo, 22 nunca foram ao MASP.
- ao todo, 20 já assistiram a um recital de música clássica.
- 16 já assistiram a um recital de música clássica, mas nunca foram ao MASP.
- 10 já foram ao MASP, mas nunca assistiram a um recital de música clássica.

Pode-se afirmar que o professor vai levar ao MASP

a) 32 alunos.
b) 36 alunos.
c) 46 alunos.
d) 48 alunos.
e) 68 alunos.

24. **(AGENTE FISCAL — 2006) Numa sala de 30 alunos, 17 foram aprovados em matemática, 10 em história, 9 em desenho, 7 em matemática e em história, 5 em matemática e desenho, 3 em história e desenho e 2 em matemática, história e desenho, sejam:**

— v o número de aprovados em pelo menos uma das três disciplinas;
— w o número de aprovados em pelo menos duas das três disciplinas;
— x o número de aprovados em uma e uma só das três disciplinas;
— y o número de aprovados em duas e somente duas das três disciplinas;
— z o número dos que não foram aprovados em qualquer uma das três disciplinas.

Os valores de v, w, x, y, e z são, respectivamente:

a) 30, 17, 9, 7, 2
b) 30, 12, 23, 3, 2
c) 23, 12, 11, 9, 7
d) 23, 11, 12, 9, 7
e) 23, 11, 9, 7, 2

25. **(BANCO DO BRASIL — FCC — 2010) Das 87 pessoas que participaram de um seminário sobre *A Segurança no Trabalho*, sabe-se que:**

— 43 eram do sexo masculino;
— 27 tinham menos de 30 anos de idade;
— 36 eram mulheres com 30 anos ou mais de 30 anos de idade.

Nessas condições, é correto afirmar que

a) 16 homens tinham menos de 30 anos.
b) 8 mulheres tinham menos de 30 anos.
c) o número de homens era 90% do de mulheres.

d) 25 homens tinham 30 anos ou mais de 30 anos de idade.
e) o número de homens excedia o de mulheres em 11 unidades.

26. **(ANALISTA — ESAF — MPU) Um colégio oferece a seus alunos a prática de um ou mais dos seguintes esportes: futebol, basquete e vôlei. Sabe-se que, no atual semestre,**

— 20 alunos praticam vôlei e basquete;
— 60 alunos praticam futebol e 65 praticam basquete;
— 21 alunos não praticam nem futebol nem vôlei;
— o número de alunos que praticam só futebol é idêntico ao número dos alunos que praticam só vôlei;
— 17 alunos praticam futebol e vôlei;
— 45 alunos praticam futebol e basquete; 30, entre os 45, não praticam vôlei.

O número total de alunos do colégio, no atual semestre, é igual a

a) 93.
b) 110.
c) 103.
d) 99.
e) 114.

27. **(AGENTE FISCAL DE RENDAS — SEFAZ — FCC — 2009) Nos últimos n anos, ocorreram 22 edições de um congresso médico, sempre realizadas em uma única dentre as três seguintes cidades: São Paulo, Rio de Janeiro e Belo Horizonte. Esse congresso nunca ocorreu duas vezes no mesmo ano, mas houve anos em que ele não foi realizado. Sabe-se ainda que, nesse período de n anos, houve 24 anos em que o congresso não ocorreu em São Paulo, 23 anos em que não aconteceu no Rio de Janeiro e 27 anos em que não foi realizado em Belo Horizonte. Nessas condições, o valor de n é igual a**

a) 29
b) 30
c) 31
d) 32
e) 33

28. **(TJ — 2012) Em um clube com 160 associados, três pessoas, A, B e C (não associados), manifestam seu interesse em participar da eleição para ser o presidente deste clube. Uma pesquisa realizada com todos os 160 associados revelou que:**

— 20 sócios não simpatizam com qualquer uma destas pessoas.
— 20 sócios simpatizam apenas com a pessoa A.
— 40 sócios simpatizam apenas com a pessoa B.
— 30 sócios simpatizam apenas com a pessoa C.
— 10 sócios simpatizam com as pessoas A, B e C.

A quantidade de sócios que simpatizam com pelo menos duas destas pessoas é

a) 20.
b) 30.
c) 40.
d) 50.
e) 60.

29. **(TÉCNICO — 2009) Ao término de uma excursão às cidades A, B e C, o guia distribuiu um questionário aos turistas, e concluiu que:**

a) 72 pessoas gostaram da cidade A;
b) 54 pessoas gostaram da cidade B;
c) 45 pessoas gostaram da cidade C;
d) 38 pessoas gostaram das cidades A e B;
e) 32 pessoas gostaram das cidades A e C;
f) 25 pessoas gostaram das cidades B e C;
g) 22 pessoas gostaram das cidades A, B e C.

O número de turistas que gostaram apenas de uma cidade é:

a) 47
b) 38
c) 73
d) 61
e) 29

30. **(ASSISTENTE ADMINISTRATIVO — SEFAZ — FCC — 2009) Em um determinado curso de pós-graduação, 1/4 dos participantes são graduados em matemática, 2/5 dos participantes são graduados em geologia, 1/3 dos participantes são graduados em economia, 1/4 dos participantes são graduados em biologia e 1/3 dos participantes são graduados em química. Sabe-se que não há participantes do curso com outras graduações além dessas, e que não há participantes com três ou mais graduações. Assim, qual é o número mais próximo da porcentagem de participantes com duas graduações?**

a) 40 %
b) 33 %
c) 57 %
d) 50 %
e) 25 %

31. **(PETROBRAS — CESPE — 2003) Um posto de abastecimento de combustíveis vende gasolina comum (GC), álcool anidro (AA) e óleo diesel (OD). Em uma pesquisa realizada com 200 clientes, cada entrevistado declarou que seus veículos consomem pelo menos um dos produtos citados, de acordo com a tabela abaixo.**

Produto	Quantidade de clientes proprietários que consomem o produto
GC	120
AA	75
GC e OD	60
AA e OD	50
GC e AA	30
GC, AA e OD	20

Considerando essas informações e que cada veículo consome apenas um tipo de combustível, é correto afirmar que:

I. 35 clientes possuem apenas veículos que consomem OD.
II. pelo menos dois produtos são consumidos pelos veículos de mais de 120 clientes.
III. 10 clientes possuem mais de um veículo, sendo que pelo menos um desses veículos consome GC e outro consome AA, mas não possuem nenhum veículo que consome OD.

32. **(INSS — 2009) Uma pesquisa realizada com 1000 universitários revelou que 280, 400 e 600 desses universitários são alunos de cursos das áreas de tecnologia, saúde e humanidades, respectivamente. Ela mostrou também que nenhum dos entrevistados é discente de cursos das três áreas e que vários deles fazem cursos em duas áreas. Sabendo que a quantidade de estudantes que fazem cursos das áreas de humanidades e saúde é igual ao dobro da quantidade dos que realizam cursos das áreas de humanidades e tecnologia que, por sua vez, é igual ao dobro dos que fazem cursos das áreas de tecnologia e saúde, a quantidade de entrevistados que fazem apenas cursos da área de tecnologia é igual a**

a) 280.
b) 160.
c) 200.
d) 240.
e) 120.

33. **(CESPE) Para preencher vagas disponíveis, o departamento de pessoal de uma empresa aplicou um teste em 44 candidatos, solicitando, entre outras informações, que o candidato respondesse se já havia trabalhado:**

I. Em setor de montagem eletromecânica de equipamentos;
II. Em setor de conserto de tubulações urbanas;
III. Em setor de ampliações e reformas de subestações de baixa e de alta tensão.

Analisados os testes, o departamento concluiu que todos os candidatos tinham experiência em pelo menos um dos setores citados acima e que tinham respondido afirmativamente:

— 28 pessoas à alternativa I;

— 4 pessoas somente à alternativa I;

— 1 pessoa somente à alternativa III;

— 21 pessoas às alternativas I e II;

— 11 pessoas às alternativas II e III;

— 13 pessoas às alternativas I e III.

Com base nessas informações, assinale a opção incorreta:

a) Apenas 10 candidatos têm experiência nos 3 setores.

b) Somente 36 candidatos têm experiência no setor de conserto de tubulações urbanas.

c) Apenas 15 candidatos têm experiência no setor de ampliações e reformas de subestações.

d) Somente 2 candidatos têm experiência apenas nos setores de montagem e de ampliações e reformas de subestações.

e) Somente 1 candidato tem experiência apenas nos setores de conserto de tubulações urbanas e de ampliações e reformas de subestações.

34. **(AFT — ESAF — 2010) Em um grupo de pessoas, há 20 mulheres e 30 homens, sendo que 20 pessoas estão usando óculos e 36 pessoas estão usando calça jeans. Sabe-se que, nesse grupo, i) há 20% menos mulheres com calça jeans que homens com calça jeans, ii) há três vezes mais homens com óculos que mulheres com óculos, e iii) metade dos homens de calça jeans estão usando óculos. Qual a porcentagem de pessoas no grupo que são homens que estão usando óculos mas não estão usando calça jeans?**

a) 5%.

b) 10%.

c) 12%.

d) 20%.

e) 18%.

35. **(IBMEC) Todos os candidatos inscritos num vestibular escolheram na ficha de inscrição que preencheram uma única entre as três seguintes situações prévias (em relação ao ano anterior): frequentou um cursinho, acabou de sair do ensino médio ou estudou sozinho. Por um erro no processamento dos dados, foi gerado um relatório sobre essas respostas apenas com as seguintes informações:**

— 800 não fizeram cursinho,

— 1.200 não acabaram de sair do ensino médio,

— 1.500 não ficaram estudando sozinhos durante o último ano.

Com isso, conclui-se que o número total de inscritos foi igual a:

a) 1.250.

b) 1.750.

c) 2.500.

d) 3.500.

e) 4.750.

36. **(STM — CESPE — 2004) Uma organização contratou convênios com um plano de saúde, um plano de previdência privada e uma seguradora de veículos para adesão voluntária de seus 5.350 empregados. Sabe-se que as adesões ficaram assim distribuídas:**

— 870 aderiram ao plano de saúde e ao seguro de veículos;

— 580 aderiram ao seguro de veículos e ao plano de previdência;

— 1.230 aderiram aos planos de saúde e de previdência;

— 320 aderiram apenas ao seguro de veículos;

— 2.280 aderiram ao plano de previdência;

— 350 aderiram às três modalidades de convênio;

— 280 não aderiram a nenhum convênio.

Com base nessa situação, julgue os itens seguintes.

I. Mais de 2.000 empregados aderiram apenas ao plano de saúde.

II. O número de empregados que aderiram apenas aos planos de saúde e de previdência foi 850.

III. O número de empregados que aderiram a apenas duas modalidades de convênios foi inferior a 1.650.

IV. Menos de 900 empregados aderiram apenas ao plano de previdência.

37. **(STM — CESPE — 2006) Depois de uma campanha publicitária para melhorar o nível de conhecimento e de informação das pessoas, os 31 empregados de uma empresa passaram a assinar os jornais CT, FT e JT, da seguinte forma:**

- cada um dos empregados assinou pelo menos um dos jornais;
- 2 empregados assinaram os 3 jornais;
- 3 empregados assinaram apenas os jornais CT e JT;
- 8 empregados assinaram apenas o jornal JT;
- 4 empregados assinaram os jornais CT e FT;
- 13 empregados assinaram o jornal JT;
- 16 empregados assinaram o jornal CT.

Com base nessas informações, julgue os itens que se seguem

— nenhum empregado assinou apenas os jornais FT e JT.

— 6 empregados assinaram os jornais CT e JT.

— 3 empregados assinaram apenas os jornais CT e FT.

— 7 empregados assinaram apenas o jornal FT.

— 10 empregados assinaram apenas o jornal CT.

38. **(TTN) Uma pesquisa entre 800 consumidores — sendo 400 homens e 400 mulheres —, mostrou os seguintes resultados:**

do total de pessoas entrevistadas:

— 500 assinam o jornal X.

— 350 têm curso superior.

— 250 assinam o jornal X e têm curso superior.

Do total de mulheres entrevistadas:

— 200 assinam o jornal X.

— 150 têm curso superior.

— 50 assinam o jornal X e têm curso superior.

O número de homens entrevistados que não assinam o jornal X e não têm curso superior é, portanto, igual a:

a) 100
b) 200
c) 0
d) 50
e) 25

39. **(PERITO CRIMINAL — 2006) Em uma cidade há apenas três jornais: X, Y e Z. Uma pesquisa de mercado sobre a preferência de leitura da população da cidade revelou que:**

150 leem o jornal X.

170 leem o jornal Y.

210 leem o jornal Z.

90 não leem jornal algum.

10 leem os três jornais.

40 leem os jornais X e Y.

30 leem os jornais X e Z.

50 leem os jornais Y e Z.

Quantas pessoas foram entrevistadas?

a) 510
b) 320
c) 420
d) 400
e) 500

40. **(TCE — CESPE — 2008) Em uma universidade, setorizada por cursos, os alunos de cada curso podem cursar disciplinas de outros cursos para integralização de seus currículos. Por solicitação da diretoria, o secretário do curso de Matemática informou que, dos 200 alunos desse curso, 80 cursam disciplinas do curso de Física; 90, do curso de Biologia; 55, do curso de Química; 32, dos cursos de Biologia e Física; 23, dos cursos de Química e Física; 16, dos cursos de Biologia e Química; e 8 cursam disciplinas desses três cursos. O secretário informou, ainda, que essa distribuição inclui todos os alunos do curso de Matemática.**

Com relação a essa situação, julgue os itens seguintes.

— Se as informações do secretário acerca das matrículas dos alunos em disciplinas estiverem corretas, então, dos alunos que cursam disciplinas de apenas um desses cursos, a maior concentração de alunos estará no curso de Física.

— De acordo com os dados da situação em apreço, as informações do secretário estão realmente corretas.

41. **(TCE — 2008) Um seminário foi constituído de um ciclo de três conferências: uma de manhã, outra à tarde e a terceira à noite. Do total de inscritos, 144 compareceram de manhã, 168 à tarde e 180 à noite. Dentre os que compareceram de manhã, 54 não voltaram mais para o seminário, 16 compareceram às três conferências e 22 compareceram também à tarde, mas não compareceram à noite. Sabe-se também que 8 pessoas compareceram à tarde e à noite, mas não de manhã. Constatou-se que o número de ausentes no seminário foi de um oitavo do total de inscritos. Nessas condições, é verdade que:**

a) 54 pessoas inscritas não compareceram ao seminário
b) O número de inscritos no seminário foi menor que 420
c) 387 pessoas compareceram a pelo menos uma das conferências
d) 282 pessoas compareceram a somente uma das conferências
e) 108 pessoas compareceram a pelo menos duas conferências

42. **(TÉCNICO OPERACIONAL — 2009) Pesquisadas sobre o tipo de esporte que praticam, as pessoas entrevistadas responderam:**

— 74 futebol.
— 61 natação.
— 71 basquete.
— 16 futebol e natação.
— 20 futebol e basquete.
— 22 basquete e natação.
— 7 futebol, basquete e natação.
— 25 outro tipo de esporte.

Foram pesquisadas ____ pessoas das quais ____ praticavam só futebol.

a) 180 – 1/4.
b) 170 – 1/5.
c) 170 – 3/15.
d) 180 – 1/6.

43. **(AFRE — CESPE — 2008) Considere que A e B sejam conjuntos finitos e não vazios e sejam S_1, S_2, S_3, S_4, S_5 e S_6 os seguintes números inteiros:**

S_1: quantidade de elementos do conjunto A;

S_2: quantidade de elementos do conjunto B;

S_3: quantidade de elementos do conjunto $A \cup B$;

S_4: quantidade de elementos do conjunto $A \cap B$;

S_5: quantidade de elementos do conjunto $A \setminus B$;

S_6: quantidade de elementos do conjunto B\A.

Com base nessas informações, é correto afirmar que, para quaisquer conjuntos A e B nas condições especificadas,

I. $S_3 = S_1 + S_6$.

II. $S_3 + S_4 = S_1 + S_2$.

III. $S_3 = S_5 + S_6$.

44. **(AGENTE DE POLÍCIA — 2009) Considere que em um canil estejam abrigados 48 cães, dos quais:**

— 24 são pretos;

— 12 têm rabos curtos;

— 30 têm pelos longos;

— 4 são pretos, têm rabos curtos e não têm pelos longos;

— 4 têm rabos curtos e pelos longos e não são pretos;

— 2 são pretos, têm rabos curtos e pelos longos.

Então, nesse canil, o número de cães abrigados que são pretos, têm pelos longos mas não têm rabos curtos é superior a 3 e inferior a 8.

45. **(AFC) Em um grupo de 160 estudantes, 60% assistem a aulas de francês e 40% a aulas de inglês mas não às de francês. Dos que assistem a aulas de francês, 25% também assistem a aulas de inglês. O número de estudantes, do grupo de 160 estudantes que assistem aulas de inglês é:**

a) 40
b) 64
c) 66
d) 88
e) 90

46. **(ATRFB — 2009) Uma escola para filhos de estrangeiros oferece cursos de idiomas estrangeiros para seus alunos. Em uma determinada série, 30 alunos estudam francês, 45 estudam inglês, e 40, espanhol. Dos alunos que estudam francês, 12 estudam também inglês e 3 estudam também espanhol. Dos alunos que estudam inglês, 7 estudam também espanhol e desses 7 alunos que estudam inglês e espanhol, 3 estudam também francês. Por fim, há 10 alunos que estudam apenas alemão. Não sendo oferecidos outros idiomas e sabendo-se que todos os alunos dessa série devem estudar pelo menos um idioma estrangeiro, quantos alunos dessa série estudam nessa escola?**

a) 96.
b) 100.
c) 125.
d) 115.
e) 106.

47. **(ANALISTA — 2010) Em um grupo de 100 pessoas, sabe-se que:**

— 15 nunca foram vacinadas;

— 32 só foram vacinadas contra a doença A;

— 44 já foram vacinadas contra a doença A;

— 20 só foram vacinadas contra a doença C;

— 2 foram vacinadas contra as doenças A, B e C;

— 22 foram vacinadas contra apenas duas doenças.

De acordo com as informações, o número de pessoas do grupo que só foi vacinado contra ambas as doenças B e C é

a) 10.
b) 11.
c) 12.
d) 13.
e) 14.

48. **Dados dois conjuntos A e B tais que $n(A \cup B)=10$, $n(A \cap B) = 5$ e $n(A) > n(B)$, pode-se afirmar que a soma dos valores possíveis para $n(A-B)$ é:**

a) 10
b) 13
c) 11
d) 14
e) 12

49. **(TRF — 2008) Sobre o total de 45 técnicos judiciários e auxiliares que trabalham em uma Unidade de um Tribunal, sabe-se que:**

— 60% do número de técnicos praticam esporte;

— 40% do número de auxiliares não praticam esporte;

— 10 técnicos não praticam esporte.

Nessas condições, o total de

a) técnicos que praticam esporte é 10.
b) auxiliares que não praticam esporte é 12.
c) pessoas que praticam esporte é 30.
d) técnicos é 28.
e) auxiliares é 20.

50. **(ANALISTA — CGU — 2006) Uma escola de idiomas oferece apenas três cursos: um curso de Alemão, um curso de Francês e um curso de Inglês. A escola possui 200 alunos e cada aluno pode matricular-se em quantos cursos desejar. No corrente ano, 50% dos alunos estão matriculados no curso de Alemão, 30% no curso de Francês e 40% no de Inglês. Sabendo-se que 5% dos alunos estão matriculados em todos os três cursos, o número de alunos matriculados em mais de um curso é igual a**

a) 30
b) 10
c) 15
d) 5
e) 20

51. **(CGU — 2004) Foi feita uma pesquisa de opinião para determinar o nível de aprovação popular a três diferentes propostas de políticas governamentais para redução da criminalidade. As propostas (referidas como "A", "B" e "C") não eram mutuamente excludentes, de modo que o entrevistado poderia se declarar ou contra todas elas, ou a favor de apenas uma, ou a favor de apenas duas, ou a favor de todas as três. Dos entrevistados, 78% declararam-se favoráveis a pelo menos uma delas. Ainda do total dos entrevistados, 50% declararam-se favoráveis à proposta A, 30% à proposta B e 20% à proposta C. Sabe-se, ainda, que 5% do total dos entrevistados se declararam favoráveis a todas as três propostas.**

Assim, a percentagem dos entrevistados que se declararam favoráveis a mais de uma das três propostas foi igual a:

a) 17%
b) 5%
c) 10%
d) 12%
e) 22%

52. **(ANALISTA TÉCNICO — ESAF — 2010) Sejam A e B dois conjuntos quaisquer e sejam $A \cup B$, $A \cap B$ e $A \setminus B$, respectivamente, as operações de interseção, união e diferença entre eles. Seja $\emptyset$ o conjunto vazio, U o conjunto universo e seja $A^c = U \setminus A$. A opção correta é:**

a) $(A \cap B) \cup (A^c \cup B^c)^c = U$.
b) $(A \cap B) \cap (A^c \cup B^c)^c = \emptyset$.
c) $(A \cap B) \cap (A^c \cup B^c) = \emptyset$.
d) $(A \cap B) \cup (A^c \cup B^c) = A \cup B$.
e) $(A \cup B) \cup (A^c \cup B^c)^c = U$.

53. **(NOSSA CAIXA — 2005) Uma escola de uma cidade do interior fez uma excursão com alguns de seus alunos à cidade de São Paulo para visitar o zoológico. Desses alunos:**

- 18 já estiveram antes em São Paulo, mas nunca haviam ido a um zoológico;
- 28 já tinham ido a algum zoológico, mas nunca haviam ido a São Paulo;
- ao todo, 44 já haviam ido antes a um zoológico;
- ao todo, 40 nunca estiveram antes em São Paulo.

Pode-se concluir que a escola levou, nessa excursão,

a) 84 alunos.
b) 80 alunos.
c) 74 alunos.
d) 68 alunos.
e) 66 alunos.

54. (ANALISTA DE SISTEMAS — 2009) Numa cidade do interior do estado do Rio de Janeiro, uma prévia eleitoral entre 2000 filiados revelou as seguintes informações a respeito de três candidatos A, B e C, do Partido Democrático (PD) que concorrem a 3 cargos diferentes:

I. todos os filiados votaram e não houve registro de voto em branco, tampouco de voto nulo;
II. 280 filiados votaram a favor de A e de B;
III. 980 filiados votaram a favor de A ou de B, mas não de C;
IV. 420 filiados votaram a favor de B, mas não de A ou de C;
V. 1.220 filiados votaram a favor de B ou de C, mas não de A;
VI. 640 filiados votaram a favor de C, mas não de A ou de B;
VII. 140 filiados votaram a favor de A e de C, mas não de B.

A partir dos fatos relatados, podemos afirmar que o número de filiados ao PD que votaram a favor dos 3 candidatos é

a) 75
b) 70
c) 85
d) 90
e) 80

55. (ANALISTA DE FINANÇAS E CONTROLE — AFC — STN) Considere dois conjuntos, A e B, onde A = {X1, X2, X3, X4} e B = {X1, X5, X6, X4}. Sabendo-se que a operação ψ é definida por A ψ B = (A – B) ∪ (B – A), então a expressão (A ψ B) ψ B é dada por:

a) {X1, X5, X4}
b) {X1, X2}
c) {X1, X2, X3, X4}
d) {X4, X6, X5}
e) {X1, X6}

56. (DELEGADO DE POLÍCIA — 2011) Acerca de operações com conjuntos, julgue o item subsequente.

— Considere que os conjuntos A, B e C tenham o mesmo número de elementos, que A e B sejam disjuntos, que a união dos três possuía 150 elementos e que a interseção entre B e C possuía o dobro de elementos da interseção entre A e C. Nesse caso, se a interseção entre B e C possui 20 elementos, então B tem menos de 60 elementos.

57. (AGENTE DE POLÍCIA — 2012 — CESPE) Em uma página da Polícia Federal, na Internet, é possível denunciar crimes contra os direitos humanos. Esses crimes incluem o tráfico de pessoas — aliciamento de homens, mulheres e crianças para exploração sexual — e a pornografia infantil — envolvimento de menores de 18 anos de idade em atividades sexuais explícitas, reais ou simuladas, ou exibição dos órgãos genitais do menor para fins sexuais. Com referência a essa situação hipotética e considerando que, após a análise de 100 denúncias, tenha-se constatado que 30 delas se enquadravam como tráfico de pessoas e como pornografia infantil; outras 30 não se enquadravam em nenhum desses dois crimes e que, em relação a 60 dessas denúncias, havia apenas a certeza de que se tratava de pornografia infantil, julgue os itens subsequentes, acerca dessas 100 denúncias analisadas.

1) Dez denúncias foram classificadas apenas como crime de tráfico de pessoas.
2) Os crimes de tráfico de pessoas foram mais denunciados que os de pornografia infantil.

Gabarito

1. e
2. b
3. Certo
   Errado
4. {1,4,5,6,7,8}
5. d
6. e
7. d
8. 1) Certo
   2) Certo
   3) Errado
9. b
10. d
11. c
12. d
13. d
14. b
15. a
16. b
17. e
18. a
19. e
20. a
21. Errado
22. b
23. b
24. d
25. b
26. d
27. d
28. d
29. a
30. c
31. Certo
    Errado
    Certo
32. b
33. d
34. b
35. b
36. I. Errado
    II. Errado
    III. Certo
    IV. Certo
37. Certo
    Errado
    Errado
    Certo
    Errado
38. a
39. a
40. Errado
    Errado
41. b
42. a
43. Certo
    Certo
    Errado
44. Certo
45. d
46. e
47. c
48. e
49. e
50. a
51. a
52. c
53. c
54. e
55. c
56. Errado
57. 1) Certo
    2) Errado

5 Princípio da casa dos pombos

O **princípio da casa dos pombos** é a afirmação de que se n pombos devem ser postos em m casas, e se $n > m$, então pelo menos uma casa irá conter mais de um pombo. Matematicamente falando, isto quer dizer que, se o número de **elementos** de um **conjunto finito** A é maior do que o número de elementos de um outro conjunto B, então, se ligarmos cada elemento do conjunto A com um único elemento de B, sobrará um elemento sem ligações em A.

É também conhecido como **teorema de Dirichlet *ou* princípio das gavetas de Dirichlet**, pois supõe-se que o primeiro relato deste princípio foi feito por **Dirichlet** em **1834**, com o nome de *Schubfachprinzip* ("princípio das gavetas").

O *princípio do pombal* é um exemplo de um argumento de calcular que pode ser aplicado em muitos problemas formais, incluindo aqueles que envolvem um **conjunto infinito**.

Embora se trate de uma evidência extremamente elementar, o princípio é útil para resolver problemas que, pelo menos à primeira vista, não são imediatos. Para aplicá-lo, devemos identificar, na situação dada, ***quem faz o papel dos objetos e quem faz o papel das gavetas***.

Exemplo 1. Qual é o número mínimo de pessoas que devemos reunir para que tenhamos certeza de que entre elas há duas que fazem aniversário no mesmo mês?

Solução: A resposta é 13. Se houvesse apenas 12 pessoas, seria possível que cada uma delas fizesse aniversário em um mês diferente. Com 13 pessoas, há, obrigatoriamente, pelo menos um mês com mais de um aniversário (se houvesse, no máximo, um aniversário por mês, o número de pessoas presentes seria, no máximo, 12).

Exemplo 2. Uma prova de concurso possui 10 questões de múltipla escolha, com duas alternativas cada. Qual é o menor número de candidatos para o qual podemos garantir que pelo menos dois deles deram exatamente as mesmas respostas para todas as questões?

Solução: Neste caso, os objetos são os alunos e as gavetas são as possíveis sequências de respostas. Como cada questão pode ser respondida de 2 modos, a prova pode ser preenchida de $2 \times 2 \times 2 \times \ldots 2 = 2^{10} = 1024$ modos. Logo, só se pode ter a certeza de que dois candidatos fornecem exatamente as mesmas respostas se houver pelo menos 1025 candidatos.

Exemplo 3. (RACIOCÍNIO LÓGICO E ESTATÍSTICA — SEPLAG — 2010) Em uma caixa há 12 bolas de mesmo tamanho: 3 brancas, 4 vermelhas e 5 pretas. Uma pessoa, no escuro, deve retirar n bolas da caixa e ter a certeza de que, entre elas, existem três da mesma cor. O menor valor de n para que se tenha essa certeza é:

a) 5
b) 6
c) 7
d) 8
e) 9

Solução: Devemos pensar no pior caso para garantir com certeza a presença das três cores; considerando esse fato as três primeiras bolas são de cores distintas. Uma configuração possível é:

1º retirada	2º retirada	3º retirada	4º retirada
Branca	Vermelha	Preta	Uma das cores já retiradas anteriormente

Portanto se a pergunta fosse 2 de uma mesma cor seriam 4 retiradas. Seguindo o mesmo raciocínio:

1º retirada	2º retirada	3º retirada	4º retirada	5º retirada	6º retirada	7º retirada
Branca	Vermelha	Preta	Branca	Vermelha	Preta	Uma das cores que já foi retirada duas vezes

Portanto são 7 retiradas.

Resposta: C

❑ EXERCÍCIOS

1. (BNDES — 2013) Dentro de um pote, há 5 bombons embrulhados em papel azul, 6 embrulhados em papel vermelho, e 7 embrulhados em papel verde. Quantos bombons, no mínimo, devem ser retirados do pote, sem que se veja a cor do papel, para se ter certeza de haver retirado dois bombons embrulhados em papéis de cores diferentes?

a) 3
b) 4
c) 6
d) 7
e) 8

2. (TSE — 2012) Uma estante é constituída por 4 prateleiras. Um lote de 10 livros será distribuído sobre esta estante. Sobre as possíveis distribuições finais dos livros nas prateleiras, analise.

I. Haverá pelo menos um livro em cada prateleira.
II. Haverá uma prateleira com, pelo menos, três livros.
III. É possível que duas prateleiras quaisquer nunca tenham a mesma quantidade de livros.

Está(ão) correta(s) apenas a(s) afirmativa(s)

a) I
b) II
c) I, II
d) II, III

3. (ENGENHEIRO — FGV — 2013) Uma companhia de aviação possui 35 pilotos. Nenhum piloto tem menos que 28 anos e nenhum piloto tem mais que 60 anos. A esse respeito, assinale a afirmativa correta.

a) A idade média dos pilotos é de 44 anos.
b) Algum piloto tem 44 anos.
c) Existe pelo menos um piloto com 60 anos.
d) Algum piloto tem menos que 30 anos.
e) Existem pelo menos dois pilotos com mesma idade.

4. (ANALISTA — TRT — FCC — 2014) Em uma floresta com 1.002 árvores, cada árvore tem de 900 a 1.900 folhas. De acordo apenas com essa informação, é correto afirmar que, necessariamente,

a) ao menos duas árvores dessa floresta têm o mesmo número de folhas.
b) apenas duas árvores dessa floresta têm o mesmo número de folhas.
c) a diferença de folhas entre duas árvores dessa floresta não pode ser maior do que 900.

d) não há árvores com o mesmo número de folhas nessa floresta.
e) a média de folhas por árvore nessa floresta é de 1.400.

5. **(IBGE — 2009) Um grupo é formado por N pessoas. O valor mínimo de N para que se tenha certeza de que duas delas fazem aniversário no mesmo dia da semana é**

a) 7
b) 8
c) 10
d) 12
e) 14

6. **(ESCRITURÁRIO — BANCO DO BRASIL — 2012) Um grupo de 40 pessoas, homens e mulheres, está reunido em uma sala. Todos têm mais de 30 e menos de 50 anos. Alguns homens têm menos de 40 anos, e algumas mulheres, mais de 35 anos. Considere que a idade de cada pessoa seja representada por um número inteiro (anos completados até a presente data). Desse modo, afirma-se que, nesse grupo, há**

a) 19 pessoas, no mínimo, de idades diferentes.
b) um homem, pelo menos, de 45 anos.
c) alguma mulher de 39 anos.
d) pessoas com a mesma idade.
e) um homem e uma mulher, necessariamente, cujas idades são iguais.

7. **(ASSISTENTE ADMINISTRATIVO — VUNESP — 2014) Na mesa da professora, havia uma pilha com várias provas já corrigidas, sendo que nove delas tinham nota A, oito tinham nota B, quatro tinham nota C, três tinham nota D e duas tinham nota E. Retirando-se quatro dessas provas da pilha e, sabendo-se que nenhuma delas tinha nota A, nem E, nem B, pode-se afirmar, das provas retiradas, que:**

a) todas tinham a mesma nota.
b) duas tinham nota C e duas tinham nota D.
c) três tinham nota C e uma tinha nota D.
d) pelo menos uma tinha nota D.
e) pelo menos uma tinha nota C.

8. **(ASSISTENTE ADMINISTRATIVO — 2010) Quatro gavetas contêm camisas. Cada gaveta contém no mínimo três camisas, e no máximo cinco camisas. É possível concluir que**

a há somente uma gaveta com três camisas.
b) há no mínimo duas gavetas com o mesmo número de camisas.
c) há gavetas com menos que cinco camisas.
d) os números de camisas em cada gaveta são diferentes entre si.
e) há no mínimo três gavetas com o mesmo número de camisas.

9. **(ANALISTA — VUNESP — 2012) Uma floresta tem x árvores, e cada árvore dessa floresta tem de 300 até 600 folhas. O menor valor de x para que necessariamente haja nessa floresta pelo menos duas árvores com o mesmo número de folhas é**

a) 299.
b) 300.
c) 301.
d) 302.
e) 303.

10. **(ANPAD — 2009) Em uma gaveta, havia várias canetas coloridas, sendo 8 cinzas, 7 verdes, 4 roxas, 3 marrons e 2 rosas. Retirando-se quatro dessas canetas e sabendo-se que nenhuma delas era cinza, nem rosa e nem verde, pode-se afirmar que:**

a) são todas da mesma cor.
b) duas são roxas e duas são marrons.
c) três são roxas e uma é marrom.

d) pelo menos uma é marrom.
e) pelo menos uma é roxa.

11. **(TÉCNICO JUD. — TJ/ SC — CESPE — 2011) Seu João, que é casado com dona Maria, guarda todas as suas meias dentro de uma gaveta do armário, localizado no quarto onde o próprio casal dorme. Seu João acorda muito cedo para ir ao trabalho e, para não acordar dona Maria, sempre pega suas meias dentro da gaveta sem acender a luz do quarto, por isso, não enxerga a cor das meias. Seu João não guarda suas meias em pares e sim todas soltas. Dessa forma, quando vai escolher seu par de meias, sempre pega um pé por vez. Dentro da gaveta encontram-se 15 pares de meias na cor branca, 10 pares na cor preta e 12 pares na cor azul. Assinale a alternativa que contém a quantidade mínima de pés de meia que seu João deve pegar, sem acender a luz, para ter certeza que em suas mãos tem, pelo menos, um par de meias na cor preta.**

a) 28 pés de meia.
b) 25 pés de meia.
c) 56 pés de meia.
d) 52 pés de meia.
e) 40 pés de meia.

12. **(ASSISTENTE ADMINISTRATIVO — 2008) O princípio das gavetas de Dirichlet afirma que: "Se n objetos forem colocados em no máximo n – 1 gavetas, então pelo menos uma das gavetas conterá pelo menos dois objetos". Assinale a única afirmação decorrente do princípio das gavetas de Dirichlet:**

a) Em um grupo de 51 pessoas nascidas em 2007 pelo menos 2 nasceram em uma mesma semana.
b) Em um grupo de 36 pessoas pelo menos 4 têm o mesmo signo zodiacal.
c) Em um grupo de 31 pessoas nascidas em agosto pelo menos 2 nasceram em um mesmo dia.
d) Em um grupo com 8 pessoas pelo menos 2 nasceram em um mesmo dia da semana.
e) Em um grupo com 11 pessoas pelo menos 2 nasceram em um mesmo mês.

13. **(TJ — 2012) Em um setor público com 24 funcionários, 10 são advogados, 8 são contadores, 4 são administradores e 2 são economistas. Um grupo de trabalho deverá ser formado com estes funcionários, sabendo-se que nenhum deles possui mais de uma formação. Escolhendo aleatoriamente funcionários deste setor, o número mínimo de funcionários que se deve escolher para ter certeza de que pelo menos três possuem a mesma formação é**

a) 7.
b) 8.
c) 9.
d) 10.
e) 12.

14. **(ADMINISTRADOR — 2010) Em uma gaveta estão guardadas várias meias masculinas, todas misturadas, nas seguintes quantidades e cores: 8 meias brancas, 12 meias pretas, 6 meias beges, 4 meias vermelhas e 2 meias azuis. Ocorreu uma pane de energia elétrica e uma pessoa precisa retirar a quantidade mínima de meias dessa gaveta, na escuridão, para que possa garantir que duas delas, pelo menos, sejam da mesma cor. O número de meias que a pessoa deve retirar é:**

a) 2
b) 4
c) 6
d) 8
e) 10

15. **(TRT — FCC — 2012) Existem no mundo 7 bilhões de pessoas, nenhuma delas com mais de 200.000 fios de cabelo em sua cabeça. Somente com essas informações, conclui-se que existem no mundo, necessariamente,**

a) mais do que 7 bilhões de fios de cabelo.
b) pessoas com nenhum fio de cabelo em suas cabeças.
c) duas pessoas com números diferentes de fios de cabelo em suas cabeças.
d) duas pessoas com o mesmo número de fios de cabelo em suas cabeças.
e) pessoas com 200.000 fios de cabelo em suas cabeças.

16. **(IBGE — CESGRANRIO — 2006) Em um quarto totalmente escuro, há uma gaveta com 3 pares de meias brancas e 4 pares de meias pretas. Devido à escuridão, é impossível ver a cor das meias. Quantas meias devem ser retiradas para que se tenha certeza de que, entre as meias retiradas, haja pelo menos um par de meias pretas?**

a) 8
b) 6
c) 5
d) 4
e) 2

17. **(ANALISTA DE PLANEJAMENTO — 2006) Marcos está se arrumando para ir ao teatro com sua nova namorada, quando todas as luzes de seu apartamento apagam. Apressado, ele corre até uma de suas gavetas onde guarda 24 meias de cores diferentes, a saber: 5 pretas, 9 brancas, 7 azuis e 3 amarelas. Para que Marcos não saia com sua namorada vestindo meias de cores diferentes, o número mínimo de meias que Marcos deverá tirar da gaveta para ter a certeza de obter um par de mesma cor é igual a:**

a) 30
b) 40
c) 246
d) 124
e) 5

18. **(EXECUTIVO PÚBLICO — FCC — 2010) Num prédio de apartamentos, moram 16 famílias, todas com pelo menos um filho. Nenhuma das famílias tem mais do que 7 filhos. Nessas condições, é correto afirmar que, necessariamente,**

a) existe neste prédio pelo menos uma família com um único filho.
b) existem neste prédio pelo menos duas famílias com exatamente 2 filhos.
c) o número médio de filhos por família neste prédio é igual a 4.
d) existem neste prédio famílias com diferentes números de filhos.
e) pelo menos três famílias deste prédio têm o mesmo número de filhos.

19. **(SEFAZ — FISCAL — FCC — 2009) Numa cidade existem 10 milhões de pessoas. Nenhuma delas possui mais do que 200 mil fios de cabelo. Com esses dados, é correto afirmar que, necessariamente,**

a) existem nessa cidade duas pessoas com o mesmo número de fios de cabelo.
b) existem nessa cidade pessoas sem nenhum fio de cabelo.
c) existem nessa cidade duas pessoas com quantidades diferentes de fios de cabelo.
d) o número médio de fios de cabelo por habitante dessa cidade é maior do que 100 mil.
e) somando-se os números de fios de cabelo de todas as pessoas dessa cidade obtém-se 2×10^{12}.

20. **(TRT — FCC — 2004) Admitindo que certo Tribunal tenha 1.800 processos para serem lidos e que cada processo não possui mais do que 200 páginas, é correto afirmar que:**

a) não existem 2 processos com o mesmo número de páginas.
b) não existe processo com exatamente 9 páginas.
c) cada processo tem, em média, 9 páginas.
d) existem pelo menos 9 processos com o mesmo número de páginas.
e) mais de 100.000 páginas serão lidas na realização do serviço.

21. **(ANALISTA — TRT — FCC — 2014) Uma urna contém 14 bolas vermelhas, 15 pretas, 5 azuis e 11 verdes. Retirando-se ao acaso uma bola por vez dessa urna, o número mínimo de retiradas para se ter certeza que uma bola azul esteja entre as que foram retiradas é**

a) 6.
b) 20.
c) 1.
d) 41.
e) 40.

22. **(SEFAZ — FISCAL — 2008) Em uma urna, há 3 bolas brancas, 4 bolas azuis e 5 bolas vermelhas. As bolas serão extraídas uma a uma, sucessivamente e de maneira aleatória. O número mínimo de bolas**

que devem ser retiradas para que se possa garantir que, entre as bolas extraídas da urna, haja pelo menos uma de cada cor é:

a) 7
b) 8
c) 9
d) 10
e) 11

23. (AGENTE TÉCNICO LEGISLATIVO — 2010) Os 63 novos contratados para o cargo de agente técnico serão alocados em 21 salas atualmente vazias no prédio da Assembleia Legislativa. Cada sala terá pelo menos um agente e todo agente ficará em uma única sala. Nestas condições, pode-se concluir que, necessariamente,

a) haverá três agentes em cada sala.
b) não haverá salas com quatro agentes.
c) poderá haver uma sala com 50 agentes.
d) haverá salas com um único agente.
e) haverá pelo menos uma sala com três ou mais agentes.

24. (AGENTE ADMINISTRATIVO — 2009) Em uma gaveta, há 6 lenços brancos, 8 azuis e 9 vermelhos. Lenços serão retirados, ao acaso, de dentro dessa gaveta. Quantos lenços, no mínimo, devem ser retirados para que se possa garantir que, dentre os lenços retirados haja um de cada cor?

a) 11
b) 15
c) 16
d) 17
e) 18

25. (TÉCNICO ADMINISTRATIVO — CESGRANRIO — 2009) Em uma urna há 4 bolas: 2 azuis, 1 branca e 1 verde. É correto afirmar que

a) se 2 bolas forem retiradas dessa urna, necessariamente terão cores diferentes.
b) se 2 bolas forem retiradas dessa urna, necessariamente uma será azul.
c) se 3 bolas forem retiradas dessa urna, necessariamente todas terão cores diferentes.
d) se 3 bolas forem retiradas dessa urna, necessariamente uma será branca.
e) se 3 bolas forem retiradas dessa urna, necessariamente uma será azul.

26. (ASSISTENTE TÉCNICO ADMINISTRATIVO — CESGRANRIO — 2009) Em uma urna há 7 bolas: 3 brancas, 2 pretas, 1 verde e 1 azul. É correto afirmar que, se dessa urna forem retiradas:

a) 6 bolas, necessariamente haverá uma bola branca.
b) 5 bolas, necessariamente haverá bolas de três cores diferentes.
c) 4 bolas, necessariamente todas terão cores diferentes.
d) 3 bolas, necessariamente todas serão brancas.
e) 2 bolas, necessariamente ambas terão cores iguais.

27. (ANALISTA — 2010) Uma floresta possui 10 mil árvores. Sabe-se que cada árvore não possui mais do que mil galhos, nem mais do que 100 mil folhas. A respeito dessa floresta, é correto afirmar que há pelo menos

a) 10 árvores com o mesmo número de folhas.
b) 10 árvores com o mesmo número de galhos.
c) 10 árvores com o mesmo número de folhas e galhos.
d) 100 árvores com o mesmo número de folhas.
e) 100 árvores com o mesmo número de galhos.

28. (TRT — 2004) Em uma urna contendo 2 bolas brancas, 1 bola preta, 3 bolas cinzas, acrescenta-se 1 bola, que pode ser branca, preta ou cinza. Em seguida, retira-se dessa urna, sem reposição, um total de 5

bolas. Sabe-se que apenas 2 das bolas retiradas eram brancas e que não restaram bolas pretas na urna após a retirada. Em relação às bolas que restaram na urna, é correto afirmar que

a) ao menos uma é branca.
b) necessariamente uma é branca.
c) ao menos uma é cinza.
d) exatamente uma é cinza.
e) todas são cinzas.

29. **(BANCO DO BRASIL — 2003) julgue o item a seguir.**

— Considere que todos os 50.000 empregados ativos de uma empresa — todos com menos de 100 anos de idade — decidam adotar como senha de autoatendimento as suas datas de nascimento: dia(XX), mês(XX) e ano(XXXX). Nessa situação, conclui-se que pelo menos dois empregados dessa empresa terão senhas de autoatendimento iguais.

30. **(ANALISTA DE TI — 2008) Para embalar 132 pares de calçados, foram utilizadas 17 caixas. Sabendo-se que a capacidade máxima de cada caixa é de 8 pares, o número mínimo de calçados que pode haver em uma caixa é?**

a) 4
b) 8
c) 10
d) 12

31. **(AFTM — 2012) Para classificar uma empresa como "altamente bem avaliada pelos clientes", um órgão certificador de qualidade exige que, em qualquer grupo de 10 clientes dessa empresa, sempre existam pelo menos dois clientes que a avaliem bem, independentemente da forma como esse grupo seja escolhido. De acordo com esse critério, para que uma empresa com 60 clientes seja considerada "altamente bem avaliada pelos clientes", ela deverá ser bem avaliada por, no mínimo,**

a) 12 clientes.
b) 30 clientes.
c) 32 clientes.
d) 50 clientes.
e) 52 clientes.

32. **(IBMEC — 2009) Uma empresa possui 1.000 funcionários. No último ano, foram realizadas 2.000 reuniões internas nessa empresa (ou seja, reuniões em que todos os participantes são funcionários). Assim, é correto concluir que nesse ano, necessariamente,**

a) todos os funcionários da empresa participaram de no mínimo duas reuniões internas.
b) houve funcionários da empresa que participaram de uma única reunião interna.
c) houve reuniões internas na empresa com apenas dois participantes.
d) houve no mínimo duas reuniões internas na empresa com números de participantes diferentes.
e) houve no mínimo duas reuniões internas na empresa com o mesmo número de participantes.

33. **(IBMEC — 2006) Numa pesquisa do DATAFOLHA, publicada em 16/10/2005 na Folha de São Paulo, foram entrevistadas 450 das mil maiores empresas do Brasil, classificadas pela receita bruta. É correto afirmar que**

a) a empresa de maior receita bruta do país foi entrevistada.
b) a empresa cuja receita bruta é a milésima do país foi entrevistada.
c) a empresa cuja receita bruta é a 450ª do país foi entrevistada.
d) as 450 empresas de maior receita bruta do país foram entrevistadas.
e) das 551 empresas de maior receita bruta do país, pelo menos uma foi entrevistada.

34. **(IBMEC) Um indivíduo é dito magnético se e somente se para qualquer conjunto de dez pessoas que o conhecem, existe no conjunto pelo menos uma pessoa que simpatiza com ele. Se exatamente 100 pessoas conhecem um indivíduo, para que ele seja magnético:**

a) é suficiente que dentre as 100 pessoas que conhecem o indivíduo, pelo menos 10 simpatizem com ele.

b) é necessário e suficiente que dentre as 100 pessoas que conhecem o indivíduo, pelo menos 51 simpatizem com ele.
c) é suficiente que dentre as 100 pessoas que conhecem o indivíduo, pelo menos 90 simpatizem com ele.
d) é necessário e suficiente que dentre as 100 pessoas que conhecem o indivíduo, pelo menos 91 simpatizem com ele.
e) é necessário que as 100 pessoas que conhecem o indivíduo simpatizem com ele.

35. **(VUNESP) Sabe-se que numa sala de biblioteca existem 2.500 livros e que cada livro nunca é constituído por mais de 500 páginas. Podemos afirmar que nesta sala:**
a) o número total de páginas é superior a 500.000.
b) existem pelo menos três livros com o mesmo número de páginas.
c) existem livros com menos de 50 páginas.
d) existe pelo menos um livro com exatamente 152 páginas.
e) o número total de páginas é inferior a 900.000.

36. **(VUNESP) Sobre 20 caixas de laranjas sabemos que cada caixa contém pelo menos 52 e no máximo 68 laranjas. Podemos afirmar que:**
a) existe uma caixa com 60 laranjas.
b) existem três caixas com o mesmo número de laranjas.
c) existem duas caixas com o mesmo número de laranjas.
d) duas caixas têm sempre número diferente de laranjas.
e) existe uma caixa com mais de 52 laranjas.

37. **(TRT — 2013) A rede de supermercados "Mais Barato" possui lojas em 10 estados brasileiros, havendo 20 lojas em cada um desses estados. Em cada loja, há 5.000 clientes cadastrados, sendo que um mesmo cliente não pode ser cadastrado em duas lojas diferentes. Os clientes cadastrados recebem um cartão com seu nome, o nome da loja onde se cadastraram e o número "Cliente Mais Barato", que é uma sequência de quatro algarismos. Apenas com essas informações, é correto concluir que, necessariamente,**
a) existe pelo menos um número "Cliente Mais Barato" que está associado a 100 ou mais clientes cadastrados.
b) os números "Cliente Mais Barato" dos clientes cadastrados em uma mesma loja variam de 0001 a 5000.
c) não há dois clientes cadastrados em um mesmo estado que possuam o mesmo número "Cliente Mais Barato".
d) existem 200 clientes cadastrados no Brasil que possuem 0001 como número "Cliente Mais Barato".
e) não existe um número "Cliente Mais Barato" que esteja associado a apenas um cliente cadastrado nessa rede de supermercados.

38. **(TCE — 2012) Leia a manchete a seguir.**

Cada uma das 32 seleções que participarão da Copa do Mundo de 2014 terá de escolher uma única dentre as 12 cidades sedes para se concentrar ao longo de todo o torneio.

Considerando o conteúdo da manchete, conclui-se que, necessariamente,
a) algumas cidades serão escolhidas por duas e outras por três seleções.
b) todas as cidades sedes terão de receber pelo menos uma seleção.
c) alguma cidade sede não será escolhida por nenhuma das 32 seleções.
d) pelo menos uma cidade sede será escolhida por mais de duas seleções.
e) nenhuma cidade sede poderá receber mais do que três seleções.

39. **(VUNESP) Um jantar reúne 32 pessoas de uma mesma família. Das afirmações abaixo, referentes às pessoas reunidas, a única necessariamente verdadeira é:**

a) Pelo menos uma delas tem altura superior a 1,90 m
b) Pelo menos duas delas são do sexo feminino
c) Pelo menos duas delas fazem aniversário no mesmo dia do mês
d) Pelo menos uma delas nasceu num dia par
e) Pelo menos uma delas nasceu em janeiro ou fevereiro

40. **(VUNESP) Considerando-se um texto que contém 100 palavras, é válido afirmar que:**

a) todas as letras do alfabeto foram utilizadas.
b) há palavras repetidas.
c) pelo menos uma letra foi utilizada mais de uma vez.
d) uma das letras do alfabeto não foi utilizada.
e) não há palavras repetidas.

41. **(GESTOR ECONÔMICO) Numa sala estão 100 pessoas, todas elas com menos de 80 anos de idade. É FALSO afirmar que pelo menos duas dessas pessoas**

a) nasceram num mesmo ano.
b) nasceram num mesmo mês.
c) nasceram num mesmo dia da semana.
d) nasceram numa mesma hora do dia.
e) têm 50 anos de idade.

42. **(IBGE — 2007) Em uma caixa, há 2 bolas azuis, 3 bolas amarelas e 4 bolas pretas. Serão retiradas N bolas dessa caixa, simultaneamente e de forma totalmente aleatória. O menor valor inteiro positivo de N, para que se possa garantir que haverá bolas de todas as cores, é:**

a) 4
b) 5
c) 6
d) 7
e) 8

43. **(USP) Uma floresta tem 1.000.000 de árvores. Nenhuma árvore tem mais de 300.000 folhas. Pode-se concluir que:**

a) existem na floresta árvores com número de folhas distinto.
b) existem na floresta árvores com uma só folha.
c) existem na floresta árvores com mesmo número de folhas.
d) O número médio de folhas por árvore é 150.000.
e) O número total de folhas na floresta pode ser maior que 10^{12}.

44. **(ESPECIALISTA — FGV — 2007) Em um bosque há 180 árvores. Sabe-se que cada árvore tem pelo menos 30 folhas e que nenhuma árvore tem mais de 200 folhas. Pode-se concluir que:**

a) existe pelo menos uma árvore com 200 folhas.
b) o número médio de folhas por árvore é 115.
c) existe alguma árvore com 115 folhas.
d) o número total de folhas é certamente maior que 6.000.
e) existem pelo menos duas árvores com mesmo número de folhas.

45. **(CIÊNCIA DA COMPUTAÇÃO — 2008) O número mínimo de pessoas que deverá ter num grupo para que se possa garantir que neste grupo haja pelo menos 6 pessoas nascidas no mesmo mês é:**

a) 60
b) 61
c) 71
d) 72
e) 73

46. **(IBGE — 2007) Em uma caixa, há 2 bolas azuis, 3 bolas amarelas e 4 bolas pretas. Serão retiradas N bolas dessa caixa, simultaneamente e de forma totalmente aleatória. O menor valor inteiro positivo de N, para que se possa garantir que haverá bolas de todas as cores, é:**

a) 4
b) 5
c) 6
d) 7
e) 8

47. **(TÉCNICO — FGV — 2010) Em uma caixa, há seis bolas brancas, duas bolas azuis e quatro bolas pretas. Certo número de bolas será retirado dessa caixa simultaneamente e ao acaso. O número mínimo de bolas que deve ser retirado para que se possa afirmar que, entre as bolas retiradas, haja duas de uma mesma cor é:**

a) 3
b) 4
c) 5
d) 6
e) 7

48. **(ESPECIALISTA — FGV — 2007) Em um baú há 15 lenços brancos, 25 vermelhos e 12 pretos. O número mínimo de lenços que devem ser retirados do baú para que se possa garantir que, entre os lenços retirados, haja pelo menos quatro de mesma cor é:**

a) 44.
b) 10.
c) 12.
d) 4.
e) 45.

49. **(ANALISTA ADMINISTRATIVO — 2008) Uma sacola contém 200 bolas de cores variadas. Destas, 20 são brancas, 30 são vermelhas, 50 são azuis, 40 são verdes e 60 são pretas. O menor número de bolas que devemos retirar dessa caixa, sem olhar as suas cores, para termos a certeza de que retiramos, pelo menos, 5 bolas de mesma cor, é:**

a) 15
b) 20
c) 21
d) 25
e) 31

50. **(MPU — 2004) Ana guarda suas blusas em uma única gaveta em seu quarto. Nela encontram-se sete blusas azuis, nove amarelas, uma preta, três verdes e três vermelhas. Uma noite, no escuro, Ana abre a gaveta e pega algumas blusas. O número mínimo de blusas que Ana deve pegar para ter certeza de ter pegado ao menos duas blusas da mesma cor é**

a) 6.
b) 4.
c) 2.
d) 8.
e) 10.

51. **(ESPECIALISTA EM INFORMÁTICA) Em um almoço de confraternização há 15 participantes. Podemos afirmar que:**

a) Pelo menos dois participantes nasceram no mesmo mês.
b) 50% dos participantes nasceram no mesmo mês.
c) No máximo, três participantes nasceram no mesmo mês.
d) Pelo menos dois participantes nasceram no mesmo ano.
e) 50% dos participantes nasceram no mesmo ano.

52. **(IBGE — 2009) Sabe-se que durante o segundo semestre de um ano foram realizadas 8 reuniões, uma a cada dia, com os professores de uma determinada escola. Das afirmativas abaixo, assinale a verdadeira:**

a) Pelo menos uma das reuniões ocorreu na segunda-feira.
b) Pelo menos um deles é professor de matemática.

c) Pelo menos em dois meses houve mais de uma reunião.
d) Pelo menos duas das reuniões ocorreram no mesmo dia da semana.
e) Pelo menos um dos professores é do sexo masculino.

Gabarito

1. e	14. c	27. b	40. c
2. d	15. d	28. c	41. e
3. e	16. a	29. Certo	42. e
4. a	17. e	30. a	43. c
5. b	18. e	31. e	44. e
6. d	19. a	32. e	45. b
7. e	20. d	33. e	46. e
8. b	21. d	34. d	47. b
9. d	22. d	35. b	48. b
10. e	23. e	36. c	49. c
11. c	24. e	37. a	50. a
12. d	25. e	38. d	51. a
13. c	26. a	39. c	52. d

6 Princípios de análise combinatória

"Não há ramo na matemática, por mais abstrato que seja,
que não possa um dia vir a ser aplicado aos fenômenos do mundo real."
(Lobachevsky)

❑ PRINCÍPIO FUNDAMENTAL DA CONTAGEM

O homem começou a contar quando precisou controlar a quantidade de objetos que produzia e criava.

Com o passar dos anos, existiu a necessidade do desenvolvimento de outros métodos de contagem basicamente criados para estudo e compreensão dos jogos de azar, tais como dados, cartas etc.

A ideia básica era desenvolver um sistema de enumerar os possíveis resultados de escolha entre os diversos agrupamentos de um conjunto finito.

A análise combinatória está fundamentada no Princípio Fundamental da Contagem ou Princípio Multiplicativo.

Esse princípio consiste essencialmente em enumerarmos os elementos de um conjunto.

Dados dois conjuntos $\Omega = \{a, b, c\}$ e $\psi = \{d, e\}$, define-se o *produto cartesiano* desses como sendo o conjunto dos pares ordenados formados com os elementos de Ω *e* ψ da seguinte forma:

$\Omega \times \psi = \{a, b, c\} \times \{d, e\} = \{(a, d), (a, e), (b, d), (b, e), (c, d), (c, e)\}$

que é o produto cartesiano dos conjuntos Ω e ψ.

Podemos dispor o produto num quadro da seguinte forma:

2

	Ω \ ψ	*d*	*e*
3	*a*	*(a, d)*	*(a, e)*
	b	*(b, d)*	*(b, e)*
	c	*(c, d)*	*(c, e)*

Observamos que nos dois casos existem 6 pares ordenados, ou seja, 2×3.

Podemos também dispor esse produto cartesiano de outra forma:

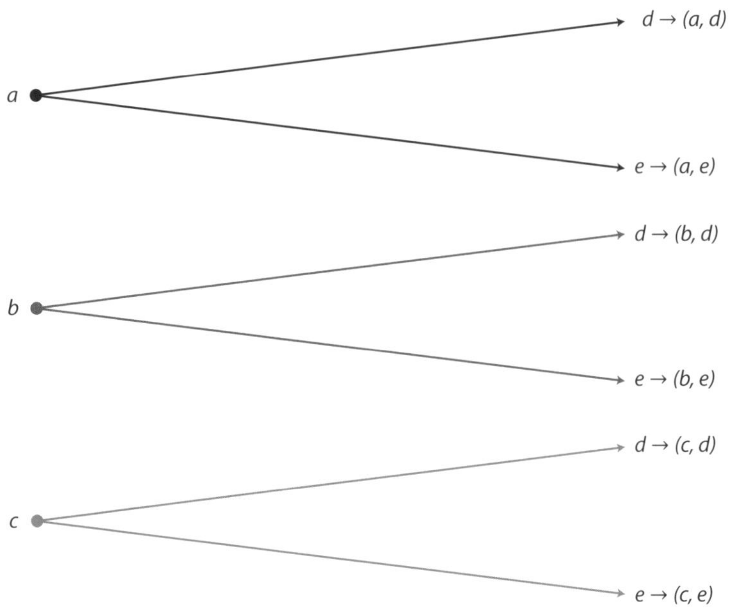

Pode-se observar, de acordo com o exposto acima, que o produto cartesiano é basicamente a formação de um novo conjunto de tal forma que cada elemento do primeiro conjunto se une a cada elemento do segundo separadamente.

Note que o elemento "*a*" do 1° conjunto forma par ordenado com os elementos "*d*" e "*e*" do 2° conjunto, consequentemente os pares ordenados (*a, d) e (a, e*) são formados, em seguida o elemento "*b*" do 1° conjunto se une com os elementos "*d*" e "*e*" do 2° conjunto, consequentemente os pares ordenados (*b, d) e (b, e*) são formados e, realizando-se essa mesma operação com o elemento "*c*", obteremos o produto cartesiano.

A organização dos pares ordenados exposta acima é também chamada de *diagrama de árvore* ou *árvore de possibilidades.*

Produto cartesiano = {(a, d), (a, e), (b, d), (b, e), (c, d), (c, e)}.

Podemos enunciar a seguinte Lei: *"Dados dois conjuntos não vazios sendo o conjunto A com m elementos e o conjunto B com n elementos, o número de elementos do produto cartesiano A × B é dado pela Multiplicação m × n".*

Exemplo 1. Num grupo de 4 rapazes e 3 moças, de quantos modos podemos escolher um rapaz e uma moça para trabalharem como seguranças da festa de formatura?

Resolução: Formaremos inicialmente os conjuntos apresentados no problema:

A = {R1, R2, R3, R4} -------------- Conjunto dos Rapazes.

B = {M1, M2, M3} ----------------- Conjunto das Moças.

Devemos fazer o produto cartesiano:

3

	B \ A	M1	M2	M3
4	R1	(R1, M1)	(R1, M2)	(R1, M3)
	R2	(R2, M1)	(R2, M2)	(R2, M3)
	R3	(R3, M1)	(R3, M2)	(R3, M3)
	R4	(R4, M1)	(R4, M2)	(R4, M3)

Logo pela observação do quadro acima se pode comprovar que o número de pares ordenados formados por moças e rapazes é 12, já que o conjunto dos rapazes possui 4 elementos e o conjunto das moças possui 3 elementos, o número de elementos do produto cartesiano é a multiplicação 3 × 4 = 12 elementos.

O Princípio Fundamental da Contagem ou Princípio Multiplicativo pode ser enunciado da seguinte forma:

"Se um evento A pode ocorrer de m maneiras diferentes bem como um evento B pode ocorrer de n maneiras diferentes, tem-se que o número de maneiras de ocorrer o evento A seguido pelo evento B e vice-versa será dado pela Multiplicação m × n."

Devemos notar que se trata do produto cartesiano entre os conjuntos A e B. Na análise combinatória é importante identificar o número de elementos do produto cartesiano, mesmo porque muitas vezes se torna extremamente trabalhoso construirmos o produto cartesiano entre conjuntos com grande número de elementos.

Dessa forma podemos intuitivamente enunciar o princípio para vários conjuntos:

"Se um evento A1 pode ocorrer de m1 maneiras diferentes, bem como um evento A2 pode ocorrer de m2, e assim sucessivamente até An, que pode ocorrer de mn maneiras diferentes, o número de maneiras de ocorrer os eventos seguidos Ai onde i = (1, 2, 3, 4, 5, ..., n) será dado pelo produto m1 × m2 × m3 × m4 × ... × mn."

Exemplo 2. Num restaurante existem basicamente 7 tipos de saladas, 4 tipos de carne e 3 tipos de cereais, Uma pessoa que deseja almoçar poderá escolher quantos tipos diferentes de prato para comer?

Resolução: Os conjuntos apresentados no problema:

Saladas = {S1, S2, S3, S4, S5, S6, S7} ------ 7 tipos de saladas.

Carnes = {C1, C2, C3, C4} ------------------- 4 tipos de carnes.

Cereais = {Ce1, Ce2, Ce3} ------------------ 3 tipos de cereais.

O número de pratos que um cliente pode formar é o número de elementos do produto cartesiano dos dois conjuntos:

7 × 4 × 3 = 84 tipos de saladas.

Exemplo 3. Sabe-se que um código de computador é composto por 4 dígitos que podem ser letras, números ou sinais de operações matemáticas, um indivíduo deseja saber o código e sabe que o primeiro dígito é uma das letras do alfabeto, o segundo e o terceiro dígitos são sinais de operações matemáticas elementares e o quarto dígito é um número, Pergunta-se quantas senhas devem ser digitadas segundo as características acima para o indivíduo que deseja encontrar o código correto?

Resolução: Os conjuntos apresentados no problema:

1° dígito: Letras do alfabeto = {a, b, c, d, ..., z} ------ 23 letras.

2° dígito: Sinais das operações = {+, −, ÷, ×} -------- 4 sinais.

3° dígito: Sinais das operações = {+, −, ÷, ×} -------- 4 sinais.

4° dígito: Números = {0, 1, 2, 3, 4, 5, 6, 7, 8, 9} ----- 10 números.

Portanto, o número total será: *23 × 4 × 4 × 10 = 3.680 códigos distintos.*

Obs.: Devemos notar que, no exemplo 2 e no exemplo 3, os números de elementos do produto cartesiano são respectivamente 84 elementos e 3.680 elementos.

No exemplo 2 são 84 ternos ordenados e no exemplo 3 são 3.680 quadras ordenadas.

❑ PRINCÍPIO ADITIVO

Quando introduzimos o Princípio Multiplicativo, começamos pelo estudo do produto cartesiano entre conjuntos, de forma análoga, antes de apresentarmos o *Princípio Aditivo*, começaremos pelo estudo da união (reunião) entre conjuntos.

Supondo dois conjuntos $\Omega = \{a, b, c\}$ e $\psi = \{d, e\}$, define-se a união (reunião) desses conjuntos como sendo o conjunto formado pelos elementos que pertencem a Ω *ou* ψ.

$\Omega \cup \psi = \{a, b, c\} \cup \{d, e\} = \{a, b, c, d, e\}$

que é a reunião dos conjuntos Ω e ψ.

Observemos que a reunião possui 5 elementos.

Podemos enunciar a seguinte Lei: *"Dados dois conjuntos não vazios mutuamente excludentes sendo A com m elementos e o conjunto B com n elementos, o número de elementos da união A ∪ B é dado pela soma m + n".*

Exemplo 4. Num grupo de 4 rapazes e 3 moças, de quantos modos podemos escolher um rapaz ou uma moça para trabalhar como recepcionista da festa de formatura?

Resolução: Os conjuntos apresentados no problema:

A = {R1, R2, R3, R4} ------------------------- Conjunto dos Rapazes.
B = {M1, M2, M3} ---------------------------- Conjunto das Moças.

Devemos fazer a união:

O conjunto A possui 4 elementos.

O conjunto B possui 3 elementos.

Portanto a união terá 4 + 3 = 7 elementos; indicamos a união por:

A ∪ B = {R1, R2, R3, R4} ∪ {M1, M2, M3} = {R1, R2, R3, R4, M1, M2, M3}

Em alguns problemas devemos utilizar simultaneamente o Princípio Multiplicativo (Princípio Fundamental da Contagem) e o Princípio Aditivo.

❑ APLICAÇÕES DO PRINCÍPIO ADITIVO E MULTIPLICATIVO

Exemplo 5. João Davi mostrou a seu colega livros de três matérias, sendo 7 de Biologia, 6 de História e 4 de Literatura, e pediu que escolhesse dois livros de presente com uma única restrição, que fossem de matérias distintas. Quantas são as possíveis escolhas para o colega de João?

Resolução:

1ª possibilidade: Biologia e História = 7 × 6 = 42.

ou

2ª possibilidade: Biologia e Literatura = 7 × 4 = 28.

ou

3ª possibilidade: Literatura e História = 4 × 6 = 24.

Portanto, o número total será: *42 + 28 + 24 = 94 possíveis escolhas.*

Obs.: *Sempre que existir uma possibilidade "ou" outra para escolhermos, tratar-se-á da união de conjuntos, ou seja, do Princípio Aditivo; deve-se, portanto, somar os resultados obtidos.*

Exemplo 6. Quantos números de 4 algarismos temos no nosso sistema de numeração?

Resolução: O conjunto a ser analisado será o sistema decimal {0, 1, 2, 3, 4, 5, 6, 7, 8, 9}.

Para o algarismo das unidades, dezenas e centenas, podemos escolher qualquer elemento do conjunto acima; para o algarismo do milhar, podemos colocar qualquer número exceto o "0", uma vez que, se acrescentarmos o "0" na casa do milhar, o número passa a ser de três algarismos.

Devemos imaginar um número com 4 algarismos:

9 10 10 10

Pelo Princípio Multiplicativo teremos: *9 × 10 × 10 × 10 = 9.000 números.*

Obs.: *"Quando existir uma restrição, deve-se satisfazê-la primeiro, já que a restrição afetará o resultado final da contagem".*

Exemplo 7. Quantos números de 4 algarismos *pares* temos no nosso sistema de numeração?

Resolução: O conjunto a ser analisado será o sistema decimal {0, 1, 2, 3, 4, 5, 6, 7, 8, 9}.

Para o número ser par, o algarismo das unidades deverá ser par, devemos portanto satisfazer essa restrição.

Não esquecendo que, no algarismo dos milhares, não se pode colocar o "0".

Devemos imaginar um número com 4 algarismos:

9 10 10 5 = {0, 2, 4, 6, 8}

Pelo Princípio Multiplicativo teremos: *9 × 10 × 10 × 5 = 4.500 números.*

Exemplo 8. Quantos números de 4 algarismos *pares* e maiores que 6.000 temos no sistema de numeração decimal?

Resolução: Considerando o conjunto {0, 1, 2, 3, 4, 5, 6, 7, 8, 9}.

Para o número ser par, o algarismo das unidades deverá ser par, devemos portanto satisfazer essa restrição.

Não esquecendo que, no algarismo dos milhares, não se pode colocar o "0".

Para o número ser maior que 6.000, o algarismo do milhar deve ser {6, 7, 8, 9}.

Devemos Imaginar um número com 4 algarismos:

4 10 10 5 = {0, 2, 4, 6, 8}

Pelo Princípio Multiplicativo teremos: *4 × 10 × 10 × 5 = 2.000 números.*

Exemplo 9. Quantos números de 4 algarismos *distintos ímpares* temos no sistema de numeração decimal?

Resolução: Considerando o conjunto {0, 1, 2, 3, 4, 5, 6, 7, 8, 9}.

Para o número ser ímpar, o algarismo das unidades deverá ser ímpar, devemos portanto satisfazer essa restrição.

Não esquecendo que os algarismos utilizados devem ser distintos.

Começando pela restrição:

8 8 7 5 = {1, 3, 5, 7, 9}

O algarismo do milhar não poderá ser ocupado pelo "0" e não poderá ser ocupado pelo número ímpar que supostamente foi colocado no lugar dos algarismos das unidades, portanto, serão 8 possibilidades.

O algarismo das centenas não poderá ser ocupado pelo algarismo que supostamente foi colocado no lugar do algarismo das unidades nem pelo algarismo do milhar, entretanto no algarismo das centenas não há restrição para o "0", ou seja, ele pode ocupar esse lugar, portanto, teremos novamente 8 possibilidades.

O algarismo das dezenas não poderá ser ocupado pelo algarismo que supostamente foi colocado no lugar do algarismo das unidades nem pelo algarismo das centenas nem pelo algarismo do milhar, portanto, serão 7 possibilidades, posto que os algarismos devem ser distintos.

Pelo Princípio Multiplicativo teremos: *8 × 8 × 7 × 5 = 2.240 números.*

Exemplo 10. Existem 5 rodovias ligando a cidade A à cidade B e 4 ferrovias Ligando a cidade B à cidade C, conforme esquema abaixo. Calcule quantos caminhos diferentes uma pessoa que deseja viajar de A até C poderá percorrer?

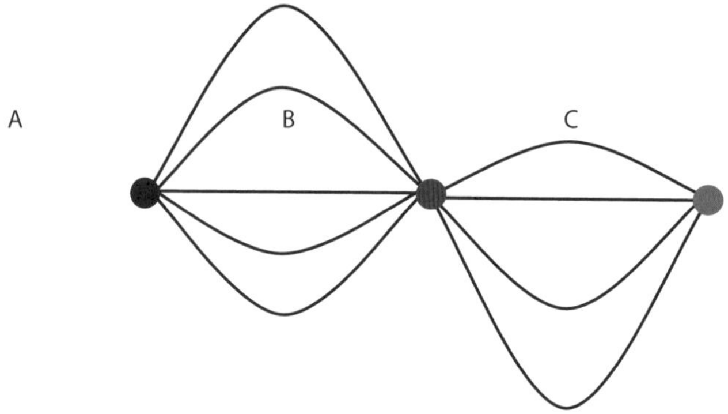

Resolução: Teremos de acordo com o enunciado 2 conjuntos.

A = {R1, R2, R3, R4, R5} ----------------- Conjunto das Rodovias que ligam a cidade A à cidade B.

B = {F1, F2, F3, F4} ----------------------- Conjunto das Ferrovias que ligam a cidade B à cidade C.

Pelo Princípio Multiplicativo, devemos encontrar o número de elementos do produto cartesiano entre os dois conjuntos, portanto: *4 × 5 = 20 caminhos diferentes.*

❑ PROBLEMAS RESOLVIDOS

1. (FGV) Um restaurante oferece no cardápio 2 saladas distintas, 4 tipos de pratos de carne, 5 variedades de bebidas e 3 sobremesas diferentes. Uma pessoa deseja uma salada, um prato de carne, uma bebida e uma sobremesa. De quantas maneiras a pessoa poderá fazer seu pedido?

Pelo PFA (Princípio Fundamental da Contagem) teremos: 2 × 4 × 5 × 3 = 120 maneiras distintas.

Resposta: 120

2. (FGV) As placas de automóveis constam de duas letras e quatro algarismos, calcule o número de placas que podem ser fabricadas com as letras P, Q e R e os algarismos 0, 1, 7 e 8.

Temos de acordo com o enunciado 3 letras e 4 números:

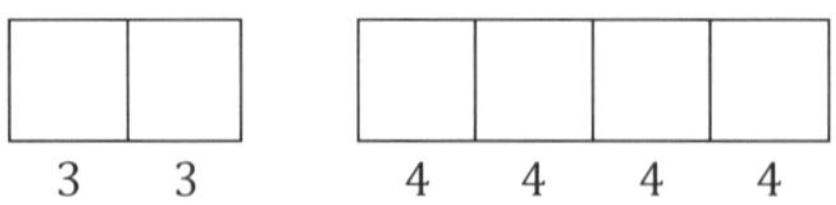

Pelo PM (Princípio Fundamental da Contagem ou Princípio Multiplicativo) teremos: 3 × 3 × 4 × 4 × 4 × 4 = 2.304 placas.

Resposta: 2.304

3. A escrita Braille para cegos é um sistema de símbolos no qual cada caractere é formado por uma matriz de 6 pontos, dos quais pelo menos um se destaca em relação aos outros. Assim, por exemplo:

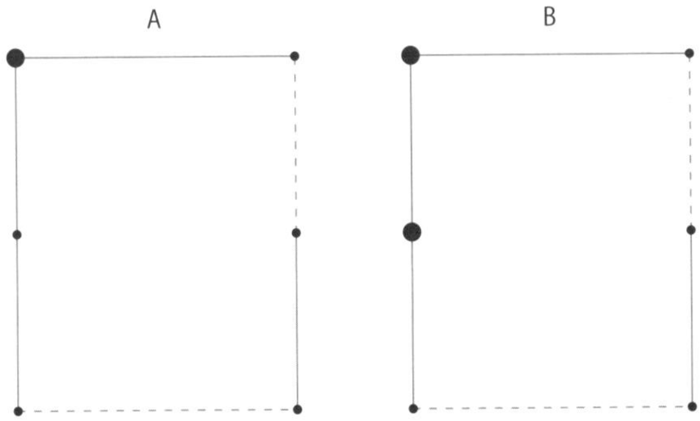

Qual o número máximo de caracteres distintos que podem ser representados neste sistema de escrita?

Para cada ponto teremos:

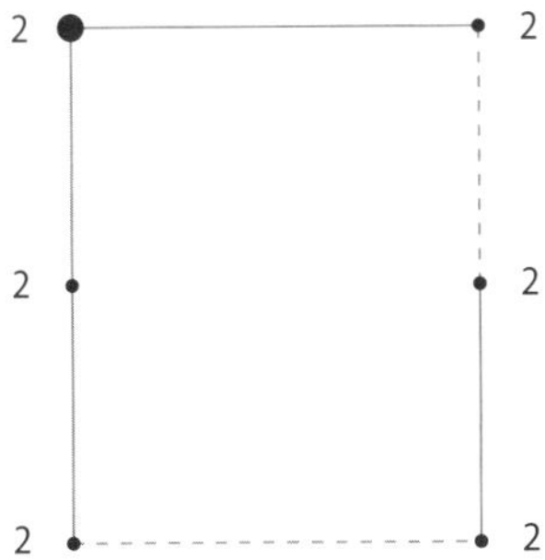

Pelo Princípio Multiplicativo teremos: $2 \times 2 \times 2 \times 2 \times 2 \times 2 = 64$ número total de possibilidades, entretanto, de acordo com o enunciado, a opção na qual nenhum se destaca está descartada, portanto será $64 - 1$.

Resposta: 63 caracteres distintos

4. De uma urna contendo 10 bolas coloridas, sendo 4 brancas, 3 pretas, 2 vermelhas e 1 verde, retiram-se, de uma vez, 4 bolas. Calcule os casos possíveis em que aparecem exatamente uma bola de cada cor.

Pelo PFA (Princípio Fundamental da Contagem) teremos: $4 \times 3 \times 2 \times 1 = 24$ casos possíveis.

Resposta: 24

5. 5 Rapazes e 5 moças devem posar para fotografia, ocupando os 5 degraus de uma escada, de modo que em cada degrau fique um casal. De quantas maneiras diferentes podemos dispor esse grupo?

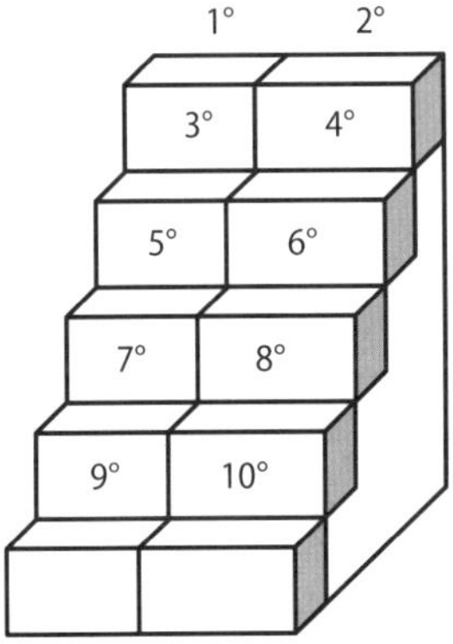

De acordo com o enunciado, teremos o conjunto {R1, R2, R3, R4, R5, M1, M2, M3, M4, M5}.

De acordo com a figura anterior, para a 1ª posição podemos escolher qualquer membro do conjunto acima, portanto teremos 10 possibilidades.

Já na 2ª posição, como queremos a presença de um casal, teremos 5 possibilidades. Suponha que coloquemos um rapaz na primeira posição, por consequência na 2ª posição poderemos somente escolher dentre as moças para formar o casal, portanto 5 possibilidades.

A partir do momento em que o 1º degrau foi preenchido, na 3ª posição do 2º degrau teremos 8 possibilidades, e, por analogia com o exemplo anterior, na 4ª posição restarão 4 possibilidades.

Seguindo esse raciocínio, as possibilidades podem ser expressas da seguinte forma:

1ª posição: 10 possibilidades
2ª posição: 5 possibilidades
3ª posição: 8 possibilidades
4ª posição: 4 possibilidades
5ª posição: 6 possibilidades
6ª posição: 3 possibilidades
7ª posição: 4 possibilidades
8ª posição: 2 possibilidades
9ª posição: 2 possibilidades
10ª posição: 1 possibilidade

Pelo Princípio Fundamental da Contagem teremos: $10 \times 5 \times 8 \times 4 \times 6 \times 3 \times 4 \times 2 \times 2 \times 1 =$ 460.800 maneiras distintas.

Resposta: 460.800

6. Um turista, em viagem de férias pela Europa, observou pelo mapa que, para ir da cidade A à cidade B, havia três rodovias e duas ferrovias e que, para ir de B até uma outra cidade, C, havia duas rodovias e duas ferrovias. Calcule o número de percursos diferentes que o turista pode fazer para ir de A até C, passando pela cidade B e utilizando rodovia e trem obrigatoriamente, mas em qualquer ordem.

De acordo com o enunciado:

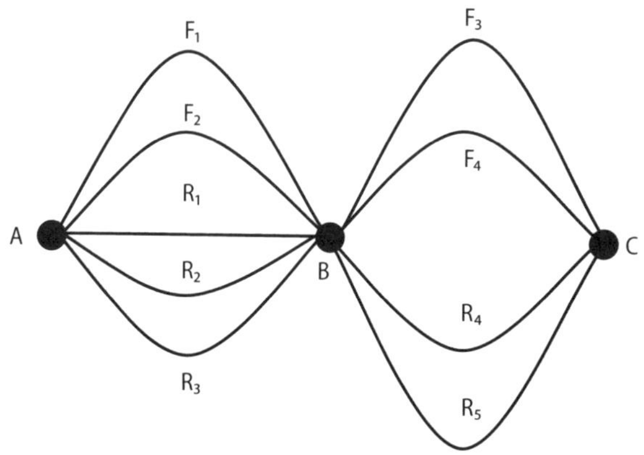

1º caso

Podemos escolher da cidade A para a cidade B ferrovia e da cidade B para a cidade C rodovia; neste caso: A – B: 2 ferrovias; B – C: 2 rodovias.

Portanto, pelo Princípio Fundamental da Contagem: $2 \times 2 = 4$ caminhos.

2º caso

Por outro lado, podemos escolher da cidade A para a cidade B rodovia e da cidade B para a cidade C ferrovia. Neste caso: A – B: 3 rodovias; B – C: 2 ferrovias, portanto $3 \times 2 = 6$ caminhos.

Pode-se escolher, portanto, o 1º caso *ou* o 2º caso. Pelo Princípio Aditivo teremos: $4 + 6 = 10$ caminhos distintos.

Resposta: 10

7. Considere todas as trinta e duas sequências, com cinco elementos cada uma, que podem ser formadas com os algarismos 0 e 1. Quantas dessas sequências possuem *pelo menos* três zeros em posições consecutivas?

Podemos dividir o problema em três partes:

1º caso

0	0	0		
			2	2

$= 2 \times 2 = 4$ números

2º caso

ou

	0	0	0	
2				2

$= 2 \times 2 = 4$ números

3º caso

ou

		0	0	0
2	2			

$= 2 \times 2 = 4$ números

No entanto devemos observar que o número 00000 se repete nos três casos, devemos portanto subtrair 2 ocorrências, o número 00001 se repete no 1º e no 2º casos, devemos portanto subtrair 1 ocorrência, e o número 10000 se repete no 2º e no 3º casos, devemos portanto subtrair 1 ocorrência.

Portanto teremos: $4 + 4 + 4 - 2 - 1 - 1 = 8$ números.

Resposta: 8

8. Quantos são os números inteiros positivos de 5 algarismos que não possuem algarismos adjacentes iguais?

Imaginando um número de cinco algarismos, no sistema decimal devemos considerar o conjunto {0, 1, 2, 3, 4, 5, 6, 7, 8, 9}.

Não podemos esquecer que o zero é proibido na primeira casa, portanto para a 1ª casa teremos 9 possibilidades:

9				

Na 2ª casa, obedecendo à restrição podemos colocar todos os números exceto o número que supostamente foi colocado na 1ª casa (casa adjacente à 2ª casa), portanto:

9	9			

Na 3ª casa, obedecendo à restrição podemos colocar todos os números exceto o número que supostamente foi colocado na 2ª casa (casa adjacente à 3ª casa), portanto teremos novamente 9 possibilidades:

9	9	9		

Seguindo esse raciocínio, observa-se que teremos:

9	9	9	9	9

Pelo PM (Princípio Multiplicativo), obteremos: 9 × 9 × 9 × 9 × 9 = 59.049 números.

Resposta: 59.049

9. Calcule quantos números ímpares de 3 algarismos se pode formar usando-se os algarismos 0, 1, 2, 3, 4.

Para obtermos números ímpares, o algarismo das unidades deverá ser ímpar, devemos atender primeiro a essa *restrição*:

		2

O algarismo das centenas poderá ser ocupado por qualquer número diferente do "0", portanto:

4		2

e o algarismo das dezenas por qualquer número sem qualquer restrição, portanto:

4	5	2

Logo pelo PM ou PFA: 4 × 5 × 2 = 40 números.

Resposta: 40

10. Usando-se 5 dos algarismos 1, 2, 3, 4, 5, 6, 7, sem repeti-los, calcule a quantidade de números naturais pares que se pode formar.

Para obtermos números pares, o algarismo das unidades deverá ser par, satisfazendo essa *restrição*:

				3 = {2, 4, 6}

Na 1ª casa teremos que excluir o número que supostamente foi colocado na última casa:

6				3 = {2, 4, 6}

Seguindo o mesmo raciocínio anterior teremos:

6	5	4	3	3

Logo pelo PM ou PFA: 6 × 5 × 4 × 3 × 3 = 1.080 números.

Resposta: 1.080

11. Determine quantos números de 4 algarismos diferentes podem ser formados com os algarismos 0, 1, 2, 3, 4, 5. Obs.: Considere os números iniciados com o algarismo 0 (por exemplo, 0123), números de 3 algarismos.

Excluindo o *zero* da 1ª casa de acordo com a observação:

5	5	4	3

Deve-se notar que as 5 possibilidades na 2ª casa se devem a podermos colocar o *zero*.

Logo pelo PM ou PFA: $5 \times 5 \times 4 \times 3 = 300$ números.

Resposta: 300

12. Um construtor dispõe de quatro cores (verde, amarelo, cinza e bege) para pintar cinco casas dispostas lado a lado. Ele deseja que cada casa seja pintada com apenas uma cor e que duas casas consecutivas não possuam a mesma cor.

Por exemplo, duas possibilidades diferentes de pintura seriam:

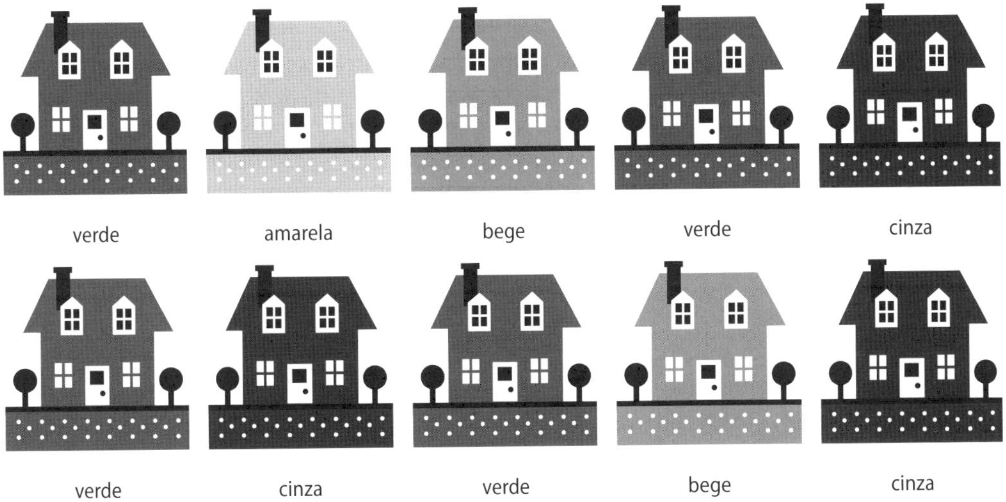

Determine o número de possibilidades diferentes de pintura.

Imaginemos o esquema abaixo para indicar as casas:

4	3	3	3	3

Logo pelo PM ou PFA: $4 \times 3 \times 3 \times 3 \times 3 = 324$ possibilidades diferentes de pintura.

Resposta: 324

13. No sistema decimal, quantos números de cinco algarismos (sem repetição) podemos escrever, de modo que os algarismos 0 (zero), 2 (dois) e 4 (quatro) apareçam agrupados? Obs.: Considerar somente números de cinco algarismos em que o primeiro algarismo é diferente de zero.

Nosso conjunto será no sistema decimal {0, 1, 2, 3, 4, 5, 6, 7, 8, 9}.

1º caso: 3 primeiras casas ocupadas por 0, 2, ou 4.

2	2	1	7	6

2º caso: 2ª, 3ª e 4ª casas ocupadas por 0, 2, ou 4.

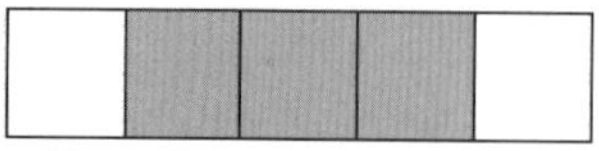

7 3 2 1 6

3º caso: 3ª, 4ª e 5ª casas ocupadas por 0, 2, ou 4.

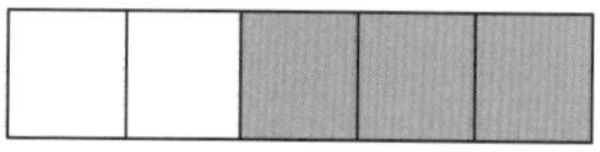

7 6 3 2 1

Logo pelo PM ou PFA teremos:

1º caso: 2 × 2 × 1 × 7 × 6 = 168 números.

2º caso: 7 × 3 × 2 × 1 × 6 = 252 números.

3º caso: 7 × 6 × 3 × 2 × 1 = 252 números.

Pelo Princípio Aditivo: 164 + 252 + 252 = 672 números.

Resposta: 672

14. Seja um barco com 8 lugares, numerados como no diagrama abaixo. Há 8 remadores possíveis para guarnecê-lo, com as seguintes restrições: Os remadores A e B só podem ocupar posições ímpares e o remador C, posição par. Os remadores D, E, F, G e H podem ocupar quaisquer posições. Quantas configurações podem ser obtidas com o barco totalmente guarnecido?

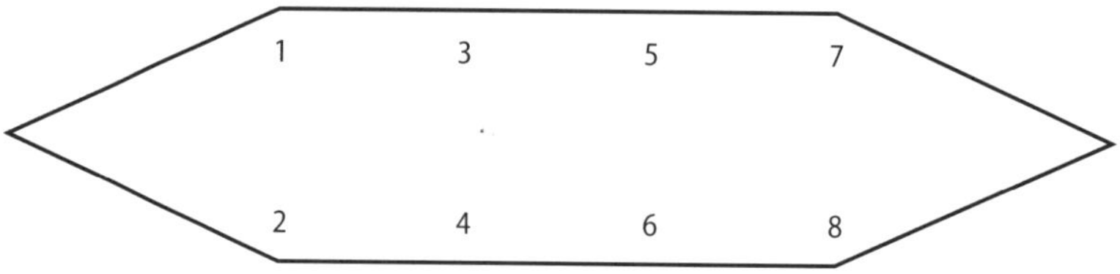

De acordo com o enunciado:

Remadores:	A	B	C	D	E	F	G	H
Possibilidades:	4	3	4	5	4	3	2	1

Aplicando o PFA: 4 × 3 × 4 × 5 × 4 × 3 × 2 × 1 = 5.760 configurações.

Resposta: 5.760

15. (FGV) Um "bit" é um dos algarismos 0 ou 1. Calcule o número de sequências de 10 bits que podem ser formadas.

Observe que cada casa pode ser ocupada por 0 ou 1, ou seja, 2 possibilidades.

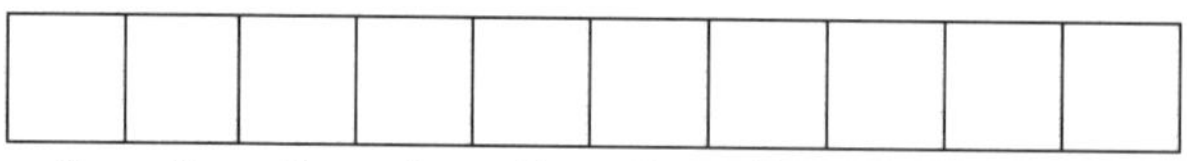

2 2 2 2 2 2 2 2 2 2

Logo teremos: 2 × 2 × 2 × 2 × 2 × 2 × 2 × 2 × 2 × 2 = 1.024 números.

Resposta: 1.024

16. 12 cavaleiros estão sentados em torno de uma mesa redonda. Cada um dos 12 cavaleiros considera seus vizinhos como rivais. Deseja-se formar um grupo de cinco cavaleiros para libertar uma princesa. Nesse grupo não poderá haver cavaleiros rivais. Determine de quantas maneiras é possível escolher esse grupo.

Imaginando o conjunto dos cavaleiros:

Cavaleiros: C1 C2 C3 C4 C5 C6 C7 C8 C9 C10 C11 C12

Devemos analisar as possibilidades para formar o grupo de cavaleiros:

Inicialmente podemos escolher qualquer um dos cavaleiros:

12				

Para continuarmos analisando, imaginemos que C1 tenha sido escolhido na 1ª casa, logo na segunda casa não poderemos colocar seus inimigos que são C2 e C12, portanto teremos 9 possibilidades, dessa forma:

12	9			

Imaginemos que C4 tenha sido escolhido na segunda casa, logo não poderemos colocar seus inimigos, que são C3 e C5; como C2 já estava descartado, teremos 9 possibilidades, dessa forma:

12	9	6		

Imaginemos que C5 tenha sido escolhido na segunda casa, logo não poderemos colocar seus inimigos que são C4 e C6, como C4 já estava descartado, portanto teremos novamente 8 possibilidades, dessa forma:

12	9	6	3	1

Portanto aplicando PM: $12 \times 9 \times 6 \times 3 \times 1 = 1.944$ possibilidades.

Resposta: 1.944

17. O sistema de segurança de uma casa utiliza um teclado numérico, conforme ilustrado na figura. Um ladrão observa de longe e percebe que:

— A senha utilizada possui 4 dígitos;

— O primeiro e o último dígito encontram-se numa mesma linha;

— O segundo e o terceiro dígitos encontram-se na linha imediatamente superior.

Calcule o número de senhas que deverão ser experimentadas pelo ladrão para que com certeza ele consiga entrar na casa.

1	2	3
4	5	6
7	8	9
	0	

De acordo com o enunciado podemos escolher o primeiro e o último dígito nas seguintes linhas:

2ª linha

3	3	3	3	= 81 senhas

3ª linha

3	3	3	3	=	81 senhas

4ª linha (última linha)

1	3	3	1	=	9 senhas

Portanto o total será: 81 + 81 + 9 = 171 senhas.

Resposta: 171

"Ah, prometo àqueles meus professores desiludidos que na próxima vida eu vou ser um grande matemático. Porque a matemática é o único pensamento sem dor."

(Mário Quintana — 1986)

❑ PERMUTAÇÕES

Comecemos por entender o significado da palavra permutar.

Segundo o Dicionário Aurélio, **permutação** [Do lat. *Permutatione*] *S. f.*

1. Ato ou Efeito de permutar, trocar;
2. Substituição;
3. Transposição dos elementos de um todo para se obter uma nova combinação;
4. Substituição de uma letra por outra.

De acordo com o exposto acima, *permutação* claramente envolve *troca de elementos*. Na análise combinatória as permutações de objetos tais como números, letras, pessoas etc. serão bastante exploradas.

"Uma permutação de n objetos distintos é qualquer agrupamento ordenado desses objetos."

Exemplo 1. Obter todas as permutações dos elementos do conjunto {a, b, c}.

Resolução: Observa-se que os elementos são as letras *a, b* e *c*; teremos, portanto, que construir todas as sequências.

abc acb bac bca cab cba

Note que as letras *a, b* e *c* trocaram de posições entre si.

Consideremos todas as permutações obtidas, podemos imaginar que as letras são candidatas a ocupar 3 posições predeterminadas, dessa forma, para a primeira posição podemos colocar qualquer uma das três letras:

1ª	2ª	3ª
3		

Para a segunda posição, levando-se em consideração que uma das letras foi colocada na 1ª posição teremos, portanto 2 possibilidades.

1ª	2ª	3ª
3	2	

Para a terceira posição, levando-se em consideração que uma das letras foi colocada na 1ª posição e outra foi colocada na segunda posição restará apenas 1 letra.

1ª	2ª	3ª
3	2	1

Pelo Princípio Fundamental da Contagem (*Princípio Multiplicativo*) o total será: $3 \times 2 \times 1 = 6$ grupamentos.

Resposta: 6

O leitor eventualmente pode estar se perguntando, se aplicamos o PFC (*Princípio Fundamental da Contagem*), por que aprendermos Fatorial.

No exemplo exposto utilizamos 3 letras, entretanto se considerarmos n objetos distintos, teremos a seguinte configuração:

1ª	2ª	3ª		nª
n	n – 1	n – 2		1

Pelo Princípio Fundamental da Contagem, temos que o número total de permutações será dado por: $n \times (n-1) \times (n-2) \times ... \times 1 = n!$

Poderíamos resolver o exemplo anterior, simplesmente calculando $3! = 3 \times 2 \times 1 = 6$.

Generalizando, se quisermos descobrir o número de permutações de n elementos distintos, utilizaremos para simplificar a fórmula:

$$P_n = n \times (n-1) \times (n-2) ... 1 = n!$$

Observa-se que fatorial é uma ferramenta matemática para calcularmos o número de permutações.

Exemplo 2. Quantos são os anagramas da palavra CATORZE?

Denomina-se *ANAGRAMA* as permutações das letras de uma palavra.

Resolução: Observa-se que a palavra possui 7 letras, portanto temos que calcular P_7:

$P_7 = 7! = 7 \times 6 \times 5 \times 4 \times 3 \times 2 \times 1 = 5.040$ anagramas.

Resposta: 5.040

❑ PROBLEMAS RESOLVIDOS

1. Considerando os anagramas da palavra DINAMUCO pergunta-se:

a) Quantos anagramas existem?

b) Quantos anagramas começam pelas letras DIN juntas e nessa ordem?

c) Quantos anagramas começam pelas letras DIN juntas, porém não necessariamente nessa ordem?

d) Quantos anagramas começam por vogal e terminam por consoante?

e) Quantos anagramas começam pela sílaba DI e terminam pela sílaba CO nessas ordens?

f) Quantos anagramas começam pela letra D e terminam pela letra O?

g) Quantos anagramas terminam pelas letras NM juntas e nessa ordem?

h) Quantos anagramas possuem as letras NM juntas e nessa ordem, ou seja, as letras NM podem ocupar qualquer posição?

i) Quantos anagramas começam pelas letras MICO juntas?

Resolução:

a) Para calcularmos todos os anagramas, temos que obter quantas permutações existem, portanto:

P_8

Como temos 8 letras: $P_8 = 8! = 8 \times 7 \times 6 \times 5 \times 4 \times 3 \times 2 \times 1 = 40.320$ anagramas.
Resposta: 40.320

b) Começando pelas Letras DIN, devemos fixá-las e mantê-las na mesma ordem como segue:

D	I	N					

P_5

Restarão 5 letras para permutarmos: $P_5 = 5! = 5 \times 4 \times 3 \times 2 \times 1 = 120$ anagramas.
Resposta: 120

c) Começando pelas Letras DIN, devemos fixá-las, como elas não necessitam permanecer na mesma ordem, teremos que permutá-las também:

D	I	N					

P_3 P_5

Restarão 5 letras para permutarmos: $P_5 \times P_3 = 5! \times 3! = 120 \times 6 = 720$ anagramas.
Resposta: 720

d) Começando pelas vogais e terminando com as consoantes teremos:

4 P_6 4

Pelo Princípio Fundamental da Contagem: $P_6 \times 4 \times 4 = 6! \times 4 \times 4 = 720 \times 16 = 11.520$ anagramas.
Resposta: 11.520

e) Começando pela sílaba DI e terminando pela sílaba CO teremos:

D	I					C	O

P_4

$P_4 = 4! = 24$ anagramas.
Resposta: 24

f) Começando pela letra D e terminando pela letra O teremos:

D							O

P_6

$P_6 = 6! = 720$ anagramas.
Resposta: 720

g) Terminando pelas letras NM juntas teremos:

						N	M

P_6

$P_6 = 6! = 720$ anagramas.
Resposta: 720

h) Teremos agora que considerar as letras NM como *um único bloco*:

						N M

P_7

$P_7 = 7! = 7 \times 720 = 5.040$ anagramas.
Resposta: 5.040

i) Terminando pelas letras MICO juntas teremos:

				M	I	C	O

P_4 P_4

$P_4 \times P_4 = 4! \times 4! = 24 \times 24 = 576$ anagramas.
Resposta: 576

2. Quatro amigos vão ocupar as poltronas a, b, c, d de um ônibus dispostas na mesma fila horizontal, mas em lados diferentes em relação ao corredor, conforme a ilustração.

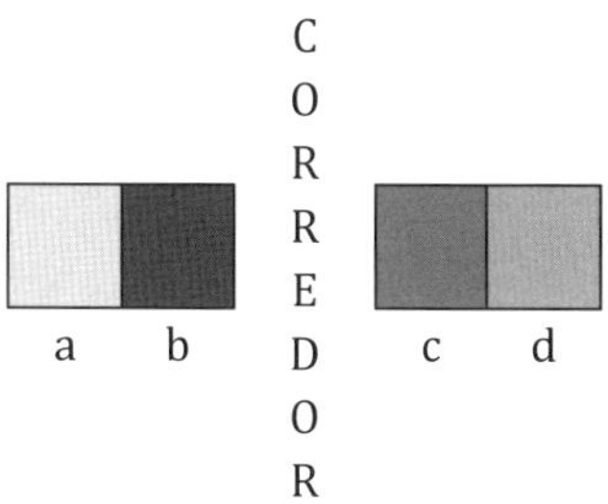

Dois deles desejam sentar-se juntos, seja do mesmo lado do corredor, seja em lados diferentes. Nestas condições, de quantas maneiras distintas os quatro podem ocupar as poltronas referidas, considerando-se distintas as posições em que pelo menos dois dos amigos ocupem poltronas diferentes?

Para satisfazer a restrição apresentada, os 2 amigos poderão ocupar ab ou bc ou cd, e para os outros amigos sobrarão 2 lugares, portanto.

$P_2 + P_2 + P_2 + P_2 + P_2 + P_2 = 6 \times P_2 = 6 \times 2 = 12$ maneiras distintas.

Resposta: 12

3. (FGV) Um processo industrial deve passar pelas etapas A, B, C, D e E.

a) Quantas sequências de etapas podem ser delineadas se A e B devem ficar juntas no início do processo e A deve anteceder B?

b) Quantas sequências de etapas podem ser delineadas se A e B devem ficar juntas, em qualquer ordem, e não necessariamente no início do processo?

a) Como A e B devem ficar juntos e nessa ordem, temos a seguinte configuração:

A	B			

P_3

Portanto temos $P_3 = 3! = 6$ sequências.

b) Como A e B devem ficar juntos, devemos "amarrá-los", ou seja, considerar A e B como um elemento único, calculando as permutações teremos:

A	B			

Portanto temos $P_4 = 4! = 24$ sequências.

Como A e B devem ficar juntos, mas em qualquer ordem, teremos que eles possuem 2 permutações, ou seja: P_2

Aplicando o Princípio Multiplicativo, temos: $P_2 \times P_4 = 2! \times 4! = 48$ sequências.

Resposta: a) 6, b) 48

4. Considere os números obtidos do 12345, efetuando-se todas as permutações de seus algarismos. Colocando esses números em ordem crescente, qual o lugar ocupado pelo número 43521?

1º caso

Considerando 1 na primeira casa teremos:

1				

P_4

Começando com 1, teremos portanto $P_4 = 4! = 24$ números.

2º caso

Considerando 2 na primeira casa, teremos $P_4 = 4! = 24$ números.

3º caso

Considerando 3 na primeira casa, teremos $P_4 = 4! = 24$ números.

Temos até agora 72 números.

Colocando 1 na segunda casa:

4	1			

P_3

$P_3 = 3! = 6$ números

Colocando 2 na segunda casa:

4	2			

P_3

$P_3 = 3! = 6$ números

Colocando 3 na segunda casa:

4	3			

P_3

$P_3 = 3! = 6$ números

Esses 6 números serão: 43125, 43152, 43215, 43251, 43512, 43521.

Portanto contamos até $72 + 6 + 6 + 6 = 90$ números.

Resposta: 90ª posição

5. Calcule o número de anagramas da palavra FUVEST que começam e terminam por vogal.

U					E

P_4

Considerando o 1º caso, com a letra U na primeira posição e a letra E na última posição, sobrarão 4 letras para permutarmos, portanto: $P_4 = 4! = 24$.

Se considerarmos a letra E no primeiro lugar e a letra U no último lugar, teremos novamente:

E					U

P_4

$P_4 = 4! = 24$

Pelo Princípio Aditivo: $24 + 24 = 48$ números.

Resposta: 48 números

6. Um casal viaja com seus 3 filhos em um automóvel de 5 lugares. Se apenas os pais dirigem, calcule o número de possibilidades de acomodação nos 5 lugares.

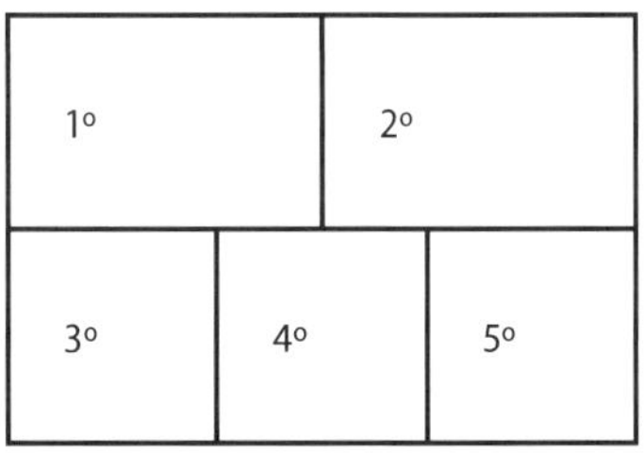

Para a primeira posição temos 2 possibilidades, tendo em vista que duas pessoas dirigem.

Restam 4 posições nas quais as pessoas podem mudar de lugar entre si (*permutar*), portanto teremos: $P_4 = 4! = 24$.

Pelo Princípio Multiplicativo (*Princípio Fundamental da Contagem*): $2 \times 24 = 48$ possibilidades.

Resposta: 48 números

7. De quantos modos podemos empilhar 7 tijolos de cores diferentes de modo que o verde e o amarelo fiquem sempre juntos?

Denominando o tijolo verde por V e o amarelo por A, como queremos que eles fiquem juntos devemos amarrá-los (transformá-los num único bloco), assim:

V A					

P_6

O bloco formado pelo V e pelo A pode ser permutado 2 vezes, e se considerarmos os outros blocos temos 6 blocos para permutar, ou seja: $P_6 = 6! = 720$.

Pelo Princípio Multiplicativo (*Princípio Fundamental da Contagem*): $2 \times 720 = 1.440$ modos de empilhar.

Resposta: 1.440 números

8. Listando-se, em ordem crescente, todos os números de cinco algarismos distintos, formados com os elementos do conjunto {1, 2, 4, 6, 7}, calcule a posição ocupada pelo número 62.417.

1º caso

Considerando 1 na primeira casa teremos:

1				

P_4

Começando com 1, teremos portanto: $P_4 = 4! = 24$ números.

2º caso

Considerando 2 na primeira casa, teremos $P_4 = 4! = 24$ números.

3º caso

Considerando 4 na primeira casa, teremos $P_4 = 4! = 24$ números.

Temos até agora 72 números.

Colocando 1 na segunda casa:

6	1			

P_3

$P_3 = 3! = 6$ números

Colocando 2 na segunda casa:

6	2			

P_3

$P_3 = 3! = 6$ números

Esses 6 números serão: 62147, 62174, 62417, 62471, 62714, 62741.

Portanto contamos até $72 + 6 + 3 = 81$ números.

Resposta: 81ª posição

9. Em um programa transmitido diariamente, uma emissora de rádio toca sempre as mesmas 10 músicas, mas nunca na mesma ordem. Calcule quanto tempo será necessário para esgotar todas as possíveis sequências dessas músicas.

Considerando as 10 músicas, teremos portanto: $P_{10} = 10! = 3.628.800$.

Teremos portanto gastos 3.628.800 dias, tendo em vista que se tacará uma sequência por dia.

Considerando que 1 século possui 100 anos = 36.500 dias, teremos aproximadamente 100 séculos.

Resposta: 100 séculos

10. Considere os algarismos 1, 2, 3, 4 e 5. Uma das permutações desses algarismos origina o número 42351. Determine a soma dos números formados, quando os algarismos acima são permutados de todos os modos possíveis.

Dispondo os números um embaixo do outro:

1ª	2ª	3ª	4ª	5ª
4	2	1	1	1
4	2	2	2	1
4	2	2	1	1
4	3	5	3	1
4	3	3	1	1
4	3	4	2	1
.	.	.	.	.
.	.	.	.	.
.	.	.	.	.
.	.	.	.	.
.	.	.	.	.
.	.	.	.	.
.	.	.	.	.

Chamando a 1ª coluna de coluna das dezenas de milhar.
Chamando a 2ª coluna de coluna das de milhar.
Chamando a 3ª coluna de coluna das centenas.
Chamando a 4ª coluna de coluna das dezenas.
Chamando a 5ª coluna de coluna das unidades.

Observamos que cada coluna, cada um dos algarismos aparece 4! = 24 vezes, podemos então somar da seguinte forma:

Coluna das unidades: $4! \times (1 + 2 + 3 + 4 + 5) = 360$.
Coluna das dezenas: $4! \times (1 + 2 + 3 + 4 + 5) \times 10 = 3.600$.
Coluna das centenas: $4! \times (1 + 2 + 3 + 4 + 5) \times 100 = 36.000$.
Coluna das unidades de milhar: $4! \times (1 + 2 + 3 + 4 + 5) \times 1.000 = 360.000$.
Coluna das dezenas de milhar: $4! \times (1 + 2 + 3 + 4 + 5) \times 10.000 = 3.600.000$.

Logo a soma total é: $360 + 3.600 + 36.000 + 360.000 + 3.600.000 = 3.999.960$.
Resposta: 3.999.960

11. Inês escolheu quatro dígitos distintos do conjunto {1, 2, 3, 4, 5, 6, 7, 8, 9}. Formou com eles todos os possíveis números de quatro dígitos distintos e somou todos esses números de quatro dígitos. O resultado é 193.314. Encontre os quatro dígitos que Inês escolheu.

Chamando os dígitos de a, b, c, d, de forma análoga à resolução do problema anterior, devemos observar que:

1ª	2ª	3ª	4ª
a	b	d	c
a	c	d	c
a	a	d	c
a	d	b	c
a	b	b	c
a	b	c	c
.	.	.	.
.	.	.	.
.	.	.	.
.	.	.	.
.	.	.	.
.	.	.	.
.	.	.	.

Cada dígito aparecerá 3! = 6 vezes, podemos realizar a soma considerando as casas das unidades, dezenas, centenas e milhares da seguinte forma:

Soma da coluna das unidades: $3! \times (a + b + c + d)$.

Soma da coluna das dezenas: $3! \times (a + b + c + d) \times 10$.

Soma da coluna das centenas: $3! \times (a + b + c + d) \times 100$.

Soma da coluna do milhar: $3! \times (a + b + c + d) \times 1.000$.

Como sabemos que a soma dá 193.314, tem-se que:

$3! \times (a + b + c + d) + 3! \times (a + b + c + d) \times 10 + 3! \times (a + b + c + d) \times 100 + 3! \times (a + b + c + d) \times 1.000$ $\Rightarrow 6 \times (1.111a + 1.111b + 1.111c + 1.111d) = 193.314 \Rightarrow 6.666 \times (a + b + c + d) = 193.314 \Rightarrow a + b + c + d = 193.314 / 6.666 = 29 \Rightarrow a + b + c + d = 29$

Devemos observar que o número deve ser maior que 5, pois a soma deve dar 29. Os resultados possíveis considerando o conjunto de números dado é:

5 + 6 + 7 + 8 = 26

5 + 7 + 8 + 9 = 29

6 + 7 + 8 + 9 = 30

5 + 6 + 7 + 9 = 27

5 + 6 + 8 + 9 = 28

Portanto a solução é 5, 7, 8, e 9.

Resposta: a = 5, b = 7 c = 8 e d = 9

❑ PERMUTAÇÕES CIRCULARES

A *permutação circular* é caracterizada quando os elementos os quais queremos agrupar estão posicionados de forma circular. Para demonstrarmos esse tipo de permutação, consideremos o exemplo a seguir.

Exemplo 1. Obter todas as permutações dos elementos do conjunto {a, b, c, d}, dispostos da seguinte forma:

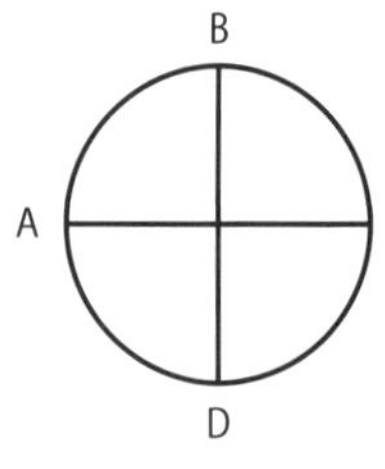

Resolução: Observando que os elementos são as letras *a, b, c e d*, teremos portanto que construir todas as sequências.

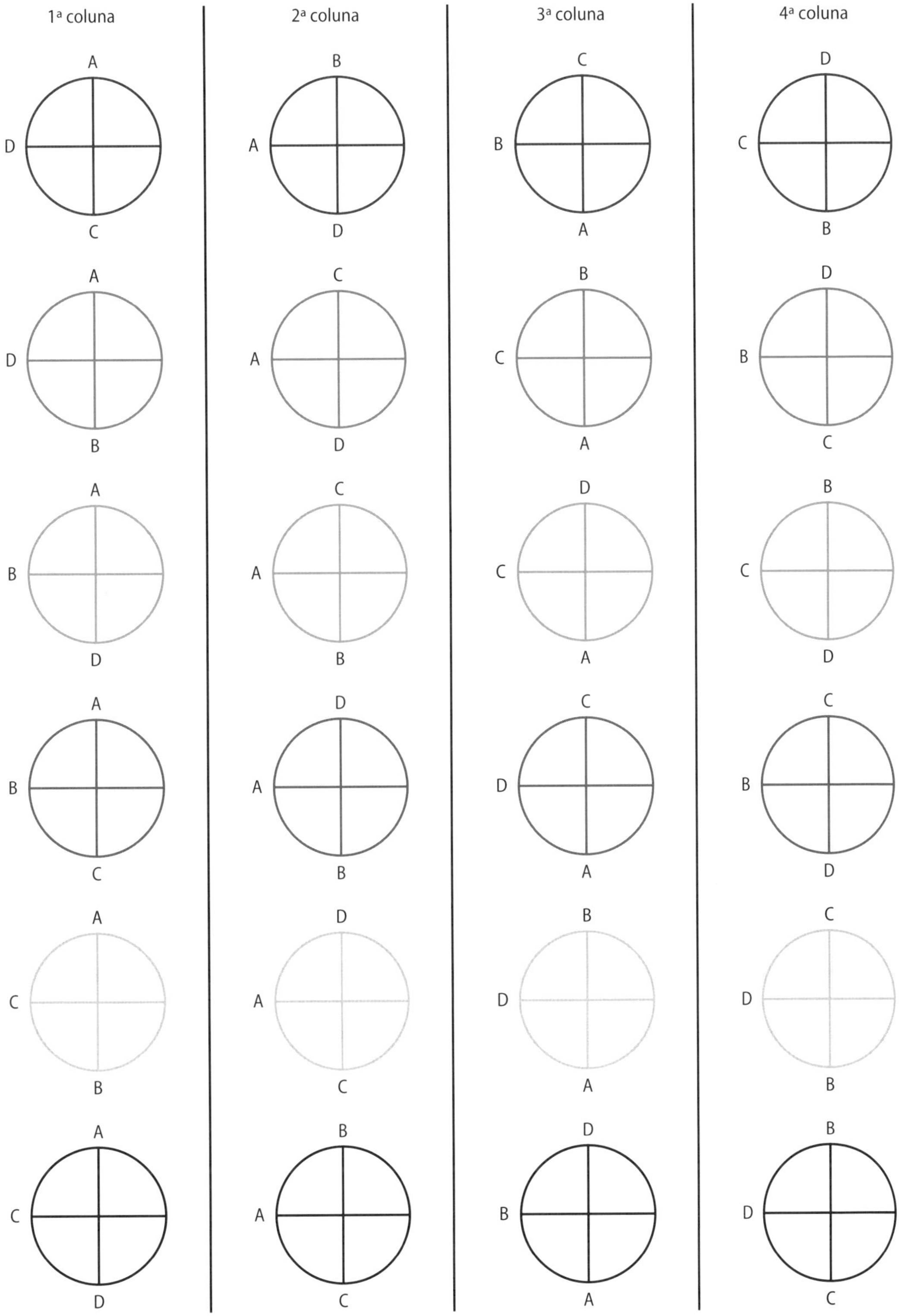
1ª coluna
2ª coluna
3ª coluna
4ª coluna
A D C
B A D
C B A
D C B
A D B
C A D
B C A
D B C
A B D
C A B
D C A
B C D
A B C
D A B
C D A
C B D
A C B
D A C
B D A
C D B
A C D
B A C
D B A
B D C

Observa-se que os elementos da 1ª coluna são permutados de tal modo que o elemento *A* permanece com sua posição inalterada, enquanto os elementos *B, C e D* são permutados de todas as maneiras possíveis, ou seja, 3! = 6 permutações.

Nas demais colunas apenas mudou-se a posição da letra *A*, e as outras são permutadas da mesma forma.

Portanto teremos 4 × 3! = 4 × 6 = 24 *"permutações"* ao todo, as quais estão expostas no quadro acima.

Entretanto se observarmos com mais atenção, detectaremos que, numa linha na qual os círculos possuem a mesma cor, não ocorre permutação dos elementos, mas, sim, uma *ROTAÇÃO*, que não é considerada permutação distinta, uma vez que, se imaginarmos os elementos em uma ciranda, não ocorre troca entre os elementos pelo fato de rodarmos a ciranda.

Sendo assim temos que considerar permutação os elementos de uma única coluna, portanto *6 permutações.*

Para o cálculo do número de permutações simples, utilizaremos a seguinte fórmula.

$$PC_n = \frac{n!}{n} = (n-1)!$$

Obs.: *Indicaremos PC quando falarmos em permutação circular.*

Como no exemplo anterior, observa-se que:

$$PC_4 = \frac{4!}{4} = \frac{24}{4} = 6$$

ou

$$PC_4 = (4-1)! = 3! = 6$$

❑ PROBLEMA RESOLVIDO

1. De quantos modos 5 crianças podem se sentar em torno de uma mesa circular?

Trata-se de permutação circular de 5 elementos, portanto:

$$PC_5 = (5-1)! = 4! = 24$$

Resposta: 24 modos

❑ PERMUTAÇÃO COM REPETIÇÃO

Permutação com repetição trata basicamente da troca de elementos, o que caracteriza esse nome está vinculado ao fato de existirem elementos repetidos a serem permutados.

Exemplo 1. Suponha que se deseja permutar de todas as formas possíveis as letras do conjunto {**A**, A, B}

Resolução: Como exposto anteriormente, podemos determinar as permutações como segue:

AAB	**A**BA	B**A**A	BA**A**	A**A**B	AB**A**

Observe que percebemos a diferença porque as duas letras A possuem cores diferentes, caso contrário teríamos a seguinte situação:

1ª	2ª	3ª	4ª	5ª	6ª
AAB	ABA	BAA	BAA	AAB	ABA

Aparentemente representamos 6 permutações, no entanto, repare que a 1ª e a 5ª permutações são iguais, a 2ª e a 6ª permutações são iguais, bem como a 3ª e 4ª permutações, ou seja, na realidade temos 3 permutações.

Resposta: 3 permutações

Podemos indicar as permutações com repetição como segue:

$$P_m^{m1,m2,m3,...,mp} = \frac{m!}{m_1! \times m_2! \times m_3! \times ... \times m_p!}$$

Essa fórmula será interpretada como sendo Permutação de *m* elementos e dentre eles existe um tipo de elemento que se repete *m1* vezes, um segundo tipo de elemento que se repete *m2* vezes, e assim por diante.

Exemplo 2. Obter todas as permutações das letras da palavra ARARA.

Resolução: Observa-se que temos que permutar 5 letras e dentre elas existem 3 letras A e 2 letras R, portanto:

$$P_5^{3,2} = \frac{5!}{2! \times 3!} = \frac{120}{2 \times 6} = \frac{120}{12} = 10$$

Outra indicação utilizada é mostrada abaixo.

$$PR(m;\ m_1,\ m_2,\ m_3,\ ...,\ m_p) = \frac{m!}{m_1! \times m_2! \times m_3! \times ... \times m_p!}$$

Para o exemplo anterior teremos:

$$PR(5;\ 3,\ 2) = \frac{5!}{3!\ 2!} = 10$$

Resposta: 10 permutações

Exemplo 3. Quantos são os anagramas da palavra "BANANA"?

Resolução: Se as letras fossem diferentes, a resposta seria 6! *(anagramas)*; como as três letras A são iguais, quando as trocamos entre si obtemos o mesmo anagrama, e não um anagrama distinto, o que aconteceria se fossem diferentes. Isso faz com que na nossa contagem de 6! tenhamos contado o mesmo anagrama várias vezes, 3! vezes precisamente, pois há 3! modos de trocar as letras A entre si. Analogamente com as duas letras N, que podem ser trocadas entre si de 2! modos. A resposta será:

$$PR(6;\ 3,\ 2) = \frac{6!}{3!\ 2!} = \frac{720}{6 \times 2} = \frac{720}{12} = 60$$

Resposta: 60 anagramas

❑ PROBLEMA RESOLVIDO

1. As avenidas de uma cidade estão dispostas na direção norte-sul e as ruas, na direção leste-oeste. Um trabalhador que reside numa das esquinas dessa cidade trabalha numa empresa localizada noutra esquina, duas quadras ao sul e três quadras a leste. Quantos caminhos (possíveis) o trabalhador pode seguir para ir de sua casa à fábrica, percorrendo sempre a menor distância? Explique seu raciocínio.

Resolução: Imaginemos as quadras propostas como mostrado abaixo:

leste →

sul ↓

Q1	Q2	Q3
Q4	Q5	Q6

Observe que para sairmos da quadra Q1 e chegarmos à quadra Q6 teremos que obrigatoriamente percorrer 5 vias *(fronteira entre as quadras ou ruas)*, porém temos repetição de 2 quadras ao sul e 3 quadras a leste, sendo assim, trata-se de permutação com repetição.

$$PR(5;\ 3,\ 2) = \frac{5!}{3!\ 2!} = \frac{120}{6 \times 2} = \frac{120}{12} = 10$$

Resposta: 10 caminhos

❑ COMBINAÇÕES

Explorando o significado da palavra combinar.

Segundo o Dicionário Aurélio, **combinação** é:

[com.bi.na.ção]

S. f. (combinar+ção)

1. Ação ou efeito de combinar.
2. Disposição ordenada de quaisquer coisas ou objetos.
3. Reunião de várias coisas em grupos de duas e duas, de três e três etc.
4. Conformidade.

Uma combinação é um tipo de arranjo em que a ordem dos elementos não é importante, isto é, {a, b} = {b, a}. O número de combinações possíveis é dado pela fórmula:

$C_{n,p} = n! / (n - p)! \times p!$ lê-se combinação de n elementos, **p** a **p**

Exemplos:

1. De uma urna contendo 6 bolas de cores diferentes, retiram-se 2 bolas aleatoriamente. Quantos pares de cores é possível formar?

$C_{6,2} = 6! / (6 - 2)! \times 2! = 6 \times 5 \times 4 \times 3 \times 2 \times 1 / 4 \times 3 \times 2 \times 1 \times 2 \times 1 \Rightarrow C_{6,2} = 15$

2. Deseja-se montar um campeonato entre 5 times (A, B, C, D, E). Quantos jogos são possíveis?

Se o mando do jogo não importar, isto é se A x B = B x A, teremos uma combinação de 5 elementos 2 a 2. Portanto: $C_{5,2} = 5! / (5 - 2)! \times 2! = 10$.

Se o mando do jogo importar, isto é se A x B ≠ B x A, teremos um arranjo de 5 elementos 2 a 2. Portanto: $A_{5,2} = 5! / (5 - 2)! = 20$.

❑ EXERCÍCIOS

1. (VUNESP — 2012) Considere que existam 5 variedades de computadores e 3 variedades de tablets em uma loja. João deseja comprar um computador e um tablet. Assinale a alternativa que apresenta corretamente o número de formas por meio das quais é possível efetuar essa compra.

a) 2.
b) 3.
c) 5.
d) 8.
e) 15.

2. (TRT — FCC) Astolfo pretendia telefonar para um amigo, mas não conseguia se lembrar por inteiro do número de seu telefone; lembrava-se apenas do prefixo (constituído pelos quatro algarismos da esquerda) e de que os outros quatro algarismos formavam um número divisível por 15. Ligou para sua namorada que lhe deu a seguinte informação: "lembro-me apenas de dois dos algarismos do número que você quer: o das dezenas, que é 3, e o das centenas, que é 4". Com base no que ele já sabia e na informação dada pela namorada, o total de possibilidades para descobrir o número do telefone de seu amigo é:

a) 5
b) 6
c) 7
d) 8
e) 9

3. (AGENTE — FCC — 2006) Dona Mocinha teve 6 filhos. Sabendo que cada filho lhe deu 5 netos, cada neto lhe deu 4 bisnetos e cada bisneto teve 3 filhos, quantos são os descendentes de dona Mocinha?

a) 516
b) 484
c) 460
d) 380
e) 320

4. (**ASSISTENTE ADMINISTRATIVO — FGV — 2014**) Certa empresa solicita a cada funcionário uma senha de segurança formada por uma vogal e duas consoantes diferentes do nosso alfabeto atual. Exemplos de senhas desse tipo são KPA e BIG. O número de senhas diferentes que podem ser formadas é:

a) 2.100;
b) 2.205;
c) 3.250;
d) 6.300;
e) 6.615.

5. (ANALISTA JUDICIÁRIO — FCC — 2009) A autenticação dos usuários da rede local de computadores do TRE de determinada região é feita por senhas alfanuméricas compostas de 8 caracteres: os 3 primeiros são letras do alfabeto e os 5 últimos são algarismos, que não podem ser repetidos. Para determinado conjunto de usuários, o administrador dessa rede disponibilizou as letras A, B, C, D e E e os algarismos 0, 1, 2, 3, 4, 5 e 6 para a composição de suas senhas. Nessa situação, a quantidade de possíveis senhas disponíveis para os membros desse conjunto de usuários é igual a

a) 31.
b) 45.
c) 210.
d) 315.000.
e) 848.925.

6. (ESCRITURÁRIO — BANCO DO BRASIL — CESGRANRIO — 2012) Para cadastrar-se em um *site* de compras coletivas, Guilherme precisará criar uma senha numérica com, no mínimo, 4 e, no máximo, 6 dígitos. Ele utilizará apenas algarismos de sua data de nascimento: 26/03/1980. Quantas senhas diferentes Guilherme poderá criar se optar por uma senha sem algarismos repetidos?

a) 5.040
b) 8.400
c) 16.870
d) 20.160
e) 28.560

7. (AFRFB — ESAF — 2009) Sabe-se que os pontos A, B, C, D, E, F e G são coplanares, ou seja, estão localizados no mesmo plano. Sabe-se, também, que destes sete pontos, quatro são colineares, ou seja, estão numa mesma reta. Assim, o número de retas que ficam determinadas por estes sete pontos é igual a:

a) 16
b) 28
c) 15
d) 24
e) 32

8. (INSS) Para ter acesso a um arquivo, um operador de computador precisa digitar uma sequência de 5 símbolos distintos, formada de duas letras e três algarismos. Ele se lembra dos símbolos, mas não da sequência em que aparecem. O maior número de tentativas diferentes que o operador pode fazer para acessar o arquivo é:

a) 115
b) 120
c) 150
d) 200
e) 249

9. (CIÊNCIA DA COMPUTAÇÃO — 2008) Em uma competição de natação há oito competidores. São maneiras distintas como podem ser conquistados o primeiro, o segundo e o terceiro lugar, nessa competição:

a) 336;
b) 512;
c) 9;
d) 24;
e) 220.

10. **(ANALISTA DE FINANÇAS — CGU — 2008) Ágata é decoradora e precisa atender o pedido de um excêntrico cliente. Ele — o cliente — exige que uma das paredes do quarto de sua filha seja dividida em uma sequência de 5 listras horizontais pintadas de cores diferentes, ou seja, uma de cada cor. Sabendo-se que Ágata possui apenas 8 cores disponíveis, então o número de diferentes maneiras que a parede pode ser pintada é igual a:**

a) 56
b) 5.760
c) 6.720
d) 3.600
e) 4.320

11. **(ANALISTA DE COMERCIALIZAÇÃO E LOGÍSTICA JÚNIOR — 2010) Há cinco poços de petróleo a serem perfurados (P_1, P_2, P_3, P_4, P_5) e apenas três sondas disponíveis para perfuração (S_1, S_2, S_3). A sonda S_1 só pode ser utilizada para a perfuração dos poços P_4 e P_5. As sondas S_2 e S_3 podem ser utilizadas para a perfuração de qualquer dos cinco poços. Serão perfurados, inicialmente, apenas três dos cinco poços e, para isso, cada sonda será alocada a um único poço. Quantas maneiras distintas há para se alocarem as três sondas?**

a) 8
b) 10
c) 15
d) 24
e) 40

12. **(TÉCNICO — CESPE — 2011) Alberto, Bruno, Sérgio, Janete e Regina assistirão a uma peça de teatro sentados em uma mesma fila, lado a lado. Nessa situação, julgue os itens subsequentes.**

1. Caso Janete e Regina sentem-se nas extremidades da fila, então a quantidade de maneiras distintas de como essas 5 pessoas poderão ocupar os assentos é igual a 24.
2. A quantidade de maneiras distintas de como essas 5 pessoas poderão ocupar os assentos é igual a 120.
3. Considere que Sérgio e Janete sentem um ao lado do outro. Nesse caso, a quantidade de maneiras distintas de como as 5 pessoas poderão ocupar os assentos é igual a 48.

13. **(CESGRANRIO — 2012)**

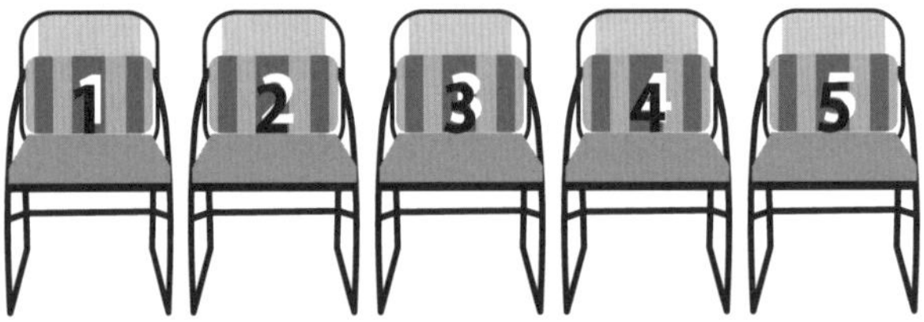

Em uma pequena sala de projeção, há cinco cadeiras dispostas em linha, lado a lado, e numeradas de 1 a 5. Quatro pessoas vão ocupar quatro dessas cadeiras. As possíveis ocupações das cadeiras distinguem-se não só pela cadeira vazia, mas, também, pela disposição das pessoas nas cadeiras ocupadas. De quantos modos as cadeiras podem ser ocupadas pelas quatro pessoas?

a) 5
b) 20
c) 24
d) 120
e) 1.024

14. **(CESPE — 2012) No concurso de loterias denominado miniquina, o apostador pode marcar 5, 6 ou 7 dezenas em uma cartela que possui as dezenas de 01 a 15. Nesse concurso, o prêmio principal é dado ao apostador que marcar em sua cartela as cinco dezenas sorteadas aleatoriamente em uma urna.**

Com relação ao concurso hipotético acima apresentado, julgue os itens subsequentes.

— Considere que o cálculo do valor a ser pago pela aposta seja feito mediante a multiplicação do valor de uma aposta de 5 dezenas, que é fixo, pela quantidade de jogos de cinco dezenas que é possível fazer com as dezenas que o apostador marcar em sua cartela. Considere, ainda, que um jogo de 5 dezenas custe R$ 3,00. Em face dessa situação, é correto afirmar que o apostador deverá pagar, caso marque 7 dezenas em sua cartela, mais de R$ 60,00.

15. **(CESPE — 2012) O gerente de um banco formou uma equipe de escriturários para efetivar a abertura das contas-correntes dos 1.920 empregados de uma empresa. Sabe-se que, nessa equipe, cada escriturário efetiva a abertura da conta de um empregado da empresa em 5 minutos, que todos os escriturários trabalham no mesmo ritmo, e que esse trabalho será concluído em 2 dias, trabalhando-se 8 horas em cada dia.**

Com base nessas informações, julgue o item que se segue.

— Com os elementos dessa equipe de escriturários poderão ser formados 45 grupos distintos, compostos, cada um, por 2 escriturários.

16. **(CESPE — 2012) A responsabilidade pelo controle das contas-correntes que 12 empresas — 5 farmácias, 4 oficinas automobilísticas e 3 restaurantes — mantêm em determinado banco será aleatoriamente dividida entre os técnicos bancários Luíza e Mateus. Considerando que, na situação hipotética acima, ambos os técnicos ficarão com o mesmo número de contas, julgue os itens a seguir.**

— Há mais de 1.000 maneiras distintas de se dividir essa responsabilidade.

17. **(FISCAL DE RENDAS — 2010) O departamento de vendas de imóveis de uma imobiliária tem 8 corretores, sendo 5 homens e 3 mulheres. Quantas equipes de vendas distintas podem ser formadas com 2 corretores, havendo em cada equipe pelo menos uma mulher?**

a) 15
b) 45
c) 31
d) 18
e) 25

18. **(IME) 5 rapazes e 5 moças devem posar para fotografia, ocupando os 5 degraus de uma escada, de modo que em cada degrau fique um casal. De quantas maneiras diferentes podemos dispor esse grupo?**

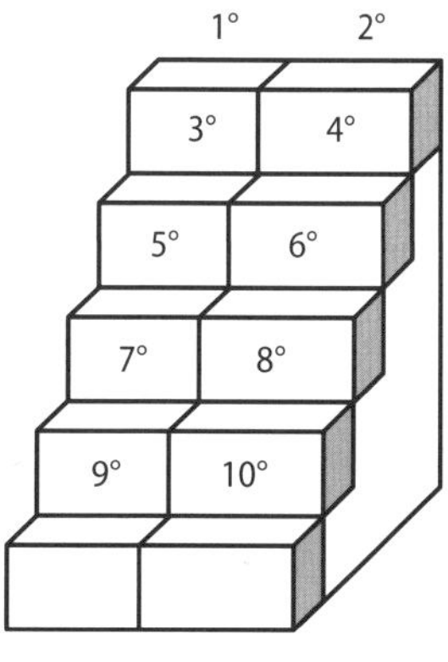

19. **(TÉCNICO JUD. — TSE — CONSULPLAN — 2012) Um cofre possui um teclado com 10 números. A combinação que abre o cofre tem cinco números. Quantas tentativas mal sucedidas podem ser efetuadas por uma pessoa que desconheça a senha?**

a) 99.999
b) 100.000
c) 30.240
d) 151.200
e) 50.000

20. **(TÉCNICO JUDICIÁRIO — 2011) Um anagrama de uma palavra é obtido trocando-se a ordem de suas letras, não importando se o resultado tem ou não significado em nosso idioma. Colocando em ordem alfabética todos os anagramas da palavra PROVA, a posição ocupada pela palavra PROVA é a:**

a) 62ª
b) 63ª
c) 64ª
d) 65ª
e) 66ª

21. **(CEF — 2008) Em uma urna há 5 bolas verdes, numeradas de 1 a 5, e 6 bolas brancas, numeradas de 1 a 6. Dessa urna retiram-se, sucessivamente e sem reposição, duas bolas. Quantas são as extrações nas quais a primeira bola sacada é verde e a segunda contém um número par?**

a) 15
b) 20
c) 23
d) 25
e) 27

22. **(AG. PENITENCIÁRIO — SEAD/AP — FMZAP — 2010) Pedro se lembra somente dos cinco primeiros dígitos do telefone de seu trabalho. Dos três dígitos restantes, ele sabe apenas que não se repetem e que o último dígito é 6 ou 8. Quantas tentativas, no máximo, Pedro pode necessitar fazer para telefonar para seu trabalho?**

a) 360.
b) 180.
c) 198.
d) 200.
e) 144.

23. **(INSS — 2009) Quantos números inteiros, cujos algarismos são todos ímpares e distintos, existem entre 300 e 900?**

a) 24.
b) 27.
c) 48.
d) 36.
e) 64.

24. **(AUDITOR JÚNIOR — 2010) A vitrine de uma determinada loja possui 5 lugares para colocação de manequins. Considerando que a loja possui 5 manequins, em quantas formas diferentes eles podem ser arrumados?**

a) 120
b) 100
c) 50
d) 25
e) 15

25. **(ECONOMISTA — 2008) O número de anagramas da palavra CHUMBO que começam pela letra C é:**

a) 120
b) 140
c) 160
d) 180
e) 200

26. **(ESCRITURÁRIO — BANCO DO BRASIL — 2012) Se todos os anagramas da palavra BRASIL forem dispostos em ordem alfabética, o primeiro anagrama cuja última letra é "B" ocupará que posição?**

a) 5ª
b) 25ª
c) 34ª
d) 49ª
e) 121ª

27. **(TRT — 2012) A palavra GOTEIRA é formada por sete letras diferentes. Uma sequência dessas letras, em outra ordem, é TEIGORA. Podem ser escritas 5.040 sequências diferentes com essas sete letras. São 24 as sequências que terminam com as letras GRT, nessa ordem, e começam com as quatro vogais. Dentre essas 24, a sequência AEIOGRT é a primeira delas, se forem listadas alfabeticamente. A sequência IOAEGRT ocuparia, nessa listagem alfabética, a posição de número:**

a) 11.
b) 13.
c) 17.
d) 22.
e) 23.

28. **(AUDITOR FISCAL — 2007) Para formar-se um anagrama, permutam-se as letras de uma palavra, obtendo-se ou não uma outra palavra conhecida. Por exemplo, VROAL é um anagrama da palavra VALOR. Com base nessas informações, julgue os próximos itens, relacionados aos anagramas que podem ser obtidos a partir da palavra VALOR.**

— O número de anagramas distintos é inferior a 100.

— O número de anagramas distintos que começam com VL é igual a 6.

— O número de anagramas distintos que começam e terminam com vogal é superior a 15.

— O número de anagramas distintos que começam com vogal e terminam com consoante é superior a 44.

29. **(CESPE — 2012) Dez policiais federais — dois delegados, dois peritos, dois escrivães e quatro agentes — foram designados para cumprir mandado de busca e apreensão em duas localidades próximas à superintendência regional. O grupo será dividido em duas equipes. Para tanto, exige-se que cada uma seja composta, necessariamente, por um delegado, um perito, um escrivão e dois agentes. Considerando essa situação hipotética, julgue os itens que se seguem.**

— Se todos os policiais em questão estiverem habilitados a dirigir, então, formadas as equipes, a quantidade de maneiras distintas de se organizar uma equipe dentro de um veículo com cinco lugares — motorista e mais quatro passageiros — será superior a 100.

— Há mais de 50 maneiras diferentes de compor as referidas equipes.

30. **(AGENTE PENITENCIÁRIO FEDERAL) Um sistema de sinalização visual é composto por dez bandeiras, sendo quatro vermelhas, três pretas e três brancas, as quais são hasteadas numa determinada ordem para gerar as mensagens desejadas. Sabe-se que apenas um centésimo das mensagens que podem ser geradas por este sistema é utilizado na prática. Deseja-se desenvolver um novo sistema de sinalização visual, composto apenas de bandeiras de cores distintas e que seja capaz de gerar, pelo menos, a quantidade de mensagens empregadas na prática. O número mínimo de bandeiras que se deve adotar no novo sistema é**

a) 5.
b) 4.
c) 6.
d) 3.
e) 7.

31. **(FISCAL DO TRABALHO — 2009) O departamento de vendas de uma empresa possui 10 funcionários, sendo 4 homens e 6 mulheres. Quantas opções possíveis existem para se formar uma equipe de vendas de 3 funcionários, havendo na equipe pelo menos um homem e pelo menos uma mulher?**

a) 192.
b) 36.
c) 96.
d) 48.
e) 60.

32. **(IME) Seja um barco com 8 lugares, numerados como no diagrama abaixo. Há 8 remadores possíveis para guarnecê-lo, com as seguintes restrições: Os remadores A e B só podem ocupar posições ímpares e o remador C posição par. Os remadores D, E, F, G e H podem ocupar quaisquer posições. Quantas configurações podem ser obtidas com o barco totalmente guarnecido?**

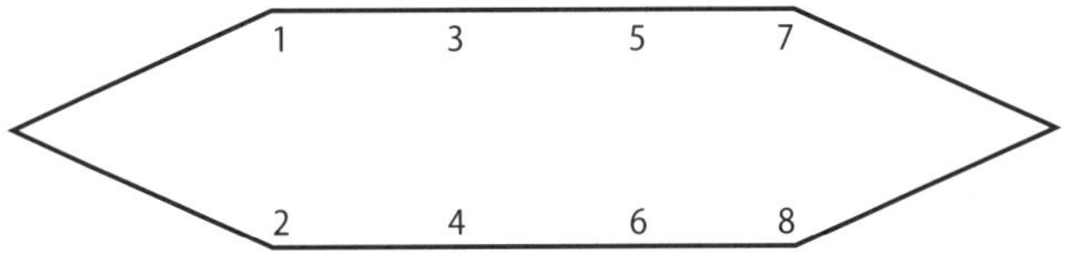

33. **(ANALISTA DE SISTEMAS — 2008) Quantos são os números naturais pares que se escrevem (na base 10) com três algarismos distintos?**

a) 256
b) 288
c) 320
d) 328
e) 360

34. **(BANCO DO BRASIL — 2007) O número de países representados nos Jogos Pan-Americanos realizados no Rio de Janeiro foi 42, sendo 8 países da América Central, 3 da América do Norte, 12 da América do Sul e 19 do Caribe. Com base nessas informações, julgue os itens que se seguem.**

— Considerando-se que, em determinada modalidade esportiva, havia exatamente 1 atleta de cada país da América do Sul participante dos Jogos Pan-Americanos, então o número de possibilidades distintas de dois atletas desse continente competirem entre si é igual a 66.

35. **(ESAF — 2010) O departamento técnico de uma construtora imobiliária tem 10 técnicos de nível superior sendo 7 engenheiros e 3 arquitetos. Quantas equipes técnicas distintas podem ser formadas por 2 desses técnicos com a participação de pelo menos um engenheiro em cada equipe?**

a) 14
b) 35
c) 21
d) 28
e) 42

36. **(BANCO DO BRASIL — 2007) Julgue os itens que se seguem quanto a diferentes formas de contagem.**

— Considere que um decorador deva usar 7 faixas coloridas de dimensões iguais, pendurando-as verticalmente na vitrine de uma loja para produzir diversas formas. Nessa situação, se 3 faixas são verdes e indistinguíveis, 3 faixas são amarelas e indistinguíveis e 1 faixa é branca, esse decorador conseguirá produzir, no máximo, 140 formas diferentes com essas faixas.

37. **(PEB) Uma prova consta de 6 questões de matemática e 7 de física. Cada aluno deve escolher 4 questões de Matemática e 2 de física para responder. Quantas opções diferentes de escolha tem cada aluno?**

a) 21
b) 45
c) 250
d) 315
e) 1.680

38. **(CESPE — 2013) Um auditor do trabalho deve analisar 20 processos: 5 a respeito de segurança no trabalho, 7 a respeito de FGTS e 8 a respeito de jornada de trabalho. Considerando que esses processos sejam colocados sobre a mesa de trabalho do auditor, de maneira aleatória, formando uma pilha, julgue os itens que se seguem.**

— Se processos relativos a temas idênticos ficarem juntos, então a quantidade de maneiras distintas de se formar uma pilha com essa característica será inferior a $(5!)^3 \times 7^2 \times 2^9$.

— Se os processos relativos a FGTS ficarem sempre na parte superior da pilha, então uma pilha com essa característica poderá ser formada de $13! \times 7!$ maneiras distintas.

39. **(FISCAL DO TRABALHO — 2006) Quer-se formar um grupo de dança com 9 bailarinas, de modo que 5 delas tenham menos de 23 anos, que uma delas tenha exatamente 23 anos, e que as demais tenham idade superior a 23 anos. Apresentaram-se, para a seleção, quinze candidatas, com idades entre 15 a 29 anos, sendo a idade, em anos, de cada candidata, diferente das demais. O número de diferentes grupos de dança que podem ser selecionados a partir deste conjunto de candidatas é igual a:**

a) 120
b) 1.220
c) 870
d) 760
e) 1.120

40. **(MPETO) Em cada um dos itens subsequentes, é apresentada uma situação hipotética, seguida de uma assertiva a ser julgada.**

— Uma concessionária oferece aos clientes as seguintes opções para a aquisição de um veículo: 4 cores externas, 4 cores internas, 4 ou 5 marchas, com ou sem ar condicionado, com ou sem direção hidráulica, com ou sem vidros e travas elétricas. Desse modo, são, no máximo, 128 as opções distintas para a escolha de um veículo.

— Os ramais de telefone em uma repartição têm 4 dígitos, formatados com os algarismos 0, 1, ..., 9. Se esses números possuem pelo menos um dígito repetido, então a quantidade de números de ramais que é possível formar é superior a 4.000.

— Um juiz deve sortear 5 homens e 6 mulheres para formar o corpo de jurados no tribunal do júri, entre 10 homens e 13 mulheres convocados. Nessa situação, o número de possibilidades diferentes de se formar o corpo de jurados é inferior a 1.970.

41. (MPETO — 2007) **Problemas de contagem surgem naturalmente quando se deseja determinar o número de elementos de um conjunto finito, e os de probabilidades são frequentemente associados à avaliação da chance em jogos e à frequência da ocorrência de um evento. Com relação a esses assuntos, julgue os itens a seguir.**

— Considere que um painel deva ser montado utilizando-se 4 peças em forma de losangos, 6 em forma de círculos e 2 em forma de triângulos. A quantidade de maneiras que se pode construir esse painel, colocando-se uma peça ao lado da outra, é inferior a 14.000.

— Ao iniciar um videogame, o jogador dispõe de uma tela onde pode selecionar de 1 a 4 jogadores, outra tela onde pode selecionar de 1 a 3 níveis de dificuldade e, por último, uma tela onde pode selecionar de 1 a 3 velocidades para o jogo. Nesse caso, a quantidade de formas distintas de se jogar esse videogame é superior a 25.

42. (BANCO DO BRASIL — 2007) **Julgue os itens seguintes quanto aos princípios de contagem.**

— Considere que 7 tarefas devam ser distribuídas entre 3 funcionários de uma repartição de modo que o funcionário mais recentemente contratado receba 3 tarefas, e os demais, 2 tarefas cada um. Nessa situação, sabendo-se que a mesma tarefa não será atribuída a mais de um funcionário, é correto concluir que o chefe da repartição dispõe de menos de 120 maneiras diferentes para distribuir essas tarefas.

— Uma mesa circular tem seus 6 lugares que serão ocupados pelos 6 participantes de uma reunião. Nessa situação, o número de formas diferentes para se ocupar esses lugares com os participantes da reunião é superior a 10^2.

— Um correntista do BB deseja fazer um único investimento no mercado financeiro, que poderá ser em uma das 6 modalidades de caderneta de poupança ou em um dos 3 fundos de investimento que permitem aplicações iniciais de pelo menos R$ 200,00. Nessa situação, o número de opções de investimento desse correntista é inferior a 12.

— Considere que, para ter acesso à sua conta corrente via Internet, um correntista do BB deve cadastrar uma senha de 8 dígitos, que devem ser escolhidos entre os algarismos de 0 a 9. Se o correntista decidir que todos os algarismos de sua senha serão diferentes, então o número de escolhas distintas que ele terá para essa senha é igual a 8!.

— Considere que o BB oferece cartões de crédito Visa e Mastercard, sendo oferecidas 5 modalidades diferentes de cartão de cada uma dessas empresas. Desse modo, se um cidadão desejar adquirir um cartão Visa e um Mastercard, ele terá menos de 20 possíveis escolhas distintas.

— Sabe-se que no BB há 9 vice-presidências e 22 diretorias. Nessa situação, a quantidade de comissões que é possível formar, constituídas por 3 vice-presidentes e 3 diretores, é superior a 10^5.

43. (BANCO DO BRASIL — 2007) **Julgue os itens que se seguem quanto a diferentes formas de contagem.**

— Considere que o BB tenha escolhido alguns nomes de pessoas para serem usados em uma propaganda na televisão, em expressões do tipo Banco do Bruno, Banco da Rosa etc. Suponha, também, que a quantidade total de nomes escolhidos para aparecer na propaganda seja 12 e que, em cada inserção da propaganda na TV, sempre apareçam somente dois nomes distintos. Nesse caso, a quantidade de inserções com pares diferentes de nomes distintos que pode ocorrer é inferior a 70.

— Há exatamente 495 maneiras diferentes de se distribuírem 12 funcionários de um banco em 3 agências, de modo que cada agência receba 4 funcionários.

— Se 6 candidatos são aprovados em um concurso público e há 4 setores distintos onde eles podem ser lotados, então há, no máximo, 24 maneiras de se realizarem tais lotações.

44. (BANCO DO BRASIL — 2007) **O número de países representados nos Jogos Pan-Americanos realizados no Rio de Janeiro foi 42, sendo 8 países da América Central, 3 da América do Norte, 12 da América do Sul e 19 do Caribe. Com base nessas informações, julgue os itens que se seguem.**

— Se determinada modalidade esportiva foi disputada por apenas 3 atletas, sendo 1 de cada país da América do Norte participante dos Jogos Pan-Americanos, então o número de possibilidades diferentes de classificação no 1.º, 2.º e 3.º lugares foi igual a 6.

— Há, no máximo, 419 maneiras distintas de se constituir um comitê com representantes de 7 países diferentes participantes dos Jogos Pan-Americanos, sendo 3 da América do Sul, 2 da América Central e 2 do Caribe.

— Considerando-se apenas os países da América do Norte e da América Central participantes dos Jogos Pan-Americanos, a quantidade de comitês de 5 países que poderiam ser constituídos contendo pelo menos 3 países da América Central é inferior a 180.

45. **(BANCO DO BRASIL — 2003) O teclado virtual é uma forma mais segura para você informar sua senha de autoatendimento (senha de oito algarismos), clicando com o mouse o teclado virtual na tela do computador, via Internet, em qualquer lugar onde você estiver. O BB sempre utilizou a mais avançada tecnologia para atender seus clientes na Internet, nunca tendo sido registrado um ataque bem sucedido aos computadores do banco.**

Internet: <http://www.bb.com.br> (com adaptações).

— Uma vez que é permitida a repetição de algarismos para a formação da senha de autoatendimento, é possível formar-se, no máximo, 8! senhas de autoatendimento distintas.

— Considere que uma empresa decida abrir conta no BB para todos os seus empregados, mas solicite de todos eles que os quatro primeiros algarismos das suas senhas sejam, nessa ordem, 2, 0, 0, 2. Nessa situação, o número de senhas de autoatendimento distintas que poderiam ser formadas pelos empregados dessa empresa é igual à metade do número total de senhas de autoatendimento que poderiam ser formadas sem a restrição imposta para os dígitos iniciais.

— A quantidade de senhas de autoatendimento que se consegue formar utilizando-se apenas dois algarismos distintos para preencher as 8 posições é superior a 10.000.

— Considere que todos os 50.000 empregados ativos de uma empresa — todos com menos de 100 anos de idade — decidam adotar como senha de autoatendimento as suas datas de nascimento: dia(XX), mês(XX) e ano(XXXX). Nessa situação, conclui-se que pelo menos dois empregados dessa empresa terão senhas de autoatendimento iguais.

46. **(ENG. COMPUTAÇÃO — 2008) Dispondo dos algarismos 0, 4, 5, 8 e 9, a quantidade de números com algarismos significativos que podem ser formados com quatro algarismos distintos é:**

a) 100;
b) 96;
c) 120;
d) 24;
e) 72.

47. **(PERITO CRIMINAL — 2008) Uma palavra sobre $\Sigma = \{0, 1\}$ consiste dos próprios símbolos de Σ, 0 e 1, e também de uma concatenação de qualquer dos símbolos de Σ, como, por exemplo, 00, 01, 000, 001, 1001 etc. Uma palavra tem comprimento N quando possui N símbolos. Defina por Σ^N o conjunto de todas as palavras sobre Σ que têm comprimento N. Com base nessas informações, julgue os itens a seguir.**

— O conjunto Σ^4 contém exatamente 16 palavras.

— Se $\Gamma = \{0, 2\}$, então o conjunto $\Gamma^3 \cap \Sigma^3$ contém um único elemento, a palavra 012.

48. **Quantos números ímpares de três algarismos distintos podemos formar com os primeiros 4 números primos?**

49. **(ANALISTA DE TECNOLOGIA DA INFORMAÇÃO — 2008) No último concurso de dança promovido pelo Centro de Danças "Pé de valsa", participaram 10 casais. De quantas maneiras diferentes podem ser os resultados para os três primeiros lugares de casais vencedores do concurso?**

a) 720
b) 360
c) 180
d) 90

50. **(PEB — 2007) Considere que, em uma escola, 5 alunos tenham sido escolhidos para representarem os demais alunos em comissões responsáveis pela organização dos jogos estudantis da região. Se o número de comissões é igual a 5 e um aluno só pode participar de uma única comissão, assinale a opção que apresenta o número de maneiras diferentes que os 5 alunos selecionados podem ser distribuídos nas comissões.**

a) 3.125
b) 120
c) 25
d) 15

51. **(MPU — ESAF) Quatro casais compram ingressos para oito lugares contíguos em uma mesma fila no teatro. O número de diferentes maneiras em que podem sentar-se de modo a que a) homens e mulheres sentem-se em lugares alternados; e que b) todos os homens sentem-se juntos e que todas as mulheres sentem-se juntas, são, respectivamente,**

a) 1.112 e 1.152.
b) 1.152 e 1.100.
c) 1.152 e 1.152.
d) 384 e 1.112.
e) 112 e 384.

52. **(ANALISTA DE FINANÇAS — ESAF — 2008) Ana precisa fazer uma prova de matemática composta de 15 questões. Contudo, para ser aprovada, Ana só precisa resolver 10 questões das 15 propostas. Assim, de quantas maneiras diferentes Ana pode escolher as questões?**

a) 3.003
b) 2.980
c) 2.800
d) 3.006
e) 3.005

53. **(ANALISTA DE PLANEJAMENTO — ESAF — 2009) Beatriz é fisioterapeuta e iniciou em sua clínica um programa de reabilitação para 10 pacientes. Para obter melhores resultados neste programa, Beatriz precisa distribuir esses 10 pacientes em três salas diferentes, de modo que na sala 1 fiquem 4 pacientes, na sala 2 fiquem 3 pacientes e na sala 3 fiquem, também, 3 pacientes. Assim, o número de diferentes maneiras que Beatriz pode distribuir seus pacientes, nas três diferentes salas, é igual a:**

a) 2.440
b) 5.600
c) 4.200
d) 24.000
e) 42.000

54. **(OFICIAL DE CHANCELARIA — ESAF) Chico, Caio e Caco vão ao teatro com suas amigas Biba e Beti, e desejam sentar-se, os cinco, lado a lado, na mesma fila. O número de maneiras pelas quais eles podem distribuir-se nos assentos de modo que Chico e Beti fiquem sempre juntos, um ao lado do outro, é igual a:**

a) 16
d) 46

b) 24
c) 32
e) 48

55. **(ANALISTA DE FINANÇAS E CONTROLE — AFC/STN — 2008) Ana possui em seu closed 90 pares de sapatos, todos devidamente acondicionados em caixas numeradas de 1 a 90. Beatriz pede emprestado à Ana quatro pares de sapatos. Atendendo ao pedido da amiga, Ana retira do closed quatro caixas de sapatos. O número de retiradas possíveis que Ana pode realizar de modo que a terceira caixa retirada seja a de número 20 é igual a:**

a) 681.384
b) 382.426
c) 43.262
d) 7.488
e) 2.120

56. **(BACEN — 2006) Os clientes de um banco contam com um cartão magnético e uma senha pessoal de quatro algarismos distintos entre 1000 e 9999. A quantidade dessas senhas, em que a diferença positiva entre o primeiro algarismo e o último algarismo é 3, é igual a:**

a) 936
b) 896
c) 784
d) 768
e) 728

57. **(MCT — CESPE) A senha de acesso a uma conta em determinado banco é formada por 7 símbolos alfanuméricos: 3 letras, escolhidas entre as 26 do alfabeto, seguidas de 4 dígitos numéricos, escolhidos entre os algarismos 0, 1, 2, ..., 9. Considerando essas informações e que, para a formação de uma senha, admite-se a repetição de símbolos, julgue o item a seguir.**

— A quantidade de senhas distintas que podem ser obtidas sem que apareça o algarismo 5 na primeira posição reservada aos algarismos é inferior a 100 milhões.

Gabarito

1. e
2. c
3. a
4. d
5. d
6. b
7. a
8. b
9. a
10. c
11. d
12. Errado
    Certo
    Certo
13. d
14. Certo
15. Certo
16. Errado
17. d
18. 460800
19. a
20. c
21. c
22. e
23. d
24. a
25. a
26. c
27. c
28. Errado
    Errado
    Errado
    Errado
29. Certo
    Errado
30. a
31. c
32. 5760
33. d
34. Certo
35. e
36. Certo
37. d
38. Errado
    Certo
39. e
40. Errado
    Certo
    Errado
41. Certo
    Certo
42. Errado
    Certo
    Errado
    Errado
    Errado
    Certo
43. Certo
    Errado
    Errado
44. Certo
    Errado
    Errado
45. Errado
    Errado
    Certo
    Certo
46. b
47. Certo
    Errado
48. 18
49. 720
50. b
51. c
52. a
53. c
54. e
55. a
56. e
57. Certo

7 Probabilidades

❑ CONCEITOS BÁSICOS

Experimentos aleatórios

Denominam-se experimentos aleatórios os experimentos cujos resultados não podem ser previstos.

Exemplos:

a) Resultado dos jogos da loteria esportiva.

b) Ao se lançar um dado, qual a face que está voltada para cima.

Exercício:

Determine os espaços amostrais (S) referentes aos experimentos abaixo citados:

a) Tira-se uma carta de um baralho e anota-se o tipo de carta que saiu.

S = {ouro, copas, paus, espada}

b) Lança-se um dado e anota-se a face voltada para cima:

S = {1, 2, 3, 4, 5, 6}

c) Lança-se um dado e uma moeda (considere k = cara e c = coroa).

S = {(k, 1), (k, 2), (k, 3), (k, 4), (k, 5), (k, 6), (c, 1), (c, 2), (c, 3), (c, 4), (c, 5), (c, 6)}

Eventos

Denomina-se evento a qualquer subconjunto do espaço amostral S. Para reconhecer os diversos tipos de eventos, vamos considerar uma caixa com 4 bolas, cada uma delas com um número: 1, 2, 3 ou 4.

1° tipo: Evento certo.

M: Retirar, da caixa, 4 bolas, sem reposição, uma de cada vez e obter ou 1 ou 2 ou 3 ou 4.

M = {1, 2, 3, 4}

2° tipo: Evento impossível.

N: Retirar da caixa uma bola com o número 6. N = $\emptyset$.

3° tipo: Evento união (usa a palavra **ou**).

F: Ocorrer número par **ou** número primo.

Note que:

A: números pares – A = {2, 4}.

B: números primos – B = {2, 3}.

Logo: F = A $\cup$ B = {2, 3, 4}.

4º tipo: Evento intersecção (usa a palavra **e**).

G: ocorrer par **e** número primo. Logo: G = $\bar{A} \cap B = \{2\}$.

Eventos complementares

Considere um evento A e seu espaço amostral S.

Denomina-se complementar de A em relação a S ao conjunto A, tal que:

a) $A \cup \bar{A} = S$ b) $A \cap \bar{A} = \emptyset$

O evento $\bar{A}$ pode ser interpretado como a negação de A.

Imagine que A: números pares → A = {2, 4}.

Então: $\bar{A}$: números de S que não são pares → $\bar{A}$ = {1, 3}.

Para obtermos o evento $\bar{A}$ devemos tomar os elementos de S que não estão em A.

Eventos mutuamente exclusivos

Dois eventos A e B são mutuamente exclusivos quando $A \cap B = \emptyset$.

Exemplo: A: números pares.

B: números ímpares → $A \cap B = \emptyset$.

Probabilidade de um evento

A probabilidade de um evento é calculada pela fórmula:

$$P(A) = \frac{n(A)}{n(S)}$$

onde:

P(A) é a probabilidade de ocorrer o evento A.

n(A) é o número de elementos do evento A.

n(S) é o número de elementos do evento S.

Propriedades básicas das probabilidades

1) A probabilidade de ocorrer o evento A é um número compreendido entre 0 e 1: $0 \leq P(A) \leq 1$.
2) A probabilidade de ocorrer o evento certo é igual a 1: P(S) = 1.
3) A probabilidade de ocorrer o evento impossível é zero: $P(\emptyset) = 0$.

Exemplos:

1) No lançamento de um dado, onde S = {1, 2, 3, 4, 5, 6}, determine a probabilidade de ocorrer:

a) A: número primo → A = {2, 3, 5} → n(A) = 3 e n(S) = 6.

$$P(A) = \frac{n(A)}{n(B)} = \frac{3}{6} = \frac{1}{2} \text{ ou } 0{,}5 = 50\%$$

b) B: múltiplos de 3 → B = {3, 6} → n(B) = 2 e n(S) = 6.

$$P(B) = \frac{n(B)}{n(S)} = \frac{2}{6} = \frac{1}{3} \text{ ou } 0{,}333 = 33{,}3\%$$

2) Em uma urna há 18 bolas numeradas de 1 a 18. Retirando-se uma bola ao acaso, qual a probabilidade de se obter um múltiplo de 3?

N(S) = 18 A = {3, 6, 9, 18} n(A) = 4 $P(A) = \frac{4}{18} = \frac{2}{9}$ ou 0,222 = 22,2%

Soma de probabilidades

Sejam A e B dois eventos de um mesmo espaço amostral S. Da Teoria dos conjuntos, temos que: $n(A \cup B) = n(A) + n(B) - n(A \cap B)$.

Podemos dividir os dois membros de uma equação por um mesmo número, obtendo assim uma equação equivalente. Vamos, então, dividir por n(S):

$$\frac{n(A \cup B)}{n(S)} = \frac{n(A)}{n(S)} + \frac{n(B)}{n(S)} - \frac{n(A \cap B)}{n(S)} \quad \rightarrow \quad P(A \cup B) = P(A) + P(B) - P(A \cap B)$$

Essa fórmula deve ser usada quando queremos obter a probabilidade de ocorrerem dois eventos, sempre separados pela palavra **ou**. Quando os eventos são separados pela palavra **e** calcula-se $P(A \cap B)$.

Exemplo: Lançando-se um dado, qual é a probabilidade de se obter um número par ou múltiplo de 3?

Vimos que n(S) = 6

Evento A: nº par $\rightarrow A = \{2, 4, 6\} \rightarrow n(A) = 3 \rightarrow P(A) = \frac{3}{6} = \frac{1}{2}$

Evento B: múltiplo de 3 $\rightarrow B = \{3, 6\} \rightarrow n(B) = 2 \rightarrow P(B) = \frac{2}{6} = \frac{1}{3}$

$A \cap B$: nº par e múltiplo de 3 $\rightarrow A \cap B = 6 \rightarrow n(A \cap B) = 1 \rightarrow P(A \cap B) = \frac{1}{6}$

$P(A \cup B) = P(A) + P(B) - P(A \cap B)$

$P(A \cup B) = \frac{1}{2} + \frac{1}{3} - \frac{1}{6} = \frac{3+2-1}{6} = \frac{4}{6} = \frac{2}{3}$ ou 0,666 = 66,7%

Obs.: Na probabilidade da união de dois eventos A e B, quando há elementos comuns, devemos excluir as probabilidades dos elementos comuns a A e B (elementos de A n B) para não serem computadas duas vezes. Assim $P(A \cup B) = P(A) + P(B) - P(A \text{ n } B)$.

Exemplo: Retirando-se uma carta de um baralho de 52 cartas, qual a probabilidade da carta retirada ser ou um ÁS ou uma carta de COPAS?

P(ÁS ∪ Copas) = P(ÁS) + P(Copas) – P(ÁS ∩ Copas) = 4/52 + 13/52 – 1/52 = 16/52

Multiplicação de probabilidades

Dois eventos são considerados independentes quando a ocorrência de um deles não interferir na ocorrência do outro.

Se A e B forem eventos independentes, então a probabilidade de ocorrer A e B é calculada por:

$P(A \cap B) = P(A) \times P(B)$

Exemplo: Uma urna contém 6 bolas amarelas e 9 bolas brancas. Calcule a probabilidade de, ao se retirar sucessivamente 2 bolas, sem reposição, obtermos a 1ª amarela e a 2ª branca.

Temos que n(S) = 15

A: amarelas $\rightarrow n(A) = 6 \rightarrow P(A) = \frac{6}{15} = \frac{2}{5}$

B: brancas $\rightarrow n(B) = 9 \rightarrow P(B) = \frac{9}{14}$

$A \cap B$: 1ª amarela e 2ª branca $\rightarrow P(A \cap B) = \frac{2}{5} \times \frac{9}{14} = \frac{9}{35}$ ou 0,257 = 25,7%

Exemplo: (ATRFB — 2009) Três amigas participam de um campeonato de arco e flecha. Em cada tiro, a primeira das amigas tem uma probabilidade de acertar o alvo de 3/5, a segunda tem uma probabilidade de acertar o alvo de 5/6, e a terceira tem uma probabilidade de acertar o alvo de 2/3. Se cada uma das amigas der um tiro de maneira independente dos tiros das outras duas, qual a probabilidade de pelo menos dois dos três tiros acertarem o alvo?

a) 90/100
b) 50/100
c) 71/100
d) 71/90
e) 60/90

Amiga 1: acertar ⇒ 3/5 errar ⇒ 2/5
Amiga 2: acertar ⇒ 5/6 errar ⇒ 1/6
Amiga 3: acertar ⇒ 2/3 errar ⇒ 1/3

P = (3/5)(5/6)(1/3) + (3/5)(1/6)(2/3) + (2/5)(5/6)(2/3) + (3/5)(5/6)(2/3) ⇒ P = (1/6) + (1/15) + (2/9) + (1/3) ⇒ P = (15 + 6 + 20 30) / 90 ⇒ P = 71 / 90

Probabilidade condicional

Se A e B são dois eventos, a probabilidade de B ocorrer depois de A ter acontecido é definida por P (B/A), ou seja, é chamada probabilidade condicional de B. Neste caso os eventos são dependentes e definidos pela fórmula:

$$P(A \cap B) = P(A) \times P(B/A)$$

Exemplo: Duas cartas são retiradas de um baralho sem haver reposição. Qual a probabilidade de ambas serem COPAS?

P (Copas1 e Copas2) = P(Copas1) × P(Copas2/Copas1) = 13/52 × 12/51 = 0,0588 = 5,88 %

P(Copas1) = 13/52

P(Copas2/Copas1) = 12/51

Obs.: No exemplo anterior, se a 1ª carta retirada voltasse ao baralho, o experimento seria do tipo com reposição e seria um evento independente. O resultado seria:

P(Copas1) × P(Copas2) = 13/52 × 13/52 = 0,625 = 6,25 %

Espaço amostral do baralho de 52 cartas:

Cartas pretas = 26

Paus = 13 (ás, 2, 3, 4, 5, 6, 7, 8, 9, 10, valete, dama, rei)

Espadas = 13 (ás, 2, 3, 4, 5, 6, 7, 8, 9, 10, valete, dama, rei)

Cartas vermelhas = 26

Ouros = 13 (ás, 2, 3, 4, 5, 6, 7, 8, 9, 10, valete, dama, rei)

Copas = 13 (ás, 2, 3, 4, 5, 6, 7, 8, 9, 10, valete, dama, rei)

Distribuição binomial

Vamos imaginar fenômenos cujos resultados só podem ser de dois tipos, um dos quais é considerado como sucesso e o outro insucesso. Este fenômeno pode ser repetido tantas vezes quanto se queira (n vezes), nas mesmas condições. As provas repetidas devem ser independentes, isto é, o resultado de uma não deve afetar os resultados das sucessivas. No decorrer do experimento, a probabilidade p do sucesso e a probabilidade de q (q = 1 – p) do insucesso manter-se-ão constantes. Nessas condições X é uma variável aleatória discreta que segue uma distribuição binomial.

$$P(x) = \binom{n}{x} p^x (1 - p)^{n-x}$$

P(x) = é a probabilidade de que o evento se realize x vezes em n provas.

p = é a probabilidade de que o evento se realize em uma só prova = sucesso.

q = é a probabilidade de que o evento não se realize no decurso dessa prova = insucesso.

Obs.: O nome binomial é devido à fórmula, pois representa o termo geral do desenvolvimento do binômio de Newton.

Exemplo

(**AFTN**) Em uma cidade, 10% das pessoas possuem carro importado. Dez pessoas dessa cidade são selecionadas, ao acaso e com reposição. A probabilidade de que exatamente 7 das pessoas selecionadas possuam carro importado é:

a) $(0,1)^7 (0,9)^3$
b) $(0,1)^3 (0,9)^7$
c) $120 (0,1)^7 (0,9)^3$
d) $120 (0,1) (0,9)^7$
e) $120 (0,1)^7 (0,9)$

p: probabilidade de carro importado (sucesso) = 10% = 0,10

q = 1 – p: probabilidade de carro nacional (fracasso) = 1 – 10% = 0,90

n: total de veículos

x: número de incidências que se deseja de carro importado

$$P(7) = \binom{10}{7} (0{,}10)^7 (0{,}9)^{10-7} = 120 (0{,}10)^7 (0{,}9)^3$$

❑ EXERCÍCIOS

1. (VUNESP) Lançando-se simultaneamente dois dados não viciados, a probabilidade de que a soma de suas faces superiores seja 7 ou 9 é:

a) 1/6
b) 4/9
c) 2/11
d) 5/18
e) 3/7

2. (BIORIO — 2016) Duas pessoas diferentes serão escolhidas de um grupo de dez pessoas, das quais cinco são mulheres e cinco são homens. A probabilidade de que as escolhidas sejam do mesmo sexo é aproximadamente igual a:

a) 36%.
b) 40%.
c) 44%.
d) 50%.
e) 64%.

3. (CESPE — 2014) Uma pesquisa na qual os 40 alunos de uma disciplina deveriam responder SIM ou NÃO às perguntas P1 e P2 apresentadas a eles, mostrou o seguinte resultado:

- 28 responderam SIM à pergunta P1;
- 22 responderam SIM à pergunta P2;
- 5 responderam NÃO às 2 perguntas.

Com base nessas informações, julgue os itens subsecutivos.

— Selecionando-se ao acaso um desses alunos, a probabilidade de ele ter respondido SIM a pelo menos uma das perguntas será superior a 0,9.

— Mais de 10 alunos responderam SIM às duas perguntas.

4. **(BANCO DO BRASIL — 2012 — CESGRANRIO) Uma moeda não tendenciosa é lançada até que sejam obtidos dois resultados consecutivos iguais. Qual a probabilidade de a moeda ser lançada exatamente três vezes?**

a) 1/8
b) 1/4
c) 1/3
d) 1/2
e) 3/4

5. **(CESPE — 2015) Determinada faculdade oferta, em todo semestre, três disciplinas optativas para alunos do quinto semestre: Inovação e Tecnologia (INT); Matemática Aplicada (MAP); Economia do Mercado Empresarial (EME). Neste semestre, dos 150 alunos que possuíam os requisitos necessários para cursar essas disciplinas, foram registradas matrículas de alunos nas seguintes quantidades:**

- 70 em INT;
- 45 em MAP;
- 60 em EME;
- 25 em INT e MAP;
- 35 em INT e EME;
- 30 em MAP e EME;
- 15 nas três disciplinas.

Com base nessas informações, julgue os itens que se seguem.

— Os dados disponíveis são insuficientes para se determinar a quantidade de alunos que não efetuaram matrícula em nenhuma das três disciplinas.

— A quantidade de alunos que se matricularam apenas na disciplina MAP é inferior a 10.

— Ao se escolher um aluno ao acaso, a probabilidade de ele estar matriculado em apenas duas das três disciplinas será maior que a probabilidade de ele estar matriculado apenas em INT.

6. **(CESPE — 2015) Para fiscalizar determinada entidade, um órgão de controle escolherá 12 de seus servidores: 5 da secretaria de controle interno, 3 da secretaria de prevenção da corrupção, 3 da corregedoria e 1 da ouvidoria. Os 12 servidores serão distribuídos, por sorteio, nas equipes A, B e C; e cada equipe será composta por 4 servidores. A equipe A será a primeira a ser formada, depois a equipe B e, por último, a C.**

A respeito dessa situação, julgue os itens subsequentes.

— A chance de a equipe A ser composta por um servidor de cada unidade é superior a 10%.

— A probabilidade de um servidor que não for sorteado para integrar a equipe A ser sorteado para integrar a equipe B é igual a 0,5.

— A probabilidade de a equipe A ser composta por quatro servidores da secretaria de controle interno é inferior a 0,01.

— Se, após a formação das 3 equipes, as quantidades de servidores das unidades mencionadas forem iguais nas equipes A e B, então a equipe C será formada por 1 servidor de cada unidade.

7. **(MPU — CESPE — 2013) Em razão da limitação de recursos humanos, a direção de determinada unidade do MPU determinou ser prioridade analisar os processos em que se investiguem crimes contra a administração pública que envolvam autoridades influentes ou desvio de altos valores. A partir dessas informações, considerando P = conjunto dos processos em análise na unidade, A = processos de P que envolvem autoridades influentes, B = processos de P que envolvem desvio de altos valores, CP(X) = processos de P que não estão no conjunto X, e supondo que, dos processos de P, 2/3 são de A e 3/5 são de B, julgue os itens a seguir.**

a) Selecionando-se ao acaso um processo em trâmite na unidade em questão, a probabilidade de que ele não envolva autoridade influente será superior a 30%.
b) O conjunto $C_P(A) \cup C_P(B)$ corresponde aos processos da unidade que não são prioritários para análise.

8. (ESAF — 2010) Um estudo indica que, nas comunidades que vivem em clima muito frio e com uma dieta de baixa ingestão de gordura animal, a probabilidade de os casais terem filhos do sexo masculino é igual a 1/4. Desse modo, a probabilidade de um casal ter dois meninos e três meninas é igual a:

a) 37/64
b) 45/216
c) 1/64
d) 135/512
e) 9/16

9. (ESAF — 2010) Uma urna contém bolas vermelhas, azuis, amarelas e pretas. O número de bolas pretas é duas vezes o número de bolas azuis, o número de bolas amarelas é cinco vezes o número de bolas vermelhas, e o número de bolas azuis é duas vezes o número de bolas amarelas. Se as bolas diferem apenas na cor, ao se retirar ao acaso três bolas da urna, com reposição, qual a probabilidade de exatamente duas bolas serem pretas?

a) 100/729.
b) 100/243.
c) 10/27.
d) 115/243.
e) 25/81.

10. (CEF — 2004) A tabela abaixo apresenta dados parciais sobre a folha de pagamento de um Banco

Faixa salarial, em reais	Número de empregados
300-500	52
500-700	30
700-900	25
900-1100	20
1100-1300	16
1300-1500	13
Total	156

Um desses empregados foi sorteado para receber um prêmio. A probabilidade desse empregado ter seu salário na faixa de R$ 300,00 a R$ 500,00 é

a) 1/3
b) 2/5
c) 1/2
d) 3/5
e) 7/10

11. (CEF — 2008) Joga-se N vezes um dado comum, de seis faces, não viciado, até que se obtenha 6 pela primeira vez. A probabilidade de que N seja menor do que 4 é

a) 150/216
b) 91/216
c) 75/216
d) 55/216
e) 25/216

12. (ANALISTA TRAINEE — 2010) Em uma empresa, 20% dos homens e 10% das mulheres têm salários superiores a R$ 5.000,00. Sabe-se que 40% dos empregados desta empresa são mulheres. Escolhendo aleatoriamente um empregado desta empresa e verificando-se que seu salário não é superior a R$ 5.000,00, a probabilidade de ele ser homem é:

a) 4/7
b) 3/8
c) 5/8
d) 2/3
e) 12/25

13. (ESAF — 2008) Uma urna contém 5 bolas pretas, 3 brancas e 2 vermelhas. Retirando-se, aleatoriamente, três bolas sem reposição, a probabilidade de se obter todas da mesma cor é igual a:

a) 1/10
b) 8/5
c) 11/120
d) 11/720
e) 41/360

14. (GESTOR) São lançadas 4 moedas distintas e não viciadas. Qual é a probabilidade de resultar exatamente 2 caras e 2 coroas?

a) 25%
b) 37,5%
c) 42%
d) 44,5%
e) 50%

15. (ANALISTA DE FINANÇAS E CONTROLE — AFC/CGU — 2008) Seja X uma variável aleatória discreta com função de probabilidade binomial f(x), onde $f(x)= C_{n,x}\, p^x(1-p)^{n-x}$ e $C_{n,x}$ é o número de combinações de n elementos tomados x a x. Sendo n = 6 e p = 1/3, determine f(6).

a) 1/729.
b) 1.
c) 0.
d) 64/729.
e) 8/729.

16. (ESAF — 2006) Um experimento binomial é um experimento que comporta um número fixo de provas independentes, n. Cada prova tem os resultados classificados em apenas duas categorias, a saber: sucesso ou fracasso. Muito embora essa classificação seja arbitrária, costuma-se denotar a probabilidade de sucesso por p, e a probabilidade de fracasso por q. Desse modo, realizando-se 50 provas, a probabilidade de se obter 30 sucessos é dada por:

a) $C_{50}^{30}\, p^{30}\, q^{20}$
b) $C_{50}^{30}\, p^{20}\, q^{30}$
c) $C_{50}^{30}\, p^{0}\, q^{20}$
d) $C_{50}^{30}\, p\, q^{20}$
e) $C_{50}^{30}\, p^{20}\, q$

17. (AFRE — ESAF) Suponha que a probabilidade de que se encontre um erro contábil grave em uma auditoria seja 0,2. Se dez auditorias independentes são realizadas, assinale a opção que dá a probabilidade de que não mais do que uma detecte erro contábil grave.

a) 2,8 (4/5)
b) 0,400
c) $(0,2)^{10}$
d) $2,8(4/5)^{10}$
e) $2,8(4/5)^{9}$

18. (AFTN) Em uma cidade, 10% das pessoas possuem carro importado. Dez pessoas dessa cidade são selecionadas, ao acaso e com reposição. A probabilidade de que exatamente 7 das pessoas selecionadas possuam carro importado é:

a) $(0,1)^7\,(0,9)^3$
b) $(0,1)^3\,(0,9)^7$
c) $120\,(0,1)^7\,(0,9)^3$
d) $120\,(0,1)\,(0,9)^7$
e) $120\,(0,1)^7\,(0,9)$

19. (AFRFB — 2009) Em um experimento binomial com três provas, a probabilidade de ocorrerem dois sucessos é doze vezes a probabilidade de ocorrerem três sucessos. Desse modo, as probabilidades de sucesso e fracasso são, em percentuais, respectivamente, iguais a:

a) 80% e 20%
b) 30% e 70%
c) 60% e 40%
d) 20% e 80%
e) 25% e 75%

20. (ANALISTA DE FINANÇAS — ESAF) Um dado viciado, cuja probabilidade de se obter um número par é 3/5, é lançado juntamente com uma moeda não viciada. Assim, a probabilidade de se obter um número ímpar no dado ou coroa na moeda é:

a) 1/5
b) 3/10
c) 2/5
d) 3/5
e) 7/10

21. (ANALISTA ADMINISTRATIVO — ESAF — 2009) Ao se jogar um determinado dado viciado, a probabilidade de sair o número 6 é de 20%, enquanto as probabilidades de sair qualquer outro número são

iguais entre si. Ao se jogar este dado duas vezes, qual o valor mais próximo da probabilidade de um número para sair duas vezes?

a) 20%
b) 27%
c) 25%
d) 23%
e) 50%

22. **(ATRFB — 2009) Três amigas participam de um campeonato de arco e flecha. Em cada tiro, a primeira das amigas tem uma probabilidade de acertar o alvo de 3/5, a segunda tem uma probabilidade de acertar o alvo de 5/6, e a terceira tem uma probabilidade de acertar o alvo de 2/3. Se cada uma das amigas der um tiro de maneira independente dos tiros das outras duas, qual a probabilidade de pelo menos dois dos três tiros acertarem o alvo?**

a) 90/100
b) 50/100
c) 71/100
d) 71/90
e) 60/90

23. **(GESTOR) Quatro pessoas querem trocar presentes. O nome de cada pessoa é escrito em cada papelzinho e colocado numa caixa. Depois, cada uma das pessoas sorteia um papelzinho para saber quem ela irá presentear. A chance de as quatro pessoas sortearem seus próprios nomes é de :**

a) 1 em 16
b) 1 em 8
c) 1 em 24
d) 2 em 7
e) 1 em 3

24. **(ANALISTA — BACEN) Um fabricante de discos rígidos sabe que 2% dos discos produzidos falham durante o período de garantia. Assinale a opção que dá a probabilidade de que pelo menos um disco falhe numa amostra aleatória de 10 discos tomados da linha de produção.**

a) $(0{,}98)^{10} - (0{,}02)^{10}$
b) $(0{,}02)^{10}$
c) $1 - (0{,}98)^{10}$
d) $1 - (0{,}02)^{10}$
e) 0,2

25. **(ANALISTA DE FINANÇAS E CONTROLE — AFC/CGU — 2008) Uma empresa de consultoria no ramo de engenharia de transportes contratou 10 profissionais especializados, a saber: 4 engenheiras e 6 engenheiros. Sorteando-se, ao acaso, três desses profissionais para constituírem um grupo de trabalho, a probabilidade de os três profissionais sorteados serem do mesmo sexo é igual a:**

a) 0,10
b) 0,12
c) 0,15
d) 0,20
e) 0,24

26. **(BACEN) De uma urna contendo 10 bolinhas numeradas de 1 a 10, duas são sorteadas sucessivamente sem reposição (a ordem dos números não é levada em consideração). A probabilidade de que os números sejam inferiores a 4 é:**

a) 3/10
b) 1/15
c) 2/7
d) 1/3
e) 19/86

27. **(BNDES) Observa-se que 10% dos projetos que chegam a uma agência de financiamento apresentam informações incorretas. Qual é a probabilidade de que, de três projetos escolhidos aleatoriamente, NENHUM deles apresente informações INCORRETAS?**

a) zero
b) 0,001
c) 0,270
d) 0,300
e) 0,729

28. **(ANALISTA EM PLANEJAMENTO — ESAF — 2009) Considere que numa cidade 40% da população adulta é fumante, 40% dos adultos fumantes são mulheres e 60% dos adultos não fumantes são mulheres. Qual a probabilidade de uma pessoa adulta da cidade escolhida ao acaso ser uma mulher?**

a) 52%
b) 48%
c) 50%
d) 44%
e) 56%

29. **(FISCAL DE RENDAS — 2008 — FGV) Sejam A e B dois eventos definidos em um espaço amostral S de modo que P(A) = 0,70, P(B) = 0,20 e P(A ∩ B) = 0,14. Então, pode-se dizer que A e B são eventos:**

a) mutuamente exclusivos.
b) complementares.
c) independentes.
d) condicionais.
e) elementares.

30. **(ANALISTA JUDICIÁRIO — ESTATÍSTICA — 2009) Sejam A e B dois eventos associados a um experimento. Supondo que P(A) = 0,4 e P(A ∪ B) = 0,7 e P(B) = p. Os valores de p que fazem com que A e B sejam mutuamente exclusivos e A e B sejam independentes são, respectivamente,**

a) 0,3 e 0,5
b) 0,4 e 0,2
c) 0,5 e 0,2
d) 0,6 e 0,2
e) 0,3 e 0,4

31. **(ANALISTA DE FINANÇAS E CONTROLE — AFC/CGU — 2008) A e B são eventos independentes se:**

a) P(A ∩ B) = P(A) + P(B).
b) P(A ∩ B) = P(A) / P(B).
c) P(A ∩ B) = P(A) – P(B).
d) P(A ∩ B) = P(A) + P(B/A).
e) P(A ∩ B) = P(A) P(B).

32. **(TÉCNICO — ESAF — 2006) Uma empresa possui 200 funcionários dos quais 40% possuem plano de saúde, e 60% são homens. Sabe-se que 25% das mulheres que trabalham nesta empresa possuem planos de saúde. Selecionando-se, aleatoriamente, um funcionário desta empresa, a probabilidade de que seja mulher e possua plano de saúde é igual a:**

a) 1/10
b) 2/5
c) 3/10
d) 4/5
e) 4/7

33. **(AFC — 2008) Dois eventos A e B são ditos eventos independentes se e somente se:**

a) a probabilidade de ocorrência conjunta de **A** e **B** for nula.
b) a ocorrência de **B** alterar a probabilidade de ocorrência de **A**.
c) a ocorrência de **A** alterar a probabilidade de ocorrência de **B**.
d) a ocorrência de **B** não alterar a probabilidade de ocorrência de **A**.
e) a probabilidade de ocorrência conjunta de **A** e **B** for igual a 1.

34. **(TÉCNICO ADMINISTRATIVO — 2008 — ESAF) Quando Paulo vai ao futebol, a probabilidade de ele encontrar Ricardo é 0,40; a probabilidade de ele encontrar Fernando é igual a 0,10; a probabilidade de ele encontrar ambos, Ricardo e Fernando, é igual a 0,05. Assim, a probabilidade de Paulo encontrar Ricardo ou Fernando é igual a:**

a) 0,04
b) 0,40
c) 0,50
d) 0,45
e) 0,95

35. (AGENTE EXECUTIVO — ESAF) Ao se jogar dois dados, qual a probabilidade de se obter o número 7 como soma dos resultados?

a) 7/12
b) 6/12
c) 4/12
d) 2/12
e) 0

36. (IBGE) Um Jogador de xadrez tem 20% de probabilidade de vitória quando joga. A probabilidade em percentagem desse jogador vencer duas partidas quando realizar cinco partidas é:

a) 17,48;
b) 18,48;
c) 19,48;
d) 20,48;
e) 25,50.

37. (IBGE) Numa moeda viciada, a chance de ocorrer cara num lançamento é igual a quatro vezes a chance de ocorrer coroa. A probabilidade em percentagem de ocorrer cara num lançamento dessa moeda é:

a) 90;
b) 80;
c) 70;
d) 60;
e) 50.

38. (MATEMÁTICO — 2006) Sejam A e B dois eventos independentes com P(A) = 0,25 e P(B) = 0,4. A probabilidade de que apenas um deles ocorra é:

a) 0,10
b) 0,15
c) 0,30
d) 0,45
e) 0,55

39. (IBGE) Uma prova de múltipla escolha tem 10 questões, com três respostas em cada questão. Um aluno que nada sabe da matéria vai responder a todas as questões ao acaso, e a probabilidade que ele tem de não tirar zero é:

a) maior do que 96%;
b) entre 94% e 96%;
c) entre 92% e 94%;
d) entre 90% e 92%;
e) menor do que 90%.

40. (MPU — ESAF) Marcelo Augusto tem cinco filhos: Primus, Secundus, Tertius, Quartus e Quintus. Ele sorteará, entre seus cinco filhos, três entradas para a peça *Júlio César*, de Shakespeare. A probabilidade de que Primus e Secundus, ambos, estejam entre os sorteados, ou que Tertius e Quintus, ambos, estejam entre os sorteados, ou que sejam sorteados Secundus, Tertius e Quartus, é igual a

a) 0,500.
b) 0,375.
c) 0,700.
d) 0,072.
e) 1,000.

41. (ANALISTA DE FINANÇAS E CONTROLE — AFC/CGU — 2008) Uma população de indivíduos é constituída 80% por um tipo genético A e 20% por uma variação genética B. A probabilidade de um indivíduo do tipo A ter determinada doença é de 5%, enquanto a probabilidade de um indivíduo com a variação B ter a doença é de 40%. Dado que um indivíduo tem a doença, qual a probabilidade de ele ser da variação genética B?

a) 1/3.
b) 0,4.
c) 0,5.
d) 0,6.
e) 2/3.

42. (AFRE) Ana precisa chegar ao aeroporto para buscar uma amiga. Ela pode escolher dois trajetos, A ou B. Devido ao intenso tráfego, se Ana escolher o trajeto A, existe uma probabilidade de 0,4 de ela se atrasar. Se Ana escolher o trajeto B, essa probabilidade passa para 0,30. As probabilidades de Ana escolher

os trajetos A ou B são, respectivamente, 0,6 e 0,4. Sabendo-se que Ana não se atrasou, então a probabilidade de ela ter escolhido o trajeto B é igual a:

a) 6/25
b) 6/13
c) 7/13
d) 7/25
e) 7/16

43. **(FISCAL DE RENDAS — SEFAZ — 2008 — FGV) Um candidato se submete a uma prova contendo três questões de múltipla escolha precisando acertar pelo menos duas para ser aprovado. Cada questão apresenta cinco alternativas, mas apenas uma é correta. Se o candidato não se preparou e decide responder a cada questão ao acaso, a probabilidade de ser aprovado no concurso é igual a:**

a) 0,104.
b) 0,040.
c) 0,096.
e) 0,008.
e) 0,200.

Gabarito

1. d
2. c
3. Errado
   Certo
4. b
5. Errado
   Certo
   Certo
6. Errado
   Certo
   Errado
   Certo
7. a) Certo
   b) Errado
8. d
9. b
10. a
11. b
12. a
13. c
14. b
15. a
16. a
17. e
18. c
19. a
20. e
21. b
22. d
23. c
24. c
25. d
26. b
27. e
28. a
29. c
30. a
31. e
32. a
33. d
34. d
35. d
36. d
37. b
38. a
39. a
40. c
41. e
42. e
43. a

8 Relações de recorrência

❑ INTRODUÇÃO

A formulação de relações de recorrência é uma arma poderosa e versátil na resolução de problemas combinatórios. De fato, muitos problemas considerados difíceis à primeira vista são facilmente resolvidos por esta técnica. Neste tipo de abordagem partimos do problema particular (calcular o número de determinadas configurações quando dispomos de, por exemplo, 5 elementos) para o problema genérico (quando existem n elementos). Este enfoque, que aparentemente leva a um problema mais complicado, é bem-sucedido quando conseguimos:

(i) obter a solução do problema genérico a partir da solução de exemplares menores do problema (com, digamos, $n - 1$ elementos);

(ii) determinar de modo trivial a solução de certos exemplares do problema (com, por exemplo, 1 elemento).

Os exemplos a seguir tornarão mais precisa as noções esboçadas informalmente acima. Salientamos ainda que o método em si é o nosso velho conhecido, embora talvez não o associemos ao pomposo nome de "recorrência". Afinal, a familiar "regra do três" (para decidir se um número qualquer é divisível por 3) satisfaz exatamente os requisitos acima.

Exemplo 1 (Cálculo do tamanho de uma população de coelhos.) *Suponha que um casal de coelhos recém-nascidos é colocado numa ilha e que eles não produzem descendentes até completarem dois meses de idade. Uma vez atingida esta idade, cada casal de coelhos produz exatamente um outro casal de coelhos por mês. Qual seria a população de coelhos na ilha após nove meses, supondo que nenhum dos coelhos tenha morrido e não haja migração neste período?*

Indicando um casal de coelhos pelo símbolo (♂, ♀) e a respectiva idade (0 = recém-nascidos, 1 = um mês de idade, $*$ = pelo menos dois meses) acima e à direita do símbolo, podemos representar a evolução da população pela tabela abaixo:

Mês	População
1	$(♂, ♀)^0$
2	$(♂, ♀)^1$
3	$(♂, ♀)^*$ $(♂, ♀)^0$
4	$(♂, ♀)^*$ $(♂, ♀)^1$ $(♂, ♀)^0$
5	$(♂, ♀)^*$ $(♂, ♀)^*$ $(♂, ♀)^1$ $(♂, ♀)^0$ $(♂, ♀)^0$
6	$(♂, ♀)^*$ $(♂, ♀)^*$ $(♂, ♀)^*$ $(♂, ♀)^1$ $(♂, ♀)^1$ $(♂, ♀)^0$ $(♂, ♀)^0$ $(♂, ♀)^0$

Se por um lado a construção da tabela logo se torna enfadonha, por outro nos faz perceber uma regra de formação para o desenvolvimento da população. Como calcular a população no início do sexto mês? Como não há mortes, podemos inicialmente contar com a população do quinto mês. O passo seguinte é calcular o número de nascimentos. Ora, estes correspondem ao número de casais com pelo menos um mês no início do quinto mês. Isto requer que a população seja contabilizada por idade, como feito na tabela anterior. É possível evitar este trabalho, se observarmos que a população do quarto mês é a soma da população do terceiro e segundo meses. Denotando por F_n a população no $n^{ésimo}$ mês, o argumento acima produz a equação $F_6 = F_5 + F_4$. Mas o raciocínio se aplica a qualquer mês, ou seja, toda a discussão pode ser refeita, substituindo-se sexto por $n^{ésimo}$, quinto por $(n - 1)^{ésimo}$ e quarto por $(n - 2)^{ésimo}$. Então, na verdade, podemos escrever a equação

$$F_n = F_{n-1} + F_{n-2}, \quad \text{para } n \geq 3. \quad (1.1)$$

Com isto, realizamos o passo (i) mencionado no início do capítulo. Ou seja, a sequência F_n de população de coelhos na ilha ao longo dos meses (supondo inexistência de mortes ou migração) satisfaz a relação (1.1) acima. Note que dados dois valores de elementos da sequência em quaisquer dois meses consecutivos, podemos calcular todos os valores dos elementos da sequência dos meses posteriores. É um dado do problema que a população inicial F_1 de coelhos consiste num casal. Não podemos, entretanto, calcular F_2 a partir da relação (1.1), pois esta envolveria o termo F_0, não definido. A população F_2 deve ser calculada diretamente do enunciado, como feito para a construção da tabela. Feito isto, concluímos o passo (ii). Observe que podemos medir a população em número de casais ou em número de coelhos. A relação entre os termos da sequência é (1.1) em qualquer dos casos. As condições iniciais seriam, no entanto, diferentes. Se contarmos o número de casais, teremos $F_1 = F_2 = 1$, e, se contarmos o número de coelhos, teremos $F_1 = F_2 = 2$. A sequência de números gerada no primeiro caso é exatamente a sequência de Fibonacci, amplamente utilizada na matemática, enquanto que a sequência produzida no segundo caso seria exatamente o dobro (termo a termo) da sequência de Fibonacci. Isto ilustra um ponto muito importante, a saber, que a *relação de recorrência* que define a solução do problema é composta de duas partes: um conjunto de condições iniciais e uma fórmula que expresse o valor de um termo da sequência em função de termos anteriores. Portanto (1.1) é apenas parte da relação de recorrência que, em sua forma completa, seria, se contássemos a população em termos de número de casais:

$$F_1 = 1, \quad F_2 = 1,$$
$$F_n = F_{n-1} + F_{n-2}, \quad \text{para } n \geq 3. \quad (1.2)$$

O leitor deveria observar qual a sequência gerada para condições iniciais diferentes, como, por exemplo, $F_1 = 3$ e $F_2 = 7$.

Note que, uma vez que uma relação de recorrência é estabelecida, podemos calcular termos anteriores aos que definem as condições iniciais usando a fórmula de recorrência, estendendo, portanto, a sequência. Assim, no Exemplo 1, podemos calcular $F_0 = F_2 - F_1 = 1 - 1 = 0$. Neste caso, poderíamos redefinir a relação de recorrência para descrever a sequência estendida:

$$F_0 = 0, \quad F_1 = 1,$$
$$F_n = F_{n-1} + F_{n-2}, \quad \text{para } n \geq 2. \quad (1.3)$$

Em muitas ocasiões teremos necessidade de nos referir apenas à(s) *equação(ões) de recorrência*, que são obtidas da relação de recorrência retirando-se as condições iniciais. No caso da relação (1.3), a equação de recorrência seria $F_n = F_{n-1} + F_{n-2}$.

Exemplo 2 (Divisão do plano por retas.) *Um problema clássico em combinatória é a contagem das regiões criadas no plano por um conjunto de retas. Estudaremos duas variantes do problema.*

(a) *As retas são duas concorrentes e a interseção de qualquer subconjunto de três retas é vazia.*

Chamemos de $f(n)$ o número de regiões quando o conjunto contém n retas. Quando $n = 0$, temos obviamente apenas uma região, designada por I na Figura 1(a). Ao introduzirmos uma reta, dividimos o plano em duas regiões, I e II na Figura 1(b). O que acontece se acrescentamos uma segunda reta? Se ela estivesse inteiramente contida numa das regiões I ou II, apenas esta região seria subdividida, passando o número de regiões para 3. Mas isto só seria possível se a segunda reta fosse paralela à primeira, fato vedado pela hipótese do enunciado. Portanto a segunda reta deve cruzar com a primeira e atravessar as duas regiões definidas pela primeira. Logo cada uma dessas regiões será por sua vez subdividida, e o novo número de regiões é 4, como ilustrado na Figura 1(c).

Figura 1 Divisão do plano por retas

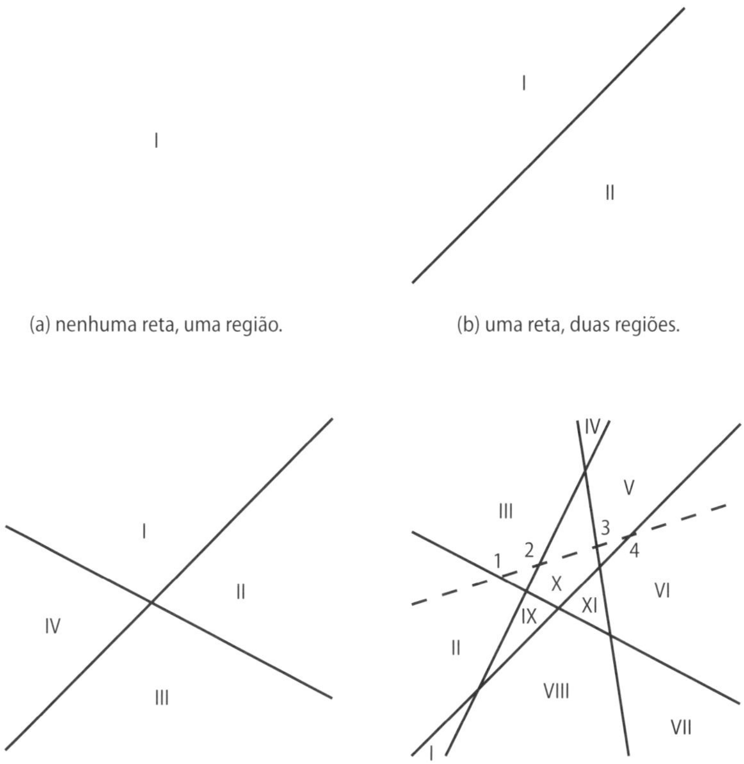

(a) nenhuma reta, uma região.

(b) uma reta, duas regiões.

(c) duas retas, quatro regiões.

(d) quatro retas, onze regiões.

Adiantando um pouco o processo, examinemos o que acontece ao acrescentarmos a quinta reta. A Figura 1(d) ilustra o plano dividido em 11 regiões por quatro retas (linhas sólidas) e a introdução da quinta reta (linha tracejada). Como o enunciado proíbe retas paralelas, a quinta reta (por exemplo, da esquerda para a direita na Figura 1(d)), podemos enumerar estas interseções de acordo com a ordem em que são visitadas quanto a reta é percorrida na orientação escolhida. São os pontos 1, 2, 3 e 4 na Figura 1(d). O trecho da quinta reta antes do ponto 1 está inteiramente contido numa das regiões do plano (região II da Figura 1(d)), pois se atravessasse duas ou mais regiões teria que interceptar a fronteira dessas regiões (outra(s) reta(s)), o que implica em pontos de interseção que seriam visitados antes do ponto 1 ao percorrer a quinta reta na orientação escolhida, um absurdo. Portanto o trecho da quinta reta antes do ponto 1 subdivide a (única) região que o contém em duas. Pelo mesmo raciocínio, o trecho da reta entre os pontos 1 e 2 está contido em uma única região (região III da figura), que também é, por sua vez, subdividida.

Da mesma forma, as regiões entre os pontos 2 e 3, e 3 e 4 são também subdivididas pelo trecho da quinta reta que as atravessa. Finalmente, o trecho da quinta reta após o ponto 4 também pertence a uma única região (raciocínio análogo ao anterior), que é por ele subdividida. São, no total, 5 novas regiões criadas pela quinta reta, uma para cada intervalo entre dois pontos consecutivos, uma para o trecho antes do ponto 1 e uma para o trecho depois do ponto 4. Logo o plano é dividido em 11 + 5 -16 regiões pelas cinco retas.

Passemos agora ao caso geral. O plano está dividido em r_{n-1} regiões por n-1 retas, e queremos calcular quantas regiões teremos ao introduzir a $n^{ésima}$ reta. Pelas hipóteses do problema, esta última reta intercepta todas as n-1 anteriores, e, assumindo uma orientação qualquer para a $n^{ésima}$ reta, podemos enumerar os pontos de interseção de acordo com esta orientação, como feito acima. Então, o trecho da $n^{ésima}$ reta antes do ponto 1 (na orientação escolhida) subdivide a região que o contém em duas. O trecho entre os pontos i e i + 1, para i = 1, ..., n - 2, subdivide a região que o contém em duas. Finalmente, o trecho após o $(n-1)^{ésimo}$ ponto de interseção também subdivide a região que o contém em duas. Serão, portanto, n regiões adicionais. Denotando por r_n o número de regiões determinadas pelas n retas e levando em conta o caso trivial (n = 0), estabelecemos a relação de recorrência

$$r_0 = 1,$$
$$r_n = r_{n-1} + n, \qquad \text{para } n \geq 1. \qquad (1.4)$$

A relação de recorrência fornece uma regra para o cálculo de qualquer termo da sequência e dela conseguimos muitas vezes extrair outras informações sobre a sequência (taxa de (de)crescimento, alternância ou não de sinal etc.). No entanto, em algumas situações é desejável e possível ir mais além: deduzir da relação de recorrência uma fórmula fechada (isto é, que não depende de termos anteriores ou outras incógnitas, a informação sobre a ordem do termo dentro da sequência é suficiente) para o termo geral da sequência. A simplicidade da relação (1.4) permite obter facilmente uma fórmula fechada para r_n. Somando as equações $r_i = r_{i-1} + i$, para i = 1, ..., n, obtemos:

$$\sum_{i=1}^{n} r_i = \sum_{i=1}^{n} r_{i-1} + \sum_{i=1}^{n} i$$

Mas a soma $\sum_{i=1}^{n-1} r_i$ aparece em ambos os lados da igualdade e pode ser cancelada, fornecendo:

$$r_n = r_0 + \sum_{i=1}^{n} i$$

O segundo termo da expressão acima é simplesmente a soma dos n primeiros inteiros positivos, que deduzimos ser a $n(n + 1) / 2$ no Capítulo 1. Portanto:

$$r_n = 1 + \frac{n(n+1)}{2} = \frac{n^2 + n + 2}{2}, \text{ para } n \geq 0$$

A expressão para r_n em (1.5) é chamada de *solução* da relação de recorrência (1.4). Veremos a seguir algumas técnicas para a obtenção das fórmulas para relação de recorrência.

(b) *O conjunto de retas é particionado em dois subconjuntos: o primeiro é composto de retas paralelas (as únicas do conjunto) e o segundo é composto de retas que satisfazem as condições do item (a).*

Então cada reta do segundo conjunto intercepta cada uma das retas paralelas do primeiro conjunto e assim por diante. Veja, por exemplo, a Figura 2, onde o primeiro subconjunto possui três retas e o segundo, duas.

Figura 2 Plano dividido por três retas paralelas e não duas não paralelas.

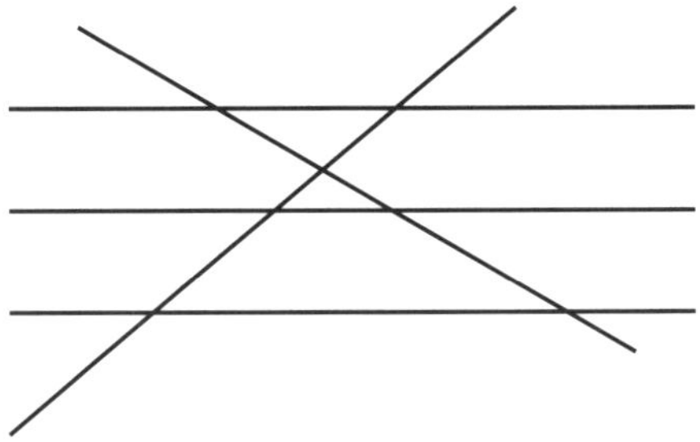

Chamemos de K o conjunto de retas paralelas e de N o outro conjunto de retas. Seja $r_{k,n}$ o número de regiões em que o plano é dividido quando $|K| = k$ e $|N| = n$.

Observe que o estudo do problema anterior permite a solução de casos como esse, repare que $r_{0,0} = 1$, $r_{1,0} = r_{0,1} = 2$ e $r_{0,n} = (n^2 + n + 2)/2$.

❑ NÚMEROS FIGURADOS OU NÚMEROS PENTAGONAIS

Os matemáticos antigos sustentavam a aritmética na associação que faziam entre objetos e números. Segundo a tradição dos primeiros pitagóricos, o **ponto** (geométrico) é a **unidade** (aritmética) dotada de posição. Associavam, assim, a **unidade** e o **ponto**.

Os pitagóricos desejavam compreender a natureza íntima dos números. Assim, introduziram, na Matemática, os **números figurados**, que podem ser representados por uma construção geométrica de pontos equidistantes. **Representavam cada unidade por um ponto e com os pontos formavam figuras que representavam números**. De acordo com as figuras obtidas chamavam-lhes **números triangulares**, **números quadrados**, **números pentagonais**, ... Por isso também lhes chamam números **pentagonais**.

Esta forma de representação é uma das principais características da aritmética pitagórica.

Números triangulares

Os números **triangulares** têm um número de pontos necessários para formar um triângulo equilátero.

Assim, os termos **1, 3, 6, 10, 15, ...** formam a **sequência dos números triangulares**.

Números quadrados

Os **números quadrados** são a sequência dos números de pontos necessários para formar uma sequência de quadrados.

- O 1º termo desta sequência (1) é a área do quadrado de lado 1;
- O 2º termo (4) é a área de um quadrado de lado 2;
- ...
- O termo de ordem n é a área do quadrado de lado n, ou seja, "n elevado ao quadrado".

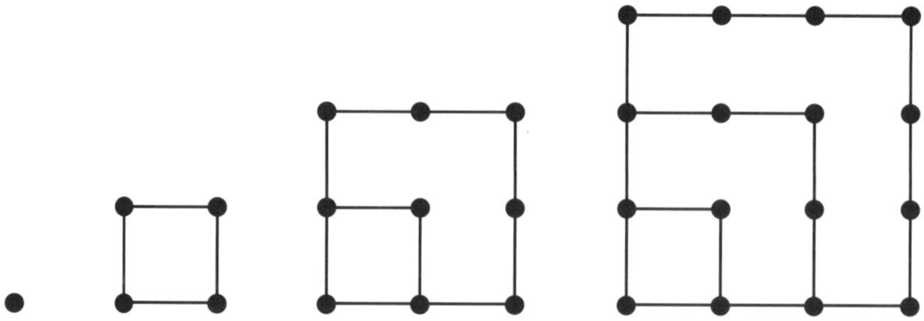

1 4 9 16

e assim por diante

Assim, os termos **1, 4, 9, 16, ...** formam a **sequência dos números quadrados**.

Números pentagonais

Outro exemplo de números figurados são os números pentagonais.

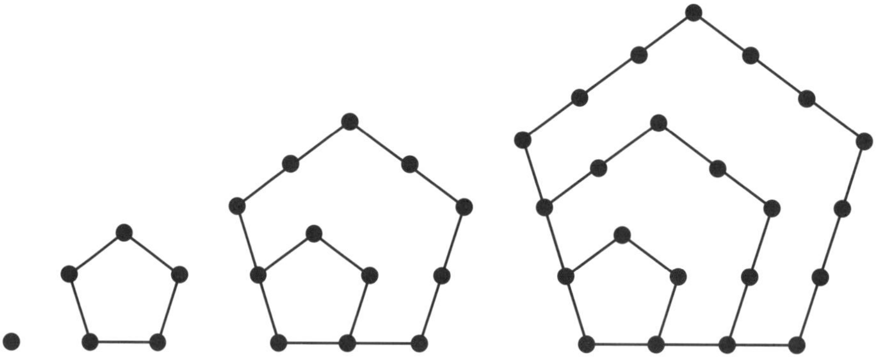

1 5 12 22

e assim por diante

Todos estes números figurados/pentagonais são inteiros do tipo:

[n + (n × (n – 1) × b)] / 2,

onde:

— quando b = 1, temos os números triangulares;

— quando b = 2, temos os quadrados;

— quando b = 3, temos os pentagonais;

e assim sucessivamente...

Exemplo: (Método das diferenças)

(TRT) Os números no interior dos setores do círculo abaixo foram marcados sucessivamente, no sentido horário, obedecendo a uma lei de formação.

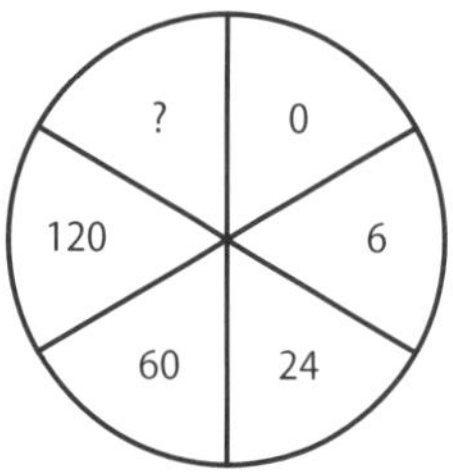

Segundo essa lei, o número que deve substituir o ponto de interrogação é

a) 210
b) 206
c) 200
d) 196
e) 188

Organizando a sequência e realizando as diferenças da direita para a esquerda temos:

0		6		24		60		120		x
	6		18		36		60			
		12		18		24				

Observa-se que a última linha é a progressão aritmética (12, 18, 24, 30, 36...), portanto desfazendo as operações realizadas:

0		6		24		60		120		**210**		336	...
	6		18		36		60		90		126	...	
		12		18		24		30		36	...		

Obs.: Pode-se chegar numa formula geral para esse padrão:

0		6		24		60		120		**210**		336	...
	6		18		36		60		90		126	...	
		12		18		24		30		36	...		
			6		6		6		6	...			

Quando todos os elementos da linha ficarem iguais, pega-se os primeiros elementos das 3 últimas linhas da seguinte forma:

0		6		24		60		120		**210**		336	...	
	6		18		36		60		90		126	...		linha **1**
		12		18		24		30		36	...			linha **2**
			6		6		6		6	...				linha **3**

$$a_n = 6\binom{n}{3} + 12\binom{n}{2} + 6\binom{n}{1} = 6\frac{n(n-1)(n-2)}{3!} + 12\frac{n(n-1)}{2!} + 6\frac{n}{1!} = n(n-1)(n-2) + 6n(n-1) + 6n$$

$$= n(n^2 - 3n + 2) + 6n^2 - 6n + 6n = n^3 - 3n^2 + 2n + 6n^2 = n^3 + 3n^2 + 2n = n(n^2 + 3n + 2)$$

$$a_n = n(n^2 + 3n + 2)$$

❑ EXERCÍCIOS

1. **(TRT — FCC — 2012) Uma faculdade possui cinco salas equipadas para a projeção de filmes (I, II, III, IV e V). As salas I e II têm capacidade para 200 pessoas e as salas III, IV e V, para 100 pessoas. Durante um festival de cinema, as cinco salas serão usadas para a projeção do mesmo filme. Os alunos serão distribuídos entre elas conforme a ordem de chegada, seguindo o padrão descrito abaixo:**

1ª pessoa: sala I
2ª pessoa: sala III
3ª pessoa: sala II
4ª pessoa: sala IV
5ª pessoa: sala I
6ª pessoa: sala V
7ª pessoa: sala II

A partir da 8ª pessoa, o padrão se repete (I, III, II, IV, I, V, II...). Nessas condições, a 496ª pessoa a chegar assistirá ao filme na sala:

a) V.
b) IV.
c) III.
d) II.
e) I.

2. (TRF — 2008) Analise a sequência abaixo.

1 x 9 + 2 = 11

12 x 9 + 3 = 111

123 x 9 + 4 = 1.111

....

....

....

Nessas condições, quantas vezes o algarismo 1 aparece no resultado de 12.345.678 × 9 + 9?

a) 9
b) 10
c) 11
d) 12
e) 13

3. (TCE — 2012) A sequência D é obtida com a seguinte regra: exceto o primeiro termo, que é escolhido aleatoriamente, todos os outros são obtidos com este cálculo: o dobro do termo anterior menos dois. A sequência T é obtida com a seguinte regra: exceto o primeiro termo, que é escolhido aleatoriamente, todos os outros são obtidos com este cálculo: o triplo do termo anterior menos três. Suponha a sequência T e a sequência D ambas com o primeiro termo igual a 3. A diferença entre o 5º termo de T e o 5º termo de D é

a) 90.
b) 94.
c) 97.
d) 105.
e) 112.

4. (EXECUTIVO — VUNESP — 2014) Na sequência numérica 3, 3, 6, 24, 192, 3.072, ..., o próximo elemento é

a) 87.042.
b) 64.128.
c) 98.304.
d) 100.526.
e) 75.100.

5. (ANALISTA — MPE — VUNESP — 2016) Na sequência (4; 4; 6; 12; 30; 90; ...), a partir do 2º termo, cada termo é obtido por meio de uma operação, ou operações, aplicada(s) ao termo imediatamente anterior. O 7º termo somado ao 10º termo, ambos dessa sequência, resultam em:

a) 5.445.
b) 7.020.
c) 27.035.
d) 28.665.
e) 29.610.

6. (TRF — 2008) Observando a sequência (2, 5, 11, 23, 47, 95, ...) verifica-se que, do segundo termo em diante, cada número é obtido a partir do anterior, de acordo com uma certa regra. Nessas condições, o sétimo elemento dessa sequência é

a) 197
b) 191
c) 189
d) 187
e) 185

7. (TRF) Os números abaixo estão dispostos de maneira lógica. 8 1 12 10 14 11 ...... 3 7 5 16 9. A alternativa correspondente ao número que falta no espaço vazio é

a) 51
b) 7
c) 12
d) 6
e) 40

8. (TRT — 2012) Estão representados a seguir os quatro primeiros elementos de uma sequência de figuras formadas por quadrados.

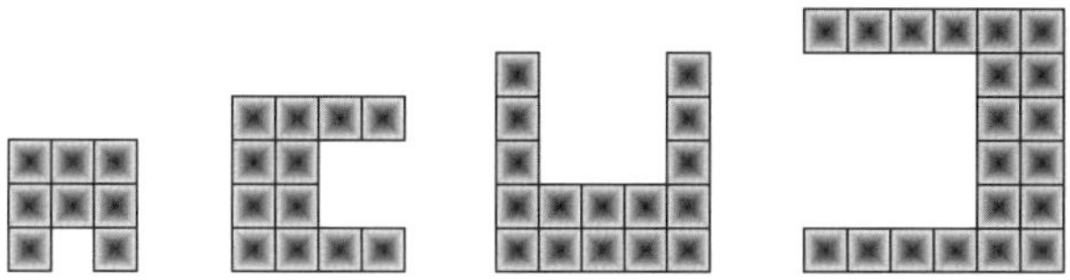

1ª 2ª 3ª 4ª

Mantido o padrão, a 20ª figura da sequência será formada por um total de quadrados igual a

a) 80
b) 84
c) 88
d) 96
e) 100

9. (ADMINISTRADOR — FCC — 2014) A expansão decimal de 1/17 é a dízima periódica 0,0588 2352 9411 7647 0588 2352 9411 7647... cujo período se repete a cada dezesseis algarismos. O milésimo algarismo após a vírgula da expansão decimal de 1/17 é:

a) 2.
b) 3.
c) 5.
d) 8.
e) 9.

10. (PEB II — VUNESP — 2007) Ao expressar $n = 7^{1989}$ como um inteiro, o último algarismo deste será:

a) 9.
b) 7.
c) 3.
d) 1.
e) 5.

11. Indique o elemento seguinte da sequência

1, 11, 21, 1.211, 111.221, 312.211,

12. (ESAF — 2010) A partir da lei de formação da sequência 1, 1, 2, 3, 5, 8, 13, 21, ..., calcule o valor mais próximo do quociente entre o 11º e o 10º termo.

a) 1,732
b) 1,667
c) 1,618
d) 1,414
e) 1,5

13. (ESTAGIÁRIO DE ADMINISTRAÇÃO — FCC — 2014) Observe atentamente a correspondência entre quatro palavras e quatro números:

1. SUSPIRITO → 424135376
2. TIRSO → 84657
3. RISO → 7568
4. PITO → 2699

Mantendo-se a mesma lógica de correspondência, se a quinta palavra da sequência for SOS, o número que corresponderá a ela será:

a) 7106.
b) 6106.
c) 686.
d) 7107.
e) 797.

14. (TJ — FCC — 2014) Gabriel descobriu pastas antigas arquivadas cronologicamente, organizadas e etiquetadas na seguinte sequência:

07_55A; 07_55B; 08_55A; 09_55A; 09_55B; 09_55C;

09_55D; 09_55E; 10_55A; 10_55B; 11_55A; 12_55A;
12_55B; 12_55C; 01_56A; 01_56B; 02_56A; 02_56B;
03_56A; xx_xxx; yy_yyy; zz_zzz; 04_56B.

Sabendo-se que as etiquetas xx_xxx; yy_yyy; zz_zzz representam que o código foi encoberto, a etiqueta com as letras yy_yyy deveria, para manter o mesmo padrão das demais, conter o código

a) 03_56C.
b) 04_57C.
c) 04_56C.
d) 03_56B.
e) 04_56A.

15. **(SEFAZ — FISCAL — 2009) Considere a sequência: (P, 3, S, 4, W, 5, B, 4, F, 3, ...). De acordo com a lógica observada nos primeiros elementos da sequência, o elemento, dentre os apresentados, que a completa corretamente é**

a) C
b) G
c) I
d) 2
e) 4

16. **(ADMINISTRADOR DE BANCO DE DADOS — 2008) Julgue:**

Na sequência numérica 23, 32, 27, 36, 31, 40, 35, 44, X, Y, Z, ..., o valor de Z é igual a 43.

17. **(IBGE) Na sequência (1, 2, 4, 7, 11, 16, 22, ...) o número que sucede 22 é:**

a) 28
b) 29
c) 30
d) 31
e) 32

18. **(PAPILOCOPISTA — VUNESP — 2013) Considere a seguinte sequência de números: (1, 4, 10, 22, 46, 94, 190, ...)**

O primeiro termo da sequência foi escolhido ao acaso. Já os outros termos da sequência foram obtidos de acordo com uma regra preestabelecida. O próximo termo da sequência é igual a

a) 386
b) 382
c) 380
d) 378
e) 384

19. **(TRF — FCC — 2007) Em relação à disposição numérica seguinte, assinale a alternativa que preenche a vaga assinalada pela interrogação:**

2 8 5 6 8 ? 11

a) 1
b) 4
c) 3
d) 29
e) 42

20. **(ANALISTA DE ESTATÍSTICA — 2009) Analise a sequência de letras e números abaixo:**

A1 ⇒ C4 ⇒ F8 ⇒ J13 ⇒ ____

Qual a alternativa que contém o valor que preenche corretamente o campo vazio?

a) M22
b) N20
c) K21
d) L18
e) O19

21. **(TRT) Note que, dos pares de números seguintes, quatro têm uma característica comum.**

(1;5) – (3;7) – (4;8) – (7;10) – (8;12)

O único par que não tem tal característica é:

a) (1;5)
d) (8;12)

b) (3;7)
c) (4;8)
e) (7;10)

22. **(TRT — 2008) Os dois primeiros pares de palavras abaixo foram escritos segundo determinado critério. Esse mesmo critério deve ser usado para descobrir qual a palavra que comporia corretamente o terceiro par.**

ESTAGNAR — ANTA
PARAPEITO — TIRA
RENOVADO — **?**

Assim sendo, a palavra que deverá substituir o ponto de interrogação é

a) AVON
b) DONO
c) NOVA
d) DANO
e) ONDA

23. **(ANALISTA JUDICIÁRIO — 2007) Assinale a alternativa que substitui corretamente a interrogação na seguinte sequência numérica: 8 12 24 60?**

a) 56
b) 68
c) 91
d) 134
e) 168

24. **(AGENTE FINANCEIRO — 2008) Na sequência seguinte, o número que aparece entre parênteses é obtido segundo uma lei de formação.**

65(20)13 – 96(16)24 – 39(52)3 – 336(?)48

Segundo essa lei, o número que substitui corretamente o ponto de interrogação é

a) 18
b) 24
c) 28
d) 32
e) 36

25. **(TRT) Considere a sequência:**

(16, 18, 9, 12, 4, 8, 2, x)

Se os termos dessa sequência obedecem a uma lei de formação, o termo x deve ser igual a:

a) 12
b) 10
c) 9
d) 7
e) 5

26. **(TRT) O triângulo abaixo é composto de letras do alfabeto dispostas segundo determinado critério.**

```
        ?
      —   N
    M   L   J
  I   —   —   —
E   D   C   —   A
```

Considerando que no alfabeto usado não entram as letras K, W e Y, então, segundo o critério utilizado na disposição das letras do triângulo a letra que deverá ser colocada no lugar do ponto de interrogação é

a) C
b) I
c) O
d) P
e) R

27. **(TRT-FCC) Os números no interior dos setores do círculo abaixo foram marcados sucessivamente, no sentido horário, obedecendo a uma lei de formação.**

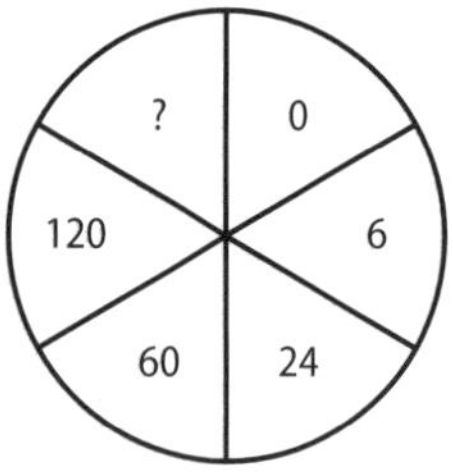

Segundo essa lei, o número que deve substituir o ponto de interrogação é

a) 210
b) 206
c) 200
d) 196
e) 188

28. (ASSISTENTE ADMINISTRATIVO — FCC — 2013) **Observe o diagrama e seu padrão de organização.**

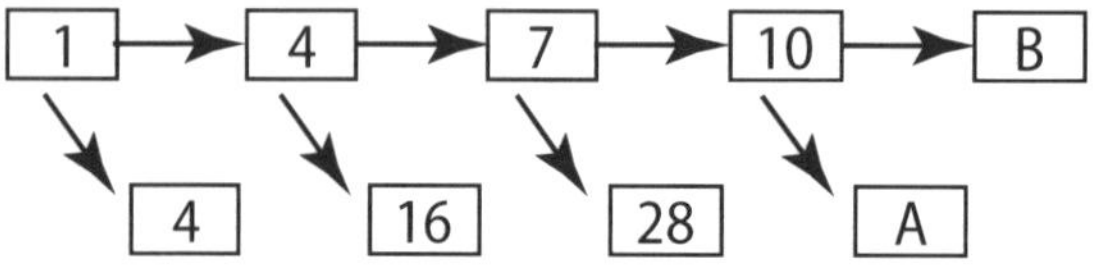

A diferença numérica entre A e B, quando se completa o diagrama de acordo com o padrão, é igual a

a) 40.
b) 27.
c) 15.
d) 21.
e) 35.

29. (TRT — 2008) **Considere a seguinte sequência de cálculos:**

$$11^2 = 121$$
$$111^2 = 12.321$$
$$1.111^2 = 1.234.321$$
$$11.111^2 = 123.454.321$$

....
....
....

A soma dos algarismos do número que se obtém calculando $111.111.111^2$ é

a) um quadrado perfeito.
b) maior que 100.
c) menor que 70.
d) divisível por 5.
e) um número primo.

30. (TRT) **Abaixo tem-se uma sucessão de quadrados, no interior dos quais as letras foram colocadas obedecendo a um determinado padrão.**

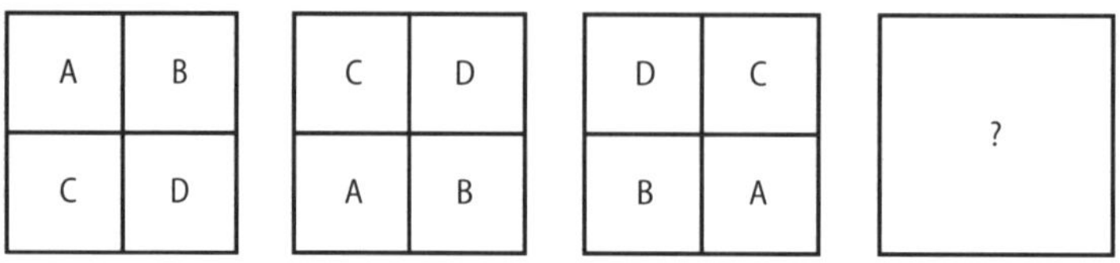

Segundo esse padrão, o quadrado que completa a sucessão é

a)

A	D
B	C

b)

A	C
D	B

c)

B	A
D	C

d)

B	C
D	A

e)

D	B
C	A

31. **(ESPECIALISTA FGV — 2007) Na sequência numérica 3, 10, 19, 30, 43, 58, ..., o termo seguinte ao 58 é:**

a) 75.
b) 77.
c) 76.
d) 78.
e) 79.

32. **(TRT — 2008) Considere a sucessão dos números inteiros ímpares e positivos, dispostos da seguinte forma, sem que os algarismos sejam separados:**

1 3 5 7 9 1 1 1 3 1 5 1 7 1 9 2 1 2 3 . . . Nessa sequência, o algarismo que deverá ocupar a 297ª posição é:

a) 9
b) 6
c) 5
d) 2
e) 1

33. **(NOSSA CAIXA — 2005) Analise a sequência a seguir:**

1ª 2ª 3ª 4ª 5ª 6ª 7ª

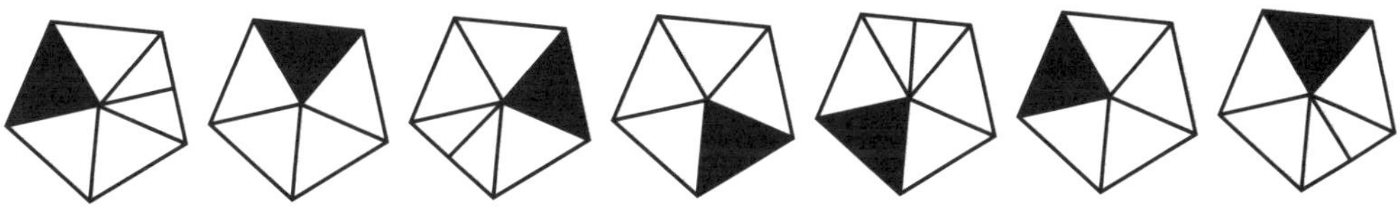

Admitindo-se que a regra de formação das figuras seguintes permaneça a mesma, pode-se afirmar que a figura que ocuparia a 277ª posição dessa sequência é:

a) 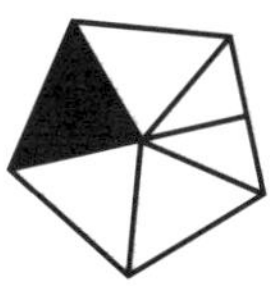

b) 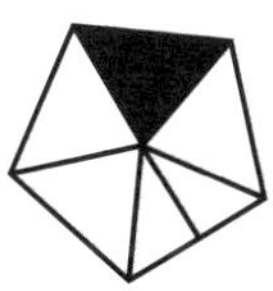

c) 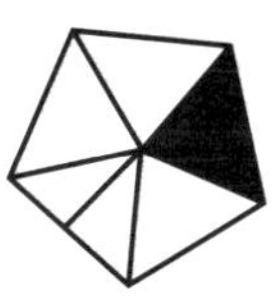

d) 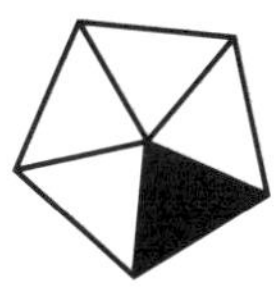

e) 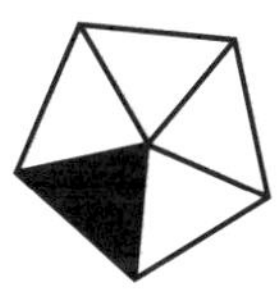

34. **(NOSSA CAIXA — 2005) As figuras da sequência dada são formadas por partes iguais de um círculo. Continuando essa sequência, obtêm-se exatamente 16 círculos completos na:**

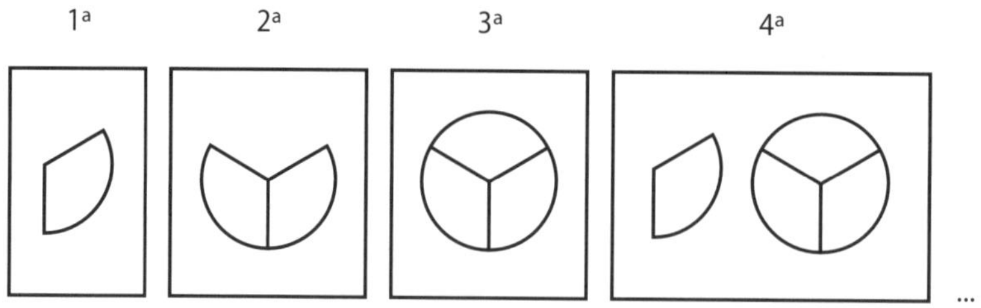

a) 36ª figura.
b) 48ª figura.
c) 72ª figura.
d) 80ª figura.
e) 96ª figura.

35. **(BACEN — 2006) Na sequência de quadriculados abaixo, as células pretas foram colocadas obedecendo a um determinado padrão.**

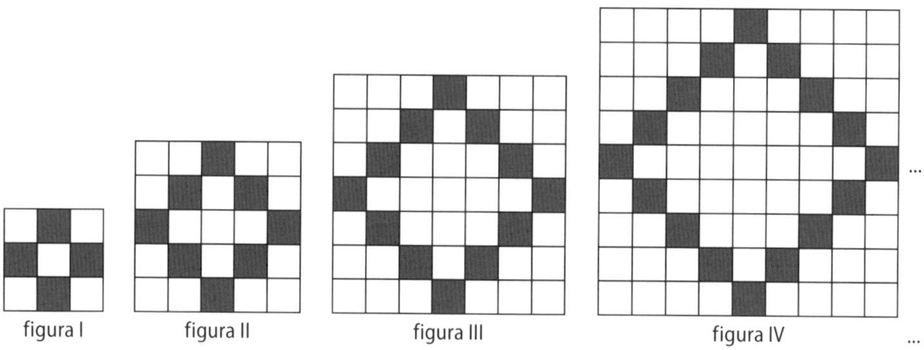

Mantendo esse padrão, o número de células brancas na figura V será:

a) 101
b) 99
c) 97
d) 83
e) 81

36. **(METRÔ — FCC — 2013) O resultado da expressão:**

1 – 2 + 3 – 4 + 5 – 6 + 7 – 8 + ... – 168 + 169 – 170

é igual a:

a) 170.
b) –170.
c) 85.
d) –85.
e) –87.

37. **(METRÔ — FCC — 2013) A partir do número 9, a sequência de números segue um padrão na criação dos novos termos.**

9
1 9
1 9 2
3 1 9 2
3 1 9 2 4

Dessa maneira, pode-se concluir que a soma entre o sétimo termo e o segundo termo dessa sequência é

a) 5.319.255.
b) 5.319.234.
c) 6.319.283.
d) 5.319.265.
e) 6.319.291.

38. **(AGENTE — VUNESP — 2013)** Observe a sequência de figuras com bolinhas.

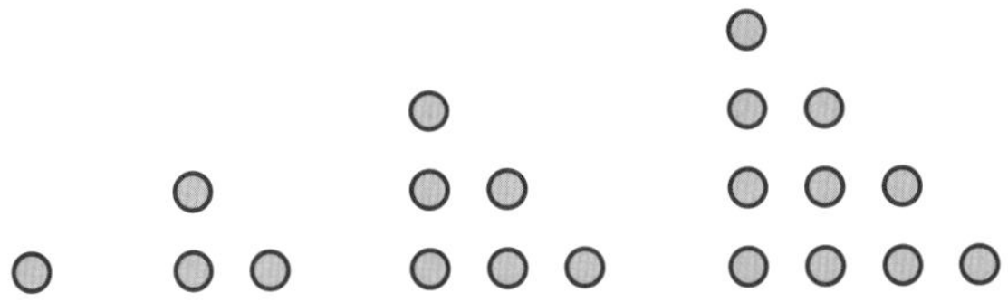
P1 P2 P3 P4

Mantendo-se essa lei de formação, o número de bolinhas na 13ª posição (P_{13}) será de:

a) 91.
b) 74.
c) 63.
d) 58.
e) 89.

39. **(FCC — 2014) Maurício escreveu, em uma folha de papel, a sequência de todos os números ímpares, desde o 1 até o 349, como reproduzido parcialmente a seguir: (1, 3, 5, 7, 9, 11, ... , 347, 349). O total de algarismos que foram escritos por Maurício na folha de papel é igual a:**

Observação: o número 227, por exemplo, possui três algarismos: 2, 2 e 7.

a) 350.
b) 420.
c) 470.
d) 455.
e) 525.

40. **(TÉCNICO ADMINISTRATIVO — 2009) No quadro abaixo, a letra X substitui o número que faz com que a terceira linha tenha o mesmo padrão das anteriores.**

4	28	22
6	42	36
9	63	X

Segundo tal padrão, o número que deve substituir X é

a) menor que 50.
b) maior que 60.
c) primo.
d) múltiplo de 5.
e) divisível por 3.

41. **(GESTOR ADMINISTRATIVO — 2008) Considere a seguinte sequência de igualdades:**

$35 \times 35 = 1.225$

$335 \times 335 = 112.225$

$3.335 \times 3.335 = 11.122.225$

$33.335 \times 33.335 = 1.111.222.225$

...

Com base na análise dos termos dessa sequência, é correto afirmar que a soma dos algarismos do produto $33.333.335 \times 33.333.335$ é

a) 28
b) 29
c) 30
d) 31
e) 33

42. **(ANALISTA — 2006) Na sequência seguinte o número que aparece entre parênteses é obtido segundo uma lei de formação.**

63(21)9 186(18)31 85(?)17

O número que está faltando é:

a) 15
b) 17
c) 19
d) 23
e) 25

43. **(ESPECIALISTA FGV — 2007) Na sequência de algarismos 1, 2, 3, 4, 5, 4, 3, 2, 1, 2, 3, 4, 5, 4, 3, 2, 1, 2, 3, ..., o 2007º algarismo é:**

a) 1.
b) 2.
c) 4.
d) 5.
e) 3.

44. **(TÉCNICO MINISTERIAL — 2009) A sequência indica seis números, tendo sido omitidos o primeiro e o último.**

1º	2º	3º	4º	5º	6º
*	**14**	**12**	**11**	**10,5**	*

Sabendo-se que, a partir do 2º elemento da sequência (incluindo-o), cada um deles é obtido do elemento anterior usando um mesmo padrão lógico, a diferença de valores entre o 1º e o último elementos dessa sequência, nessa ordem, é:

a) 7,18
b) 7,25
c) 7,52
d) 7,75
e) 8,15

Gabarito

1. a
2. a
3. d
4. c
5. d
6. b
7. d
8. b
9. a
10. b
11. 13.112.221
12. c
13. d
14. a
15. c
16. Certo
17. b
18. b
19. b
20. d
21. e
22. d
23. e
24. c
25. d
26. d
27. a
28. b
29. a
30. c
31. a
32. d
33. b
34. b
35. a
36. d
37. d
38. a
39. c
40. e
41. a
42. a
43. e
44. d

Referências

LIMA, E. L. O Princípio da indução. In: *Eureka*, Rio de Janeiro: SBM, set. 2000.

NAVEGA, Sergio. *Pensamento crítico e argumentação sólida*. São Paulo: Intelliwise Books, 2005.